東大まちづくり大学院シリーズ

広域計画と地域の持続可能性

大西 隆 [編著]

城所哲夫
瀬田史彦
松原宏
片山健介
福島茂
戸田敏行
西浦定継
岡井有佳
髙見淳史 ——著

学芸出版社

［ はじめに ］

　いうまでもなく計画は計画者の意思によって支えられる。多くの場合、計画者は政府であるから、その意思は、法や条例によって大なり小なり強制力を持ち、かつ税収を財源とした財政によって後押しされる。したがって、国民や市民の間で合意が形成されて政策方向が明確となり、法や条例あるいは財政を活用しやすい状況が存在する時代には、計画は強い指針性と実行性を合わせて発揮する。わが国でも、例えば、戦後復興期や高度成長期においては、国土計画や経済計画、あるいはその下で地方計画（広域計画）が、分野や地域において開発を重点化し、資源を集約的に投入する先導役を果たしてきた。

　しかし、経済が発展し、国際的に活動するような企業が多数出現して、市場を通じて自由に取引を行うようになったり、市民の間にも地域のあり方に関わる自律的な組織が形成されるようになると、開発行政における政府の役割は小さくなり、政府はむしろ安全保障やセーフティネット、あるいは市場が適切に機能するようなルール作り等に役割を移すようになる。つまり、開発をリードするような政府計画の必要性は低下していくのである。世界有数の経済大国に成長した日本においても、まさにこうした現象が起こり、政府計画への依存度は低下してきた。果たして、計画の役割はさらに低下傾向をたどり、やがて不要になるのであろうか？　あるいはそうかもしれない。民間の経済活動が活発になるにつれ、特に、国や地方政府が先導する開発計画は、むしろ民間中心の市場経済にとって阻害要因となるのかもしれない。

　このように、長期的には計画を必要としない成熟社会が来る予感がしても、現在は未だそうではないようだ。成熟した経済も万能ではなく、最も危機的な現象としては極端な出生率の低下をもたらしたし、大都市、ことに東京と地方の経済格差は再び拡大しつつある。さらに深刻なのは、アジアの時代が訪れつつあるというのに、日本全体が、これまでのアジア唯一の先進国という存在を忘れ得ぬかのように、他のアジア諸国から遊離した存在になっていることである。多少時間がかかるかもしれないが、ここで大きな舵を切って地域の持続可能性を高める広域計画を定め、人口減少に歯止めをかけて、アジアの一員としてアジアの発展をともに喜びあうような協調関係を強固なものとして築き上げ

ていくことが課題となっている。

　こうした問題意識にもとづいて本書は、地域主権の観点から、日本の進むべき方向を考察し、多様な活動を創り出していく広域計画の必要性を論じている。

　全体は大きく3編に分かれている。I編では、広域計画とは何かを4つの切り口で明らかにしようとした。1章はこれまでの日本の広域計画を振り返りつつ、なぜ今新たな広域計画が求められるのか、その理由と、広域計画が持続可能な社会形成という新たな目標の下に再構築されるべきことを述べている。2章は計画作成に不可欠な合意形成に焦点を当て、多元的な価値をもとにしたガバナンス論を展開し、合意形成を導く計画立案方法を論じている。3章は、地方都市を舞台に、地域活性化のための制度と成果をレビューし、地方分権下でのあり方について論じている。4章は、広域計画のいわばエンジン部に当たる産業振興を取り上げ、その沿革を述べつつアジア諸国の経済発展を迎えた今日における地域産業政策のあり方を取り上げている。特に地域産業のイノベーションを不断に促す地域産業政策の必要性を提起した。

　II編は、ケーススタディである。5章では国内の事例を取り上げ、首都圏・近畿圏・中部圏の大都市圏の計画、市町村をベースとした広域化の動向、浜松市・豊橋市・飯田市を中心とした三遠南信地域の県境を超えた連携、観光をテーマとした地域連携の動向を通じて、広域連携とその指針となる広域計画の新たな可能性を探った。6章では、英国、フランス、ドイツ、米国、カナダ、韓国・中国の広域計画制度と最新動向を紹介している。

　III編は、具体的な地域計画の立案過程を取り上げたユニークなパートである。7章では、特に土地利用と交通に関わる現状分析のためのデータの収集と分析、さらに将来予測、8章では、これらの分析や予測を計画に結びつけるための、地域の目標設定、シナリオ分析等の手法を取り上げた。

　このように、本書は、広域計画に関わるこれまでの内外の経験を体系的に整理したものであると同時に、具体的に持続可能な社会に至る広域計画の立案方法もカバーしている。

　この1冊が、広域計画とは何かを理解する助けになれば幸いである。

2010年2月　　　　大西　隆

広域計画と地域の持続可能性 ★目次

はじめに　　　　　　　　　　　　　　　　　　　　　　　　　*3*

I編　広域計画とは何か

1章　広域計画と地域の持続可能性　　　　　　　11
大西 隆

- 1-1 日本の国土・広域計画　*11*
  国土・広域計画の新体制／国土計画と格差是正／国土・地域政策の評価／国土計画の役割低下と新たな地域間格差の拡大
- 1-2 地方分権と広域計画　*19*
  広域計画の分権改革／道州制と地域計画／国際的連携と広域地方計画
- 1-3 地域の持続可能性　*24*
  持続可能な地域／地域の発展戦略

2章　広域計画の合意形成とプランニング手法　　32
城所 哲夫

- 2-1 持続可能な地域圏とガバナンス　*32*
  持続可能な地域圏／広域地域空間ガバナンス構築へと向かう潮流
- 2-2 合意形成と広域ガバナンス　*37*
  広域地域空間の圏域構造／長野県中部地域産業クラスターの事例
- 2-3 シナリオ・プランニング　*45*
  シナリオ・プランニングの意義／シナリオ・プランニングの方法

3章　地域活性化と広域政策　　　　　　　　　52
瀬田 史彦

- 3-1 地域活性化の前提の変化　*52*
- 3-2 人口増加から機能維持への転換　*53*

安定成長期の地域活性化:「人口増加」「発展」「浮揚」／改正まちづくり3法の下での地域活性化／21世紀の活性化＝「維持」＝「持続可能」

3-3 地域活性化からみた広域計画の論点　61
　　守りに入る広域政策／広域圏の分化と多層化／サービス供給圏と経済圏

3-4 生活環境維持のための広域政策に求められること　65
　　サービス供給のための圏域の基本的な論点／人口減少で困難になる水平的連携／地方分権下での「上からの」広域調整の必要性

4章　広域的地域産業振興策による地域活性化戦略　73

松原　宏

4-1 地域の自立・競争力と地域産業政策　73

4-2 産業立地政策の変化と企業立地動向　75
　　産業立地政策の転換／企業立地動向の変遷

4-3 地域産業政策の展開　82
　　地域産業政策の定義と類型化／企業誘致の新たな戦略／内発的発展と農商工連携

4-4 地域産業政策の新局面：地域イノベーション　86

4-5 広域的地域産業振興策の課題　89

II編　ケーススタディ

5章　広域計画の新たな展開　94

5-1 ❖大都市圏の計画と課題　〈大西 隆・片山 健介・福島 茂〉　95
　　東京圏の計画と課題／近畿圏(関西圏)の計画課題と展望／中部圏計画と名古屋圏整備

5-2 ❖市町村合併と定住自立圏　〈大西 隆〉　110
　　市町村合併／広域行政の展開／地方分権と広域行政

5-3 ❖県境を越えた地域の結びつき　〈戸田 敏行〉　120
　　県境を越えた地域連携の状況／三遠南信地域の地域連携／県境地域を対象とした地域計画の策定／県境を越えた地域形成の展望

5-4 ❖広域計画と地域ツーリズムの振興　〈福島 茂〉　131
　　観光振興における広域概念の必要性／持続可能な地域づくりと地域ツーリズム

／地域ツーリズムと広域計画／近年における広域的な観光地づくりの取り組み／広域的な観光地づくりの事例

6章　諸外国における広域計画の経験　　141

6-1　❖イギリスの広域計画　〈片山 健介〉　142
　　　イングランドの地方制度と「地域 (region)」／イングランドの都市・地域計画制度の変容／イングランドの地域計画／日本の広域地方計画への示唆

6-2　❖フランスの広域計画　〈岡井 有佳〉　154
　　　フランスの空間計画システムの動向／フランスの行政システム／フランスの空間計画／ストラスブール地域の地域統合計画を事例として

6-3　❖ドイツの広域計画　〈瀬田 史彦〉　168
　　　ドイツにおける空間計画の潮流／ドイツの空間計画制度／シュトゥットガルトにおける事例

6-4　❖アメリカの広域計画　〈西浦 定継〉　182
　　　アメリカの計画行政のしくみ／アメリカの都市計画の流れと広域計画／訴えられたレイク・タホの環境保全型広域計画／広域計画と私有財産権

6-5　❖カナダの広域計画　〈福島 茂〉　194
　　　ブリティッシュコロンビア州における広域ガバナンスと成長管理制度／メトロバンクーバーと広域ガバナンス／住みよい広域圏戦略計画（1996-2009）／次期広域計画：メトロ・バンクーバー 2040／メトロバンクーバーによる広域成長管理の経験

6-6　❖韓国・中国の都市・広域計画　〈大西 隆〉　205
　　　韓国の都市・広域計画／中国の都市・広域計画

III編　立案手法

7章　地域の現状分析　　219

片山 健介・髙見 淳史

7-1　利用可能なデータ　219
　　　人口関連のデータ／経済・産業関連のデータ／土地関連のデータ／交通関連のデータ／地域住民の意識に関するデータ

7-2 地域の現状分析と問題の把握　*226*
　　地域の社会・経済的・空間的構造と問題を把握する／地域の特性を把握する／
　　都市交通の現状と問題を把握する／地域の将来を予測する

8章　広域計画の立案　240

髙見 淳史・片山 健介

8-1 地域の計画目標の設定　*240*

8-2 代替的な将来シナリオの設定と評価　*242*
　　代替的な将来シナリオの設定／代替的な将来シナリオの評価

8-3 全体戦略の立案と広域調整　*246*
　　地域空間戦略の立案／広域調整

おわりに　*248*

索引　*249*

シリーズ刊行にあたって　*255*

I 編

広域計画とは何か

日本の最大の地域問題は、大都市と地方の格差問題であろう。国勢調査がはじめて行われた1920年には、3大都市圏の人口シェアは33％であったが、最新の2005年にはついに50％を超えた。人の移動は総合的にみて暮らしやすい場所、暮らしたい場所の選択行動であると考えれば、震災や戦災といった一時的な混乱を除いて、大都市、特に東京圏が居住や活動の場として選択されてきたことになる。これまでは、シェアが低下する地方圏でも人口そのものは増加してきたが、2000〜2005年では、これも初めて絶対数が減少した。今後確実視される人口減少社会を考えれば、この傾向は続き、2035年には地方圏のシェアは46％になるとともに、現在より1200万人ほど減少、つまり、ちょうど中国・四国地方に誰もいなくなる勘定になる。

　現代では、地方＝農村部でも出生率が低下しているから、少子化対策のために大都市から、地方に人を移そうという案は通用しない。しかし、このまま、地方が先行しながら人がいなくなっていくという将来像は、多くの日本人が望んでいるものではない。容易に抗しがたい社会現象として進んでいるこの傾向を変えるのは、広域計画をはじめとする地域・社会政策であるに違いない。その意味では、産業経済の地域開発をめざした従来の広域計画とはまた異なって、人の居住地選択を変え、家族観や人生観を変えるインパクトを与えるという重要な役割を日本の広域計画は帯びつつある。

　自然と対話しながら、人々が安全に、快適に、便利に暮らしていける空間を構築していくという営みを、長寿や家族の再生産を実現しつつ再構築していくことができるのか、現代日本に突きつけられた問いは容易なものではない。解答の1つの方向は、多元的な価値によって構成される社会の形成という視点ではないか。広域計画でも重視される地方分権化は、結局多様な地域の多様な価値を認めることを求めている。それは地域の草の根の活動を重視した参加型の合意形成をますます必要な手段とする。また、目を国外に転ずれば、多元化はさらに多民族、多文化、多言語の共生社会を認めてくことに繋がっていく。島国日本にとって、これまで真剣に考える機会の乏しかった国内外の多元化に積極的に身を乗り出してくことは挑戦的な課題である。そのために広域計画は何をなしうるのかは、本編各章に通底するテーマである。

広域計画と地域の持続可能性

大西 隆

1-1 日本の国土・広域計画

1 国土・広域計画の新体制

　2009年8月に全国8地域の広域地方計画が決まった。2005年に国土総合開発法の全面改正によってできた国土形成計画法では、国土形成計画（全国計画）と広域地方計画が作成されることになった。国土形成計画は2008年7月にまとまり、それを基本として作成されることになっていた広域地方計画が約1年後にできたことになる。8地域とは、個別計画法によって国の計画が作られている北海道（北海道開発法）と沖縄県（沖縄振興特別措置法）を除いた45都府県を地域分けしたものであり、3大都市圏と5地方圏からなる。従来も首都圏整備計画や九州地方開発促進計画といった地方ブロックの計画が存在し、それぞれ何次にもわたって作成されてきた。これらは、個別計画法の規定にもとづいて作られてきたものであるが、この度の法改正で、国土形成計画法にもとづいて作成されることになった。したがって、こうしてできた広域地方計画が日本の公式の広域計画（地域計画）ということになる（図1）。

　しかし、地方ブロックの個別計画法の中で、地方圏を対象としたものについては、国土形成計画法の制定とともに廃止されたのであるが、大都市圏に関わ

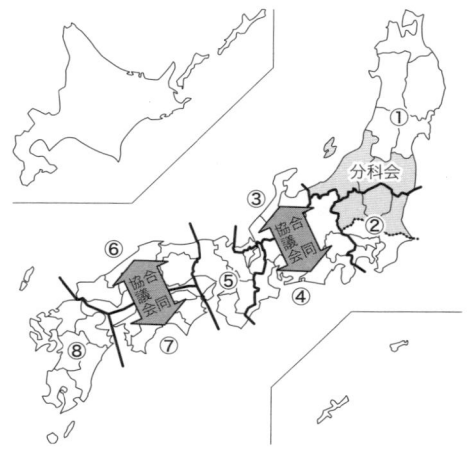

図1 広域地方計画の圏域　圏域を越えて合同協議会や分科会を開催（出典：国土交通省資料より）

るものは存続されたために、やや複雑な状況が生まれている。例えば、首都圏については、首都圏基本計画（第5次）と新たにできた首都圏広域地方計画が共存する状態になっている。地方分権改革と関連したこの点については後述するとして、国土形成計画と広域地方計画という現在の計画体制に至った日本の広域計画の経過を振り返り、その意義を考えてみよう。

2　国土計画と格差是正

　全国総合開発計画と名付けられた日本の国土計画は1962年の全総（第1次計画）から1998年の5全総（第5次計画）まで5回作成されて、国土形成計画に引継がれた。作成時期を日本の経済社会状況と重ね合わせると、大きく2期に区分することが可能である。すなわち、全総と新全総（1969年、第2次計画）が高度経済成長期に作成された計画であり、1973年のオイルショックを経て、いわゆる安定成長期、低成長期に3全総（1977年）および、それ以降の計画が作られた。国土計画は経済社会の動向と密接な関係を持つから、高度成長期の終焉という大きな社会変化を境に、二分することができるのである（図2）。

　国土計画、ことに高度成長期に作られた全総と新全総は、経済活動の急拡大

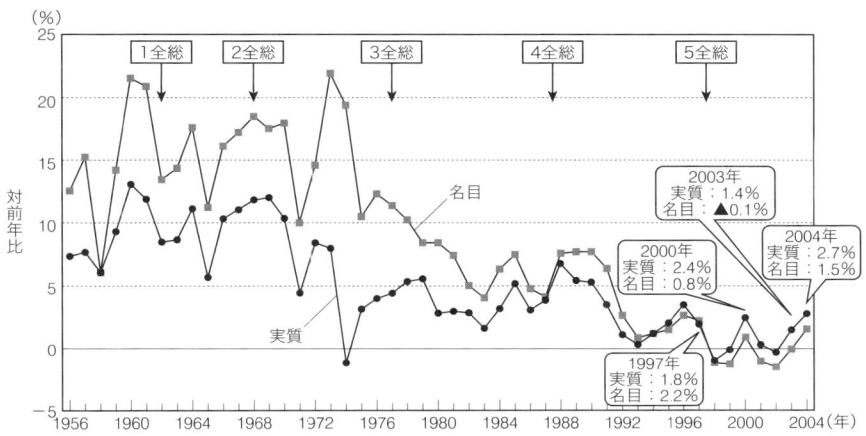

図2　経済成長率の長期的推移 (出典：内閣府「国民経済計算」より筆者作成)

注）1980年までは68SNAを、それ以降は93SNAを使用。また、実質値の算出にあたっては、1981年から1994年までは固定基準方式を、1995年以降は連鎖方式を採用

表1　全国計画と「国土の均衡ある発展」

全国計画	作成年	均衡ある発展に関わる代表的記述
全　　総	1962年	都市の過大化の防止と地域間の格差の是正
新　全　総	1969年	全国土に開発可能性を拡大することによる国土利用の均衡化
3　全　総	1977年	全国土の利用の均衡を図りつつ、人間居住の総合的環境の形成
4　全　総	1987年	特色ある多くの極が成立し…多極分散型国土を形成
5　全　総	1998年	多様な地域特性を十分に展開させた国土の均衡ある発展
国土形成計画	2008年	自立的で特徴の異なる複数の広域ブロックからなる国土構造…国土の均衡ある発展

を支えるために最も効率的に港湾、電力、用水、道路、工業団地などの産業基盤整備を進める役割と、特定地域に偏りがちな産業拠点を全国的に分散させて国土の均衡ある発展を実現する役割という、時として対立する2つの役割を果たすように期待された。つまり、高度成長をもたらす産業活動は効率的に成果を上げ得る地域で展開されるべきという観点から、大都市やその周辺で産業基盤投資を行うべきとする現実論と、その歪として生じる地域間格差問題に対処するためには、効率は悪くても地方における産業振興やそれを助ける基盤整備を進めることが必要という理念論とをともに含んでいた。そして、国土計画、あるいはより一般的に将来の姿を描く計画行為では、理念を現実化しようとす

る観点が重視される傾向があるために、一連の計画においては均衡ある発展の理念がより重視されてきたといえよう。

表1は、1次から5次、さらに国土形成計画において、均衡ある発展がどのように計画文書に書き込まれてきたかを抜き出したものである。これを見るとすべての計画の中で、格差是正や国土の均衡ある発展という用語や、同主旨の用語がキーワードとして使われ、"均衡ある発展"が計画の理念であることが示されてきたことがわかる。同時に、均衡ある発展とは何かと、その意味を問う議論も行われてきた。代表的には、結果の均衡か、機会の均衡かの議論である。結果の均衡とは、所得水準や生活水準等、経済社会活動の結果として実現される所得や生活が同レベルかを問う観点であり、機会の均衡とは、経済社会活動を営む基盤となる社会資本等の水準が同レベルで、同じようなスタートラインに立っているかを問う観点である。全総計画は、各地での資本整備や工場立地を企図したという意味で、機会の均衡を志向してきたといえる。しかし、機会が均衡化しても、結果としての所得水準の差が拡大すれば、遡って出発点で機会の均衡が成り立っていたのかに疑問が生じることになるので、実は、機会と結果の均衡は密接に関連している。

均衡ある発展は、単に計画に表現されただけではなく、政策にも具体化された。全総に関連しては、集中の主因と考えられ人口誘引機能である工場と大学の立地を大都市圏で規制する工業（工場）等制限法（1959年首都圏、1964年近畿圏）、地方での産業立地を奨励するために地域指定して重点的基盤整備を行う新産業都市建設促進法（1962年）と工業整備特別地域整備促進法（1964年）が作られ、地方での工業立地を促した。

新全総では、大規模な工業集積、畜産基地、レクリエーション基地等を地方に作るための国主導のプロジェクトが苫小牧東（北海道）やむつ小川原（青森県）等で実施された。しかし、事業実施時期がオイルショックと重なったことや、各地で公害反対や自然保護の動きが強まったために、新全総関連の開発事業には、中止となったり、途中で挫折を余儀なくされたりするケースが多かった。その後も継続されたのは、新幹線、高速道路等の全国的高速交通体系整備に関わるものが多く、その他の大型事業は成果を上げたとはいいがたい。

3全総は、生活関連施設の拡充を通じた定住促進を標榜したために、直接的

には工場分散政策を伴わなかったが、1980年代になって、技術や知識の集約度の高い電気・電子工業や機械工業、あるいはその関連産業の立地促進のために地域指定を行うテクノポリス法（1983年）と頭脳立地法（1988年）が制定された。さらに4全総下の1990年代には、地域産業集積活性化法（1997年）、新事業創出促進法（1998年）等が制定され、ごく最近まで一貫して工場立地を中心とした地域政策が展開されてきた。

3　国土・地域政策の評価

　均衡ある発展のための一連の施策の成果をどう評価するべきなのであろうか？　日本の地域間格差は、図3の都道府県民1人当り所得ジニ係数に示すように、1960年代初めから、1970年代初めにかけて、すなわち、ちょうど高度経済成長期に大きく減少した。1人当り県民所得は、次の式で表わされる。

　　　　　　1人当り県民所得＝県民総所得／県人口

　したがって、工場立地による県民所得の増加（分子の増加）と、大都市への流出による県人口の相対的減少（分母の相対的減少）という2つの要因で地方圏の1人当り県民所得は大都市圏に比べて増加しうる。

　実態はどうだったのであろうか？　この時期に1人当り県民所得が最も大きかった東京圏（1都3県）と最も小さかった九州圏（7県）を比較してみると、表2に示すように、40年の間に、県民総所得は東京圏で37.6倍、九州圏で26.5倍伸びたものの、東京圏では人口が1.87倍になり、九州圏では1.04倍にとどまったために、1人当り県民所得の伸びは東京圏の20.1倍に対して、九州圏では25.4倍と上回り、1人当り所得格差は縮小した。県民総所得自体は東京圏の増加率の方が大きかったから、九州圏の人口伸び率が低レベルだったことが、格差縮小をもたらしたことになる。九州でも自然増加率は全国平均程度であったので、大都市圏への移動という社会変動によって格差が是正された。図4に示すように1960年代は、地方圏から大都市圏へ大量に人口が流出した時代であり、高等教育機会、就業機会を求めた人の動きが、結果として格差を是正したのである。

　しかし、こうした過程は、全総計画がめざしたものではない。全総計画は、

図3 地域間所得格差の推移 (出典:内閣府「県民経済計算」、総務省「国勢調査報告」及び「人口推計年報」をもとに国土交通省国土計画局作成)

表2 東京と九州の格差是正構造

	1人当り県民所得指数		1人当り県民所得の伸び率	県民総所得の伸び率	人口伸び率	工業出荷額の伸び率
	1960年	2000年	2000年/1960年	2000年/1960年	2000年/1960年	2000年/1960年
東 京 圏	132.5	117.9	20.1倍	37.6倍	1.87倍	15.0倍
九 州 圏	74.0	83.3	25.4倍	26.5倍	1.04倍	13.8倍
全 国	100.0	100.0	22.5倍	30.3倍	1.35倍	19.6倍

(出典:内閣府「県民経済計算、国勢調査」より作成)

　過密過疎の同時解消という当時のキーワードに象徴されるように、人々が生まれた地域に定住しながら、格差が是正されることをめざしたのであるから、人口流出によって格差が縮小したのは予期に反した事態ということになる。なぜこのような経過が生じたのであろうか？　それは、政策手段として活用した工業分散が、生産現場の分散という意味では成果を上げながらも、就業機会の分散を伴わず、雇用機会は大都市へ集中したことに原因がある。当初から、工場が分散するにあたって、機械化を進めて労働生産性を高める傾向があった。その結果、工場が地方へ移転しても、雇用が期待したほど生まれなかった。その代りに、企業の本社機能、金融、不動産、種々の対企業サービス機能などが雇

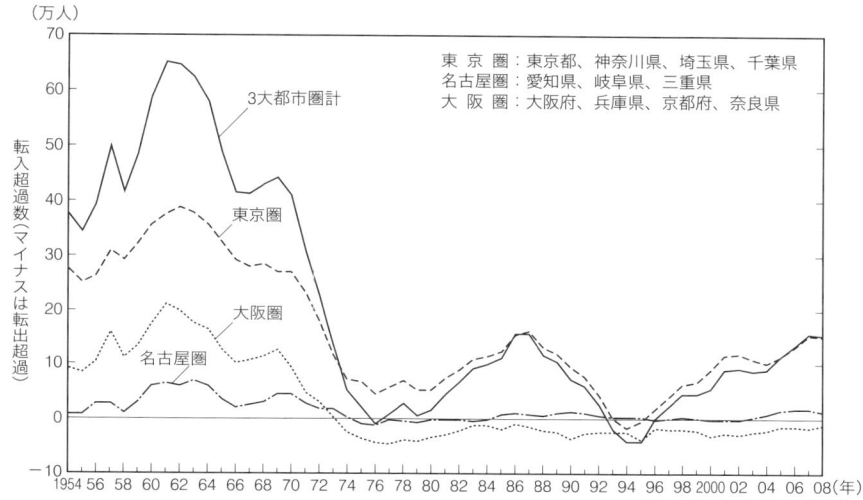

図4 3大都市圏の転入超過数の推移（1954～2008年）(出典：総務省統計局「住民基本台帳人口移動報告」より作成)

用増の中心となり、これらの機能は大都市立地の傾向が強かったために、雇用機会が大都市で増えたのである。

　この動きに対して、日本でも、オフィス機能の分散を政策化する検討が進められたことがあったが、結局、筑波研究学園都市開発や国の行政機関移転計画などのように、政府系のオフィスというごく限られた領域で具体化されるに留まった。このため、オフィスを職場とするような職業の大都市集中は止まらず、特に東京圏が地方からの人材を吸収し続けたために、東京一極集中と呼ばれる現象が起こった。

　こうしてみると、国土・広域計画は、手段として用いた工業分散には成果を上げたが、その目的としたところの各地における人口の定住化には成功しなかったといえよう。

4　国土計画の役割低下と新たな地域間格差の拡大

　90年代以降は、周辺諸国への生産工程の流出という動きが新たに加わった。韓国、台湾はもとより、中国における工業化や海外投資の受入れが、日本企業

の海外流出を加速させ、工場を分散させようとしても地方都市には行かずに、海外へ流出するという事態が生じた。加えて、総人口の伸びが鈍化し、減少に向かうことが確実視されるようになったために、大都市集中がもたらす過密の弊害が薄らぎ、工場等の大都市立地抑制や、大都市から地方への移転をめざした産業立地関連法は、1990年代から、2000年代に次々と廃止されていった（p.75、4-2節、図1参照）。

　また、この時期には、国境を越えて活動する多国籍企業が立地するような都市を世界都市と呼び、その活動が世界の政治・経済活動に支配的な影響力を及ぼすという世界都市論が登場し、4全総中間報告で東京の世界都市としての役割を積極的に評価しようとする議論が展開されるなど国土計画にも影響を与えることになった。

　しかし、大都市で過密の弊害が軽減されても、地方都市での人口減少や産業衰退の危機は深まっており、"過密なき過疎"の時代が始まったといえる。このため、国土計画では、均衡ある発展の理念を変更せずに、先述のように、最新の国土形成計画においても重要な概念として使い続けている。同時に、地域振興のためには産業の誘致や育成が必要であるとして、2007年になると産業立地を所管する経済産業省によって、新たな産業立地政策として企業立地促進法と中小企業地域資源活用促進法が制定された。だが、これらの法律では、大都市圏を含めたすべての地域での産業振興が対象とされており、従来のような大都市での抑制、地方での促進という考えはとられていない。このことは、日本の国土計画や地域政策が、均衡ある発展の理念を掲げながらも、それを実現する手段を持てなくなってきたことを示しており、国土・広域計画の役割低下を象徴している。

　もちろん国土・広域計画を必要とする状況が存在しなければ、役割の低下は憂えるべきことではないのであるが、例えば国土における人口分布をみても、最近の傾向は東京都心への一点集中という様相を呈しており、過疎地では集落の崩壊が続いている。つまり格差はなお存在し、深刻さを増しているのである。

　図5に示すように、都道府県単位で見た全国の地域間格差について、東京都を含めて格差指数（変動係数）を求めた場合と、東京都を除いて計算した場合とを比較すると、前者の値が大きいうえに、最近時点では、さらに変動係数の

値、すなわち格差が拡大している。また東京圏の内部で市区町村間の所得格差をみると、やはり急速な増加がみられる。こうした動向から、東京都心部に高額所得者が居住したこ

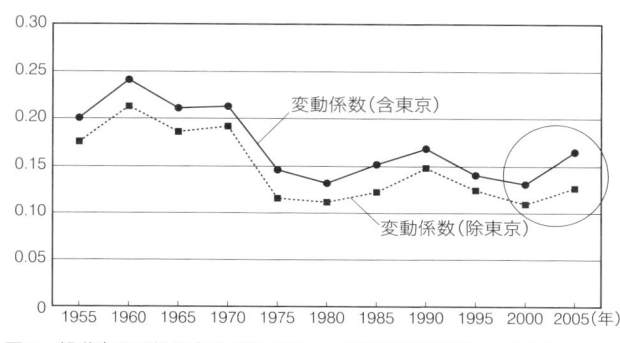

図5　都道府県所得の変動係数 (出典：内閣府「県民経済計算」より作成)

とが全国的な格差拡大を引き起こしていると指摘されている。東京圏への一極集中がさらに昂じて、いわば東京都心への人と富の一点集中ともいうべき現象が生じているのである。

一方、高齢者の割合が高く、将来大幅な人口減少が見込まれる限界集落が各地で増加していると指摘されるように、中山間地域から、さらには地方都市に至るまで、人口減少を記録する自治体数は年々増加している。高等教育機会や就業機会が得にくいことが地方からの若者流出の原因である。後述するように、東京への一点集中が出生率の低下を加速させている等の大きな欠点を有しているのであるから、過密の圧力が弱まる人口減少社会を迎えつつも、国土・広域計画を含めた諸政策を総合して地域の振興とバランスのとれた国土利用を図ることが今日的な課題となっている。

1-2　地方分権と広域計画

1　広域計画の分権改革

国土・広域計画の今後の役割を考える時に、重要な論点となるのは、計画の主体論である。実は、国土総合開発法から国土形成計画法への改正は、地方分

権推進委員会の勧告（第5次、1998年）で、「国土総合開発法及び国土利用計画法のあり方について、総合的かつ抜本的に見直す」とともに、大都市圏および地方圏の計画については関係都府県が内容案を作成するように分権的な改革を行うべきことが明記されたことによって促された。また、地域振興の具体的な政策手段であった条件不利地域振興計画やモデル型地域振興計画についても見直し、関係市町村が計画を作成すること、サンセット方式を導入すること等、改革の諸点が勧告された。

　これらの国土・広域計画の分権化勧告への対応が、2005年に行われた国土総合開発法から国土形成計画法への法改正であった。国土計画の内容では、目的を、国土を「利用し、開発し、及び保全」（国土総合開発法1条）することから、国土の「利用、整備及び保全」（国土形成計画法1条）へと変更するなど、「開発」の用語を条文から消し、計画内容からも開発色を消し去った。広域地方計画については、広域地方計画協議会での協議を経て国土交通大臣が計画を定めるとした。実際、すべての地域で、広域地方計画協議会が組織され協議が行われ、協議会のメンバーには、知事、政令市市長等地域行政機関代表、経済界代表に加えて、国のブロック機関長が加わった。

　この広域地方計画の作成手続きを、国土形成計画以前にもっとも地方分権的な仕組みをとっていたとされる中部圏開発整備計画（中部圏開発整備法、1966年）のそれと比較してみよう（表3）。中部圏開発整備法では、計画の作成に当たっては、関係県が、各県議会の議決を経た規約にもとづいて中部圏開発整備地方協議会を設置して協議の上、原案を作成して、当時の所管大臣であった国土庁長官に提出する手続きが定められていた。地方協議会のメンバーには、知事や政令市長に加えて、市町村代表、県議会議長、政令市議会議長、学識経験者が

表3　協議会の構成比較

	中部圏開発整備協議会	広域地方計画協議会
国の関係機関	×	○
都府県、政令市	○	○
同上議会議長	○	×
関係市町村	○	○
同上議会議長	○	×
隣接市町村	×	○
地方公共団体外関係者	×	○
学識経験者	○	×（別途意見聴取）

（出典：中部圏開発整備法、国土形成計画法より作成）

含まれていた代わりに、国のブロック機関長は含まれなかった。つまり、原案作成権限、国の代表が含まれない等の点で、中部圏開発整備法の規定の方がより分権的であったことがわかる。

しかし、中部圏のこの分権的な仕組みは現実には機能してこなかった。第1次計画（1968年）こそ、この手続きがとられたものの、それ以降は、計画変更という手続きがとられ、同法の規定によって、地方協議会の原案作成を行わずに、国土庁長官が直接変更案作成に当たるショートカット方式が適用されてきたのである。折角地方分権的な仕組みが用意されていながら、地元公認で骨抜き運用されてきたことになる。この背景には、法による広域計画は、国が各地域にどのような事業を行うかを示す国の計画であるとの認識を、各地域が持っていることがある。したがって、こうした地方団体の意向を受けて、広域地方計画の作成においても国のブロック機関長が正式メンバーとなり、しかも起案に関わる事務局を国土交通省の地方整備局が務めることになったのである。

2　道州制と地域計画

すべての地域で、広域地方計画協議会が組織され、協議が行われたことは、地方分権の観点からみて、中部圏開発整備地方協議会に比べて遅れていることや、国が事実上計画作成の主導権を持っていること等の問題を含んでいるものの、中部圏以外の他の地域の従来の制度と比べれば少し前進したと評価できるのかもしれない。しかし、このように制度の細部に分析を及ぼすことによって、そもそも広域計画の策定・実施主体は誰なのかという根本的な問題を隠してしまう危険を孕んでいることに注意が必要である。なぜなら、道州制という新たな広域政府の枠組みと広域計画がどのように関連するのかという議論の方がより本質的で重要だからである。

国土形成計画の下で、広域地方計画のための区割りが議論され、さらにその後に各地域で広域地方協議会の議論が行われていた最近の数年間には、並行して道州制の議論が行われていた。道州制論の行方はなお不透明なので、さし当たって現行の都道府県制の下で広域地方計画を作成したのはやむを得ないとしても、広域地方計画への期待が大きければ大きいほど、それを作成し、実行す

る主体の不在は大きな欠陥として浮かび上がる。

　市町村合併によって市町村数が大幅に減少し、同時に規模が拡大したので、ますます都道府県と市町村とが重複していると感じられるようになってきた。もともと、都道府県には、機関委任事務を担う国の出先機関という機能があったので、それが廃止され、市町村への分権化が進んでいくうちに、都道府県の存在意義が不明になってきている。これらを背景に、都道府県より規模の大きな地方自治体として道州を作ろうという意見が強くなってきた。とはいえ、その内容は多様である。さすがに現在では、国の下部組織として官選知事を長とする道州制論は影を潜めている。しかし、自治組織としての道州においても、連邦型道州制という連邦国家の州のような憲法や軍を有する道州制、地域主権型道州制と称せられる内政に関する国の権限を大幅に委譲した道州制、さらに、現在の都道府県の合併によって規模は拡大するものの権限にはあまり変化のない道州制まで、道州制の内容は多様であり、"道州異夢"と揶揄されるほどである。

　筆者は、日本は、諸大国に比べてそう広くない国土なので、何層にもわたって地方政府を重ねるのは賢明ではないと考え、まず増加している政令指定都市や、中核市、特例市といった行政力や財政力を持った有力市に、十分に行政、立法、税財政権限を分権化して、独自性に富んだ政策を展開してもらうことが重要と思っている。次いで、2層目の自治体（現在の都道府県）の役割は、第1に、これに達しない中小の市町村のサポートを行うこと、第2に、広域交通体系、環境・自然保全、産業振興、高等教育等、市を単位としたのでは狭隘過ぎる行政分野を広域的な観点から担うことである。換言すれば、近接性原理（まず身近な自治体で意思決定と行政を行うこと）に立って基礎自治体の役割を高め、力不足の自治体や広域的なテーマについては、補完性原理（それでは足りないところを広域的な自治体が補うこと）によって2層目の自治体が支援することである。

　いずれにしても、自治組織としての広域政府が出現すれば、そこが広域地方計画のような広域計画を作成して、実施することになるのは当然のことである。したがって、広域政府が存在しない段階では、広域計画やそのための協議は、地域に対する国の施策を引き出すための交渉の場というような限定した意味し

か持たないかもしれない。もちろん、交渉の場と割り切っても、例えば、フランスにおける「計画契約」のように、国と地方が、長期間（5〜7年）の公的支出を約束して地域振興を図るという場合には、双方の関わりを協議することに意味はある。しかし、フランスの場合には、当然のことながら、契約を結ぶのはそれぞれの地域に責任をもつ国の出先機関の長と、地方（région）や県（départment）の代表という責任者同士である。これに対して、現在の広域地方計画では、広域全体に責任と権限をもつ広域政府は存在しないうえに、国の側も、例えば、北陸地方広域地方計画のように、新潟県に置かれた国土交通省地方整備局が、富山、石川、福井の3県からなる広域地方計画の事務局を担当し、しかも福井県は同局の所管外という錯綜した状況にある。つまり、広域地方協議会のメンバーに当事者としての適格性の点で不十分さがあることは否めない。

したがって、広域地方計画を意味あるものとするには、国土・広域計画の観点から、各地域でどのような主題が重要かを明らかにするのと同時に、どのような主体が計画を立案し、実施していくべきかに関しても積極的に提言を行うこと、つまり、道州制の議論を積極的に提起してくことが重要となっている。

3　国際的連携と広域地方計画

EUでは、加盟国の広域制度を拡充する動きがあり、広域組織を重視してこなかったイギリスでも地域振興に関わる官民協力型の広域組織が作られた。その背景には、EUの重点分野である地域振興政策を実施するうえで、各国政府を介して間接的に関わるのではなく、直接地域の実情を把握して実務を行うには、国より小さく、市町村より大きな地域という単位を対象とすることが適当と考えられたことにある。EUという超国家からみて政策の単位となるスケールが、広域地方（region）だったのである。したがって、そうした単位を明確に持っていなかった国では、この動きに対応する必要が生れたのである。

同様の議論は、これから緊密度を深めようしている東アジアでも生じる可能性がある。すでに日本と東アジア（中国、韓国、台湾、香港、さらにASEAN諸国）との経済関係は、輸出入ともに、対米、対EUの合計を上回るようになっている。こうした経済関係が、社会の諸分野の交流を促しており、歴史認識

をはじめとする種々の対立的な要素を含みながらも、緊密の度合いを増している。このことは、国土計画にも影響を与え、シームレスアジア（東アジアにおけるハード・ソフト両面で継ぎ目のない円滑な交流の環境形成）、アジア・ゲートウェイ等の表現で、アジアや東アジアとの人的・物的交流が重要であるとして、その促進を計画の重要な柱とした。東アジアには政治体制を異にする諸国が存在しているので、交流の枠組みを定めていくには国家間の協調が欠かせないが、それと並行して都市や広域地域、あるいは市民組織が先導して人的、物的交流を続けることによって相互理解を深めることが、交流の実を上げていくうえで重要である。今回定められた、広域地方計画にも、国際交流、とりわけ東アジアとの交流を重視した地域もあったが、まだまだ十分とはいえない。

　これまでは、高度に経済成長した日本と、アジアの途上国という関係だったかもしれないが、急速な経済成長によって、各国の経済力や産業力は増大しており、すでに廉価な労働力提供国という見方が妥当ではなくなっている国も増えた。東アジアの購買力に着目すれば、日本の自動車産業や電気・電子・機械産業にとっても重要な販売先となるであろうし、さらに日本の各地が特産品として売り出そうとしている農産物や加工品の販路としても重要性を増している。その意味で、広域計画も、単に国内の一地域の計画という意識ではなく、アジア、とりわけ東アジアの一員という視点で作成され、実施されていくことが重要となる。

1-3　地域の持続可能性

　日本の国土・広域計画が、格差是正や、均衡ある発展をめざしてきたことはすでに述べた。現在、格差はむしろ拡大しているのであるが、格差是正のためにこれまでとられてきたような大都市圏での産業立地を抑制して、地方へ誘導するような分散政策はとられていない。その理由は、郊外化によって大都市の過密現象が緩和されてきたために、大都市での立地抑制策をとらなければならない根拠が薄れたことと、近隣諸国との国際競争が激しく、本格的なものとな

ってきたために、立地に種々の条件をつけて国内における企業の立地コストを高めることができにくくなったからである。その意味では地域計画の手段には手詰まり感がある。筆者は、改めて地域政策の目標を再構築して、そのための手段を吟味するという基本論が求められているように思っている。日本の各地の状況をどのように評価するのかを改めて問い、もし問題があるとすれば講ずるべき対策を考えようというのである。

1 持続可能な地域

　地域の問題を把握するには、地域の現状を評価することがまず必要となる。評価の基本となるのは、これまで続いてきた地域での様々な営みが今後も安定的かつ発展的に継続されていくという持続可能性の視点ではないか。1980年後半から定着してきた持続可能性の概念は、経済的豊かさ、社会的公平、環境保全という3つの目標がバランスされて実現している状態を指すといわれる。

　いうまでもなく、経済的豊かさがなければ、社会は貧困化し、まともな社会生活を営むことは困難になり、持続可能とはいい難い。同時に、豊かな生活を営めるという期待が、様々な革新の原動力となり、経済的豊かさを現実のものとしてきた。しかし、経済発展の果実が偏って享受され、貧富の差が拡大すれば、社会は不安定になり持続可能とはいい難くなる。大きな貧富の差を仕方がないものとは思わずに、何らかの社会システムに欠陥があって、不公平がもたらされていると感じて、非合法的な手段をとってでも是正しようと考える人が出てきて、それが人々の支持を得る可能性さえあるからだ。しかし、経済発展と分配の公平性だけでは、資源を使い過ぎたり、環境への負荷が大き過ぎて、将来の世代が資源を使う余地がなくなったり、居住に適さない環境を招来して地域が衰退する恐れがある。したがって、持続可能性には環境保全が欠かせない。こうした三すくみの関係にあるから、持続可能な社会実現のためにはこれらの3目標がバランスよく実現されることが重要と指摘されてきた。

　しかし、日本の現状をみると、この3目標だけでは社会を持続させるうえで不十分あることがわかる。日本が経験している超低出生率（合計特殊出生率が1.3程度という極めて低水準にある）が続けば、たとえ皆が公平に豊かで、環

境に負荷をかけていないとしても、やがて誰もいなくなってしまう。文字通り、持続的ではない社会なのである。また、もし人口が何らかの方法で回復しても、都市空間の集積度が低く、人々が物理的に離れ離れになって暮らしている社会も人間関係が希薄になったり、コミュニティ活動が困難になるうえ、行政サービスの提供もままならないから、持続可能な社会とはいい難い。このように考えれば、持続可能な社会とは、ブルントラント報告以来世界的に定着してきたといえる3目標のバランスのとれた実現を超えて、少なくとも、人口の持続性、都市空間の集積度を加えた5目標を設定することが必要ではないだろうか。

それではこれらの目標に照らして、日本の地域はどのような現状にあるかを

表4 持続可能性の5指標

順位	経済的豊かさ	1人当り所得 千円/人	社会的公平	ジニ係数	環境共生	CO_2排出量 t/人	人口持続性	合計特殊出生率
1	東京都	4778	長野県	0.275	奈良県	0.74	沖縄県	1.75
2	愛知県	3524	山梨県	0.28	鹿児島県	0.88	宮崎県	1.59
3	静岡県	3344	滋賀県	0.28	東京都	0.93	熊本県	1.54
4	滋賀県	3275	石川県	0.286	京都府	1.41	鹿児島県	1.54
5	神奈川県	3204	三重県	0.287	山梨県	1.43	島根県	1.53
42			東京都	0.314				
43	長崎県	2222	兵庫県	0.314	三重県	8.90	大阪府	1.24
44	宮崎県	2212	熊本県	0.316	岡山県	10.01	奈良県	1.22
45	青森県	2184	大阪府	0.323	大分県	10.57	北海道	1.19
46	高知県	2146	沖縄県	0.344	茨城県	10.70	京都府	1.18
47	沖縄県	2021	徳島県	0.345	山口県	24.97	東京都	1.05

順位	都市構造(コンパクトと住宅事情の平均)	平均順位	コンパクト	DID人口密度 人/ha	住宅事情	世帯当り床面積 ㎡/住宅
1	新潟県	12	東京都	98	富山県	151.88
2	石川県	12	大阪府	95.7	福井県	143.61
3	青森県	15.5	神奈川県	93.8	山形県	136.79
4	山形県	16	京都府	81.7	秋田県	135.88
5	奈良県	16	埼玉県	78.9	新潟県	132.73
	東京都は22位					
42	香川県	30				
43	佐賀県	30	香川県	32.6	埼玉県	84.03
44	茨城県	30.5	徳島県	32.1	沖縄県	76.16
45	徳島県	31.5	岩手県	29.4	神奈川県	74.6
46	高知県	31.5	佐賀県	28.4	大阪府	73.06
47	鹿児島県	37	島根県	24.2	東京都	62.54

(出典:内閣府県民経済計算(1人当たり所得、2005年度)、総務省統計局全国消費実態調査(都道府県年間収入のジニ係数、2006年)、環境省温対法特定事業所温室効果ガス排出量(2006年、人口は2005年国勢調査)、厚労省人口動態統計(合計特殊出生率、2007年)、国勢調査(DID人口・面積、2005年)、総務省統計局住宅・土地統計調査(1住宅当たり延べ面積、2003年)より作成)

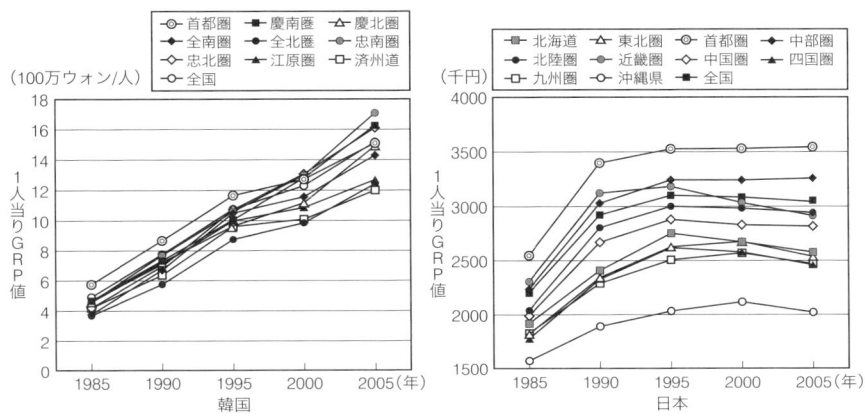

図6 韓国と日本の圏域別1人当り所得 (出典:GDRP統計（韓国）、内閣府「県民経済計算」(日本) より作成)

簡便な指標を用いて考察してみよう（表4）。

　経済発展を1人当り所得などの経済指標でとらえれば、東京都や大都市圏が優位にある。東京都は1人当り所得が最も大きく、高所得の就業機会が人口を吸引する理由になっていると考えられる。しかし、例えば、韓国ではソウル首都圏への人口集中が日本以上に激しい一極集中ぶりを示しつつ続いているが、1人当り所得でみるとソウル首都圏は1990年代後半からトップではなくなり、忠南圏が1位となっているから、人の動きと、所得水準の間に現在の日本と同じような関係が常に存在するわけではない（図6）。

　公平性については、県内収入分布のジニ係数をとってみると、大都市では高めの傾向があり、低いのは長野県、山梨県、滋賀県等大都市に比較的近い地域である。加えて、東京都心では、最近高所得層の流入が著しいから、さらにジニ係数が増えつつある。

　環境保全に関しては、自然環境の豊かさ、公害の少なさなど様々な指標が考えられる。その中で、現在最も強い関心を集めているのは、地球環境保全に関わる温室効果ガス排出量であろう。1人当り温室効果ガス排出量の指標をとると、大都市では、公共交通が発達していることと、工場立地が人口規模に比して小さいことから多くない。1人当り排出量が多いのは人口規模に比して工業集積の大きな工業集積県で、山口県、茨城県、大分県などである。

　新たに加えた2つの指標をみよう。人口の持続性においては、日本では沖縄

表5 地域の持続可能性の都道府県順位

1	石川	11	埼玉	19	佐賀	31	大阪	40	宮崎
2	長野	12	山形	22	鳥取	32	宮城	42	茨城
3	滋賀	12	岐阜	23	香川	32	福島	43	兵庫
4	静岡	14	愛知	24	東京	34	熊本	44	福岡
5	奈良	14	鹿児島	25	新潟	34	沖縄	45	和歌山
6	京都	16	広島	26	栃木	36	岩手	46	徳島
7	福井	17	群馬	27	青森	37	北海道	47	高知
8	山口			28	長崎	38	岡山		
9	三重	19	神奈川	29	愛媛	39	千葉		
10	山梨	19	島根	30	秋田	40	大分		

(出典:表4に同じ)

県、宮崎県、熊本県等の南部の地域で合計特殊出生率が高い傾向がある。大都市では極めて低く、東京都は最下位である。

また、都市空間の集積度に関しては、集積が高いと効率的な行政サービスが実施できたり、種々の民間活動も立地しやすくなり都市活動の持続性が高まるという観点と、集積が高くなれば地価が上昇し、土地利用にゆとりがなくなり生活の質が低下するという2つの観点から評価する必要がある。まず一定の人口密度の下で居住する人の割合という観点から、DID人口（人口集積地区の居住人口）の全人口に対するシェアをとると、当然ながら大都市で高く、地方で低い結果になる。一方で空間的な豊かさを表すものとして、世帯当りの住宅床面積を指標とすると、北陸が大きく、富山県、福井県、山形県の順となる。

これら持続可能性に関わる諸指標のランキングを総合して、地域の持続可能性を考察すると、大都市の代表である東京都は、経済的豊かさ、地球環境保全、地域のコンパクトさでは優位にあるものの、人口の持続性や住宅事情では低水準にあり、持続可能性は中位といったところである。総合順位で高いのは、石川県、長野県、滋賀県等の大都市に比較的近く、産業立地における優位性を持っていると同時に、空間的なゆとりなど大都市にない利点を持っている地域である（表5）。もっとも、合計特殊出生率は、これらの地域でも1.4程度の極めて低い水準になるから、その改善は日本全体にとって、大きな課題として残されている。

持続可能性に関するこのような分析から、東京への集中構造は必ずしも持続可能性を高めることにつながっていないことが明らかとなった。とはいえ、持続可能性の高い地域が大都市の集積を活用していると読み取れるので、国内に過大にならない都市集積をいくつも形成し、その周辺地域を含めて、持続可能性の高い空間としていくことが、持続可能な社会実現の方策となるのではないだろうか。

2　地域の発展戦略

　東京への一点集中の現状は、地域の持続可能性の観点からは厳しい評価になる。したがって、広域計画にもとづく種々の地域政策が実施されることによって、日本の各地を持続可能な社会へと転換してくことが求められる。

　しかし、これまでみてきたように、政策にはいくつかの制約が課せられる。大都市での産業活動を抑制して、地方へ誘導する政策はとりにくくなっている。しかし、地方圏から大都市への人口移動によって、格差を是正しようとするならば、地方での人口減少が歯止めのないものになる恐れがある。したがって、とり得る政策は、それぞれの地域が自律的な発展策という原点に帰って、持続可能性を追求することになるのである。

　この場合に、筆者は、経済基盤論という枠組みが有効性を持つと考えている。経済基盤論では、地域外の市場へ産品を売ったり、サービスを供給したりする産業（基幹産業）と、産品やサービスの購入者が地域内に留まる産業（地域産業）に地域の産業を二分する。国の経済でいえば海外市場で競争力をもつ輸出産業と、内需に依存した国内市場産業とに分ける方法を地域経済に応用していることになる。この観点から地域振興を考えると以下の3点が重要となる。

　第1に、かつて米国の経済学者ティブーが述べたように、地域経済が成長し雇用機会が増加するには、基幹産業の成長が不可欠なことである。わが国の地方都市では、製造業、中でも自動車産業や電気電子産業を基幹産業としている都市圏でGDPの増加や雇用・人口の増加（減少数の縮小）が見込まれる。

　しかし、地域の雇用を支えるのは、こうした国を代表するような産業だけではない。農業や漁業の第1次産業も地域外の市場に移出されるし、観光資源や大学なども地域外から人が訪れて地域経済を潤すという意味で基幹産業を構成する。

　基幹産業の育て方にも戦略が必要である。1960年代から70年代にかけては、即効的な基幹産業発展策として工場誘致が流行した。特にそれほどの技術の蓄積がなくても、勤勉で優秀な労働力と交通条件や水があれば工場が進出し、雇用が増えた。しかし、より望ましいのは、地域に培われた技術や知恵を生かした基幹産業を育てることだ。そうすれば、製造やサービス提供の現場を担う産

業というだけではなく、研究開発や企画などを含んだ層の厚い基幹産業となるからである。この意味で、地域の大学や研究所の基礎研究、企業と組んだ応用研究が産業と結び付くなどの戦略を立てることが重要となる。

　第2に重要なのは基幹産業の連鎖である。1つの基幹産業はそう長続きしない。重要なのは、次々と交代しながら何らかの基幹産業が常に地域経済をリードするという状態を作り続けることである。やはり米国の都市経済学者ジェイコブスが、デトロイトを舞台にこの主張を展開している。

　デトロイトが都市として成長を始めたころの基幹産業は小麦粉だった。それが製粉機を自製するための機械工業や輸送のための造船製造などの成長を誘発し、さらに機械、金属、エンジンの分野で多様な基幹産業を育てることにつながり、ジェイコブスが描いた時代の花形となった自動車産業へと至った。つまり、1つの基幹産業を育てた技術や知識、あるいはその基幹産業から派生した下請け産業が、次の基幹産業を生み出す力となるというのである。

　長寿のジェイコブスも、GMをはじめとするデトロイト自動車産業の今日の危機を見届けることはできなかったから、あまりに巨大化した基幹産業にとって代わり得る次代の産業をいかにして形成するのかという点については解答を残していないが、自動車産業においてもハイブリッド車や、電気自動車や燃料電池車を生み出して新たな低炭素時代へ対応すれば、基幹産業としての競争力を持続することは可能であろう。さらに自動車からロボット産業や家庭用燃料電池産業が生まれるといった連鎖も起こるに違いない。新たな価値を生むのは創造性であるから、技術、学術、文化・芸術等の領域における独自性の高い創造的な成果を産業・雇用に結びつける試みが欠かせない。常に世界の人々のニーズに耳を傾けながら、技術革新と製品開発を行っていく姿勢が連鎖を持続させる。

　第3は、こうして基幹産業を重視しながらも、経済基盤論は地域産業の充実が雇用増加に不可欠なことを示唆していることである。経済基盤論では、基幹産業での雇用の増加がどれほど地域の雇用増をもたらすかを地域乗数効果で表す。基幹産業部門で1人雇用が増えれば、地域全体では何人雇用が増え、ひいては人口がどれほど増えるかという効果である。あまりに基幹産業に特化して、地域産業が手薄な地域は、地域乗数効果は低くなる。つまり、自動車や家電の

工場で雇用が増えても、地域の商店街が寂れていれば、買い物客は地域外に流出してしまい、近くの大都市で商店が潤い、雇用が増えるだけにとどまる。したがって、地域乗数効果の高い産業構造、すなわち基幹産業の発展で増加する雇用や所得がもたらす消費の増加を地域で受けとめるように地域産業の広いすそ野が形成されることが期待されるのである。

せっかくの所得があっても、地域内での消費の機会が乏しければ地域に富が循環しない。ちょうど輸入品を国産化するような感覚で内需を地域内で受け止める努力をすれば、地域の雇用は増加するに違いない。現に地域から流出する需要は見えているとはいえ、それを地域内で満たす産業をつくりだすのは容易ではない。しかし、その努力が地域産業を盛りたて、次の基幹産業を生み出す可能性さえ生む。

*

地域の発展は、基幹産業を育て、かつ連鎖させることと、流出している地域の需要を地域内で受け止める地域産業を育成することによって図られる。地域産業政策の原理はシンプルにして、業種や組み合わせを柔軟に考えていくことが重要である。農商工連携といわれるが、連携の定型はなく、観光と農業、農業とサービス業を組み合わせてもいい。要は自らの地域が少しでも優位な産業を見つける眼力を磨くこと、地域に存在する技術やノウハウを生かすこと、何かを見つけて頑張っている人を皆で応援することである。

参考文献
・最新の国土計画については以下の雑誌に特集がある。
　「特集・中部圏と国土の将来像－プランナーからの提案」（『地域開発』508号、2007年1月）
　「特集・新時代の国土計画を考える」（『都市計画』55巻5号、2006年10月）
　「特集・国土計画は甦るか－国土形成計画と新たな国土計画」（『地域開発』496号、2006年1月）
　「特集・全国総合開発計画の功罪」（『都市問題』96巻7号、2005年7月）
・ジェイコブス, J.(1971)、『都市の原理』(鹿島出版会)
・Wang, X., vom Hofe, R.(2007), *Research Methods in Urban and Regional Planning*, Springer
・Tiebout, C.(1962), The Community Economic Base Study, Supplementary Paper No.16, New York Committee for Economic Study

2章 広域計画の合意形成とプランニング手法

城所 哲夫

2-1 持続可能な地域圏とガバナンス

1 持続可能な地域圏

1 ── 背景

　今日の社会は、グローバリゼーション下での地域活性化、低炭素社会の実現、高齢社会における生活サービスの再編といった新たな課題に対応していくことが求められている。これらは、いずれも行政界を越えた広域地域空間において生じる課題であるにも関わらず、わが国においては、持続可能な広域空間を構築していくための計画ならびにその実施を進めていく主体、制度ともに、未成熟なのが現状である。本章では、その空白を少しでも埋めたいという願いのもとで、広域地域空間ガバナンス構築のための課題ならびに空間計画に求められる新たな役割、策定プロセス、手法について論じる。

2 ── 広域地域空間の概念

　まず、本論において議論する広域地域空間の概念について提示する。ここでは、持続可能な発展をめざすべき広域地域空間として、都市圏空間、生態系空間、地域経済空間の3つの空間概念を考える（図1）。都市圏空間は、通勤通学

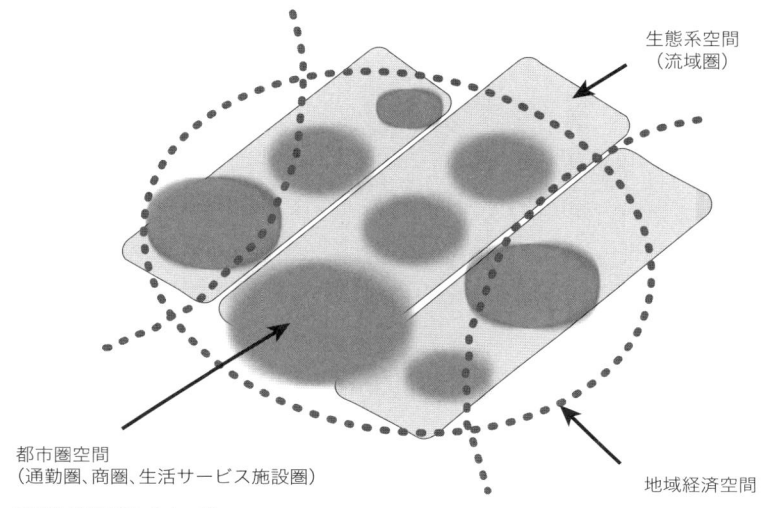

図1 広域地域空間のイメージ

圏、商圏、生活サービス施設圏に対応し、生態系空間とは、国土形成計画全国計画（2008年）においてエコロジカル・ネットワーク（人と自然を有機的につなぐ生態系ネットワーク）として提唱されている空間に対応するものであるが、実際の空間としては、基本的に流域圏として捉えておきたい。

　地域経済空間は、グローバル化する現実の経済活動を反映して、もっともイメージしにくい空間領域であろう。経済活動がグローバル化し、ヒト、モノ、資本の移動の自由度が高まることから、距離の制約がますます減少する。すなわち、世界がフラット化していく一方で、グローバル市場における企業の競争力は、国際的な顧客との時間距離における近接性に加えて、制度的な条件整備、職業訓練・教育のための条件、研究開発機能等、その企業の存在する地域の機能にも依存する。とりわけ、知識経済においては、明確な形となる以前の発想がもっとも大きな価値を持つことからフェイス・トゥ・フェイスの直接的な知識交流が重要であるといわれている。すなわち、知識経済の基盤となるイノベーションの基盤として、地域内におけるフォーマル、インフォーマルなネットワーク（取引関係のもとでの技術交流、教育・訓練、さまざまな場における知識交流、中小生産者間の競争と連携、社会的文化的基盤の醸成、等）と、一貫

した地域イノベーション政策の存在が重要となることが指摘されている（Cooke & Shwartz, eds, 2007）。世界のどこにおいても同じ条件の経済活動が可能となればなるほど、逆に、世界のなかで「ここにしかない、まねることのできない」ローカルな場の持つ特性がますます重要となってくるわけである。

地域経済空間とはこのような圏域を意味しており、企業間、研究機関、行政の間に、下請け、取引、共同研究、支援等の緊密なネットワークが存在しうる、地理的に近接した空間である。

2 広域地域空間ガバナンス構築へと向かう潮流

1 — 広域地域空間ガバナンス

ガバナンス（ここでは、政府内外の個人の緩やかなネットワークにもとづく柔軟な公共的意思決定のシステムとして捉える）は、政府機構のもとでの公共的意思決定システムであるガバメントと区別して用いられ、近年、各国において、ガバメントからガバナンスへ向かう潮流が顕著にみられることが指摘されている（John, 2001）。広域地域空間においては、国、県、複数の市町村といった多層的な政府機関がかかわるのみならず、環境、社会、経済の各分野にかかわる、多様で、かつ、互いに異なる利害を持つ政府機関、民間団体、市民団体がステークホルダーとして存在し、それらの多層的で多様なステークホルダーの合意形成が必要となることから、ガバナンス型の社会的意思決定システムの構築が課題となる。

この点で、先行事例として参考になるのが、欧州連合（EU）による地域（Region）重視の政策の影響のもとで、さまざまな試みを行ってきた欧州の事例である。ここでは、その典型的な事例として、英国における地域ガバナンスの構築のプロセスについてみておこう。かつて、英国では、新自由主義を掲げたサッチャー政権のもとで、1986年に大ロンドン議会（Greater London Council: GLC）などの都市圏自治体（Metropolitan Council）が解体されるなど、制度としての広域空間ガバナンスは大幅に後退した。しかし、実際には、その空白を埋めるべく、たとえば、大ロンドン地域においてビジネス界主導で地域活性化をめざして設立されたロンドン・ファースト（London First）やロンドン・プラ

イド・パートナーシップ（London Pride Partnership）などのように、さまざまな地域レベルの公民パートナーシップ（PPP）団体が設立され、ボトムアップ的な運動のもとでのインフォーマルな社会的意思決定の場が形成されていた。

このような流れの上に立って、ブレア政権のもとで、前述したような欧州連合における地域重視の影響も受けつつ、1990年後半以降、EU補助金（地域開発基金等）の空間的単位にも配慮した地域の制度化がはじまった。この結果、9つの地域（Region）が設立され、それぞれに、政府機関として、政府地域局（Government Office of the Region（GOR）：各地域における国の機関を統合した組織）、地域開発庁（Regional Development Agency：RDA；公民パートナーシップのもとで地域経済開発戦略の策定と実施を担う）、地域協議会（Regional Assembly；自治体の代表、民間経済団体、環境団体、社会団体の代表による地域政策協議機関）が組織され、地域における一貫性をもった発展政策の実施を進めるガバナンスの仕組みの構築が進められてきた。特に、9つの地域のうちのひとつである大ロンドン地域は、2000年に大ロンドン庁（Greater London Authority：GLA）が設立され、直接選挙により選出されるロンドン市長とロンドン議会のもとで、他の地域に比較して高い独立性と代表性を有し、ロンドンの発展戦略に対して強い権限を持つ組織へと発展した。

2 ── 世界各国の動向

上述の英国の例にとどまらず、世界各国における広域計画に関する考え方は、グローバル化の進展にともなう地域間・都市間競争の高まり、持続可能な発展への取り組みの強化、冷戦の終結にともなう新たな国際秩序形成と民主化・地方分権の進展、等を背景として、近年大きく変貌しつつあることが指摘できる。

先行する欧州では、1999年に、欧州連合の関係閣僚の非公式会議において、欧州レベルの空間計画である欧州空間開発展望（European Spatial Development Perspective：ESDP）が承認されたことが、広域空間計画形成にむけての大きな転機となった。その目標は、①経済的・社会的な統合、②自然資源と文化遺産の保全、③欧州内地域におけるバランスのある競争、の3点であり、そのうえで、具体的な政策ガイドラインとして、①バランスのとれた多心的な都市圏システムの確立、②インフラおよび知識へのアクセスの公平性の確保、③持続可

能な発展ならびに自然・文化遺産の慎重な管理と保全、の3点を示している。

同展望が欧州の空間政策に与えた影響は大きく、各国において広域地域空間計画策定のための制度構築が進んだ。たとえば英国では、2004年の計画・収用法（Planning and Compulsory Purchase Act 2004）において、法定デベロップメント・プランの体系が抜本的に改正され、地域計画団体（地域議会（Regional Assembly）；ただし大ロンドン地域については市長）が策定する地域空間戦略（Regional Spatial Strategy; RSS）が創設された。地域空間戦略は、計画許可の直接的基準となるデベロップメント・プランとして法定化され、総合的な発展戦略形成のための空間的圏域としての地域の位置づけが格段に高まったといえる。

上記のように、広域地域空間ガバナンスの制度構築への潮流は、世界的にみると欧州が先導しているといえるが、他の地域においても確実に現れつつある。たとえば、米国においても、ワシントン州、オレゴン州など、市民の環境意識の高い西海岸の州を中心として、州レベルでの都市成長マネジメント政策の導入が進み、その後、スマート・グロース（賢い成長）の標語のもとで、多くの州において広域的な観点からの都市成長マネジメント政策がとりいれられている（小泉・西浦、2003）。さらに、近年では、国家競争戦略の議論のなかで、国家の競争力の源泉となる地域として、数百キロの長さを有する、複数の都市圏から構成されるコリドー地域であるメガ地域の概念も提唱されている。

アジア諸国においても、近年、広域空間戦略構築へと向かう流れがみられる。たとえば、インドでは、日本の高度成長期における太平洋ベルト地帯の発展も参考としつつ、デリーとムンバイを結ぶ産業大動脈構想が動き出しつつある。都市化の急速に進展する中国では、新しい第十一次国家経済社会発展計画（2006年）において、国土が「開発最適化区域」「重点開発区域」「開発制限区域」「開発禁止区域」の4つの区域に分類されることとなったことも注目される。また、同じく中国では、経済発展とともに顕在化した都市・農村格差問題を背景として、都市と農村を一体的に計画することを目的とした都市農村計画法（城郷計画法）が2008年に制定された。韓国では、1998年のアジア経済危機後に導入された規制緩和政策のもとで都市近郊の農村部において乱開発が進行した反省から、2002年制定の国土利用計画法において、いわゆる「先計画・後開発」の原則のもとで国土全体の一元的な土地利用管理が可能となったこと

も注目される。

　以上にみてきたように、欧州、北米、アジア各国において、持続可能な広域地域空間形成のためのガバナンス構築への歩みは確実に始まりつつある。次節では、日本における状況についてみてみよう。

2-2 　合意形成と広域ガバナンス

1　広域地域空間の圏域構造

1 ― 多心ネットワーク型都市・地域圏

　広域地域空間を、都市と地域の機能的関係の側面から捉えた場合、持続可能な空間像として多くの論者によって提案されているのが、多心ネットワーク型の都市・地域構造である（Hall & Pain, 2006; Kidokoro, et al. eds., 2008）。従来型の都市と地域の機能的関係が、地域中核都市の後背圏として、二次中心、三次中心、農村地域へと至るヒエラルキー的なサービス圏域（たとえば、高次医療施設から診療所へと至るヒエラルキー的配置）として構築されてきたのに対し、ネットワーク型の都市・地域構造は、近接するそれぞれの都市、農村がそれぞれに特徴のあるサービスを相互に提供する、双方向的で多心型の機能的関係を提案する（図2）。

　近年、小都市あるいは農村において、豊かな自然環境や特徴あるまちなみのもとで存在が際立つようなアートが展開されることにより、都市地域さらには全国からアート体験を共有しようとする人々が集まることもさまざまな場面で見かけられるようになったが、このような事例は、双方向的・多心ネットワーク型都市地域関係の展開の例といえる。まちづくりの観点からは、アートの意味をせまい芸術の枠組みでとらえるのではなく、広くとらえていくことも重要であろう。たとえば、普通のまちに水木しげるの創造した独特な妖怪世界を二重写しにすることにより、非日常的な新たな体験の場へと転換することに成功した鳥取県境港市の「水木しげるロード」などはこのような事例の成功例とい

(a) 従来型のヒエラルキー構造　　　(b) 多心ネットワーク構造

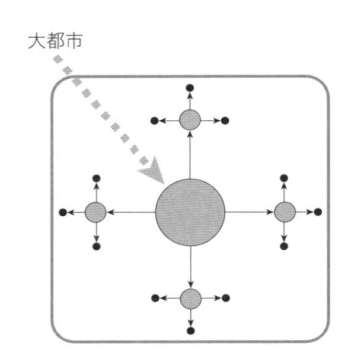

図2　多心ネットワーク型都市地域構造

えるのではなかろうか。

　あるいは、現行政策のもとでヒエラルキー的な施設配置がますます進められている医療機能においても、ネットワーク型都市・地域構造をめざす方向性のもとでは、例えば、高齢化の進む農村地域において、医療と高齢者福祉が一体となった特徴ある高齢者医療サービスが展開されることで、都市部をサービス圏としてカバーするような双方向的な関係の構築をめざされるというような政策展開もありえよう。

　生態系空間という観点からみれば、多心ネットワーク都市地域構造とは相互にネットワーク的に結びつく都市圏空間に、重層的に農地とエコロジカル・ネットワークが重なり合うとともに、周辺地域が日帰り可能距離圏の範囲で豊かな自然環境により包み込まれるような空間像となろう（Forman, 2008）。持続可能な地域経済空間という観点からみるならば、それぞれに個性ある経済活動資源を有する都市、農村の創造的人材が、日常的なフェイス・トゥ・フェイスの関係のもとで相互に刺激しあうことでイノベーションが生み出されるような空間である。このような空間は、おおむね日帰り活動圏の範囲として考えるのが妥当である。

2 ─ 1 時間＋α圏からみる広域地域空間

　多心ネットワーク型都市地域構造から構成される広域地域空間の領域を概略括ってみると、それはどのような圏域となるだろうか。距離の近接性をベースに考えると、中核市レベルの集積を有する都市を中心都市として、生活圏の範囲として捉えられることの多い1時間程度の圏域に含まれる小都市、農村を都市圏とし、さらに隣り合う中心都市の中心部が相互に1時間程度の距離圏に含まれる場合、多心ネットワーク型都市・地域構造として相互に密接なつながりをもってネットワークされるとして考えてみよう。このように括られた広域地域空間は、多心的な構造となるとともに、中心都市とさまざまな小都市、農村が1時間程度で結ばれると同時に、周囲をとりまく海や山といった自然環境にも1時間程度で到達することが可能な圏域となる。

　上記のような仮定のもとで、連坦しているとみてネットワークとしてつないでいく中心都市間の時間距離を仮に1時間15分程度とすると、実態として一体的な圏域を形成しているといえる関東圏、近畿圏あるいは中京圏の範囲とおおむね重なる。そこで、この1時間15分圏域をもって全国の広域地域空間圏をとらえてみると、高速道路の整備にともない、多くの広域地域空間は県域を越えた広がりをもつにいたっていることがわかる。このことは、多くの地域において、実際には、市町村域のみならず、県域をまたいで都市と地域の機能的関係性が生まれていることを示唆している。

　また、近畿圏、関門海峡を挟んで連坦する北部九州と山口県西部、北陸地域、山梨・長野地域、東北地方南部などが、形態的には典型的な多心ネットワーク構造を有する地域となる一方、中核都市レベルの集積をもつ都市が連坦的に存在しない北海道、東北地方北部、山陰地方、四国地方、九州南部などでは、多心型ネットワーク構造への発展という観点からみると不利な条件のもとにあるともいえる。一概に広域地域空間といっても、実際には、多様な条件のもとにあり、それぞれ、地域固有の空間像がめざされるべきであることが指摘できる。

2 長野県中部地域産業クラスターの事例

1 ― 背景

　つぎに、広域地域空間ガバナンス生成の特徴について考えてみよう。ここでは、地域経済空間ガバナンスを例として検討する。経済産業省の進める産業クラスター計画は、行政界を超えて空間的に近接する地域において、知的資源を活用し、企業、研究機関、行政の連携のもとで新たな産業の創出・集積を進めていくことを目的としている（経産省、2008）。地域におけるイノベーションの活発化を地域の経済活力の源泉と捉える点で、本章で提示した持続可能な地域経済空間の本質と同じ方向性をもつ考え方のもとで展開されており、その意味で、典型的な地域経済空間政策と位置づけられよう。また、同計画そのものは根拠となる法制度がなく、ボトムアップ的な試みをつなぎ合わせることで施策を展開することを試みている点で、さきにロンドン大都市圏でみたような、自生的な広域地域ガバナンスの生成をみるうえで格好の事例を提供しているといえる。

　ここで事例として取り上げる地域は長野県中部地域である。

　山梨県から長野県中部に連なる地域は、中央自動車道、長野自動車道ならびに中央本線、信越本線を背骨として、甲府市（人口約20万人）、諏訪圏地域（圏域人口約21万人）、松本市（人口約23万人）等、地域の中心都市と小都市、農村地域が相互に1時間程度の距離圏で連なり、かつ、それらの都市群が豊かな自然環境に抱かれ、形態的には、典型的な多心型ネットワーク構造の都市・地域圏構造を有する。産業構造的にみると、この地域は首都圏の巨大な消費需要に対する供給基地としての役割を担っており、とくに製造業では精密機械部品、電気・電子部品の供給基地としての性格が強く、全体として、比較的同質な性格をもつ地域経済空間が形成されているのが特徴である。

　このように製造業において同質的な産業構造を有することから、長野県中部地域は、上記の産業クラスター計画において中央道沿線産業クラスター地域（長野県諏訪圏（諏訪、岡谷等6市町村）、塩尻市、松本市、伊那市、山梨県甲府市を中心とした地域）として位置づけられている。

2 ── 地域経済空間ガバナンスの生成

　この地域のなかでも、とりわけ製造業が地域産業の中心である諏訪圏市町村、塩尻市等では、精密機械・電気電子部品の供給基地としての性格から、大手企業の海外シフトにともない1990年代以降、産業空洞化が大きな問題となった。この結果、さまざまな取り組みがなされてきたが、これらの取り組みの中から地域経済空間ガバナンス構築の萌芽が現れてきている。以下で、ヒーレイ（Healey, 1996）を参考にしつつ、コミュニティ（共有された価値観をもつ人々の集まり）、フォーラム（多様なステークホルダーの出会いの場）、ネットワーク（多様なステークホルダーのゆるやかな連携）、フレーム（ゆるやかな連携に対して形を与える枠組み）という4つの分析概念を軸に、地域経済空間ガバナンスの生成の特徴をみてみよう。

　1 コミュニティの生成

　大手企業の協力・下請け企業の集積する長野県中部地区ではもともと中小企業同士は厳しい競争関係にあり、ヨコの連携は少なかったといわれているが、1990年代以降の大手企業の海外シフトにより、中小企業が自立を求められた結果、中小企業の集積する諏訪圏地域において元気な企業の間でそれぞれが得意ワザを持ちよって高度で多様な部品供給をおこなうための異業種企業グループが自発的に生まれてきた。また、県の産業支援機関である㈶テクノ財団・諏訪レイクサイド地域センターの声かけから始まったグループとして、産業クラスター計画の一環として生まれたDTF（デスクトップファクトリ）研究会（諏訪地域の企業14社が参加し、関東経済産業局、山梨大学、産業技術研究所、長野県精密工業試験所、岡谷市が参加）、あるいは諏訪地域の10社が共同出資する新会社「世界最速試作センター」なども生まれている。

　これらの異業種企業グループには、オピニオンリーダー的な経営者が複数のグループに重複しつつ参加しており、グループとしての活動を通じ、日常的な交流の中で、地域圏の産業の方向性に対する「思い」の共有化が進み、コミュニティの形成に大きな役割を果たしてきた。これらの企業家コミュニティは、基本的には、諏訪圏6市町村という、歴史的・文化的に強いつながりをもつ空間的には比較的狭い範囲で成立している。

② フォーラム（場）の創出

　フォーラムという点で特筆すべきは、諏訪圏6市町村の商工会議所・商工会の協力と6市町村の支援のもとで2002年以降毎年開催されている諏訪圏工業メッセであろう。同メッセの影響は大きく、地域経済的には市町村界を越えた一体的圏域であるとの意識が高まり、諏訪圏6市町村工業担当課長会議も定期的に開催されるようになっている。同会議には、経産省関東経済局担当課長も、6市町村側からの呼びかけにより第1回から参加し、互いの工業振興政策・事業について意識を共有化し、実質的に調整しあう場として機能しているという。

　また、2005年にはメッセの事務局機能を担う組織としてNPO法人諏訪圏ものづくり推進機構が発足し、個々の商工会議所・商工会の枠をこえた、地域活性化のための新たなフォーラムを形成していることも注目される。諏訪圏6市町村はいままでに何度か合併に挑戦しつつも市民の反対で失敗に終わった経緯があるが、同NPO法人に対して地域経済振興面での広域連携的役割を担ってほしいという期待もあるようである。実際に、産業クラスター計画において同NPO法人が連携拠点組織として位置づけられているのをはじめ、6市町村関係の審議会、協議会等の多くに委員として招聘され、諏訪圏全体としての観点から発言を行っている。

③ ネットワークの形成

　コミュニティ、フォーラムが、どちらかといえば諏訪圏という地域経済空間の観点からいえば狭い空間領域のなかで活発に展開されているのに対し、ゆるやかな関係であるネットワークは、より広域的に生成している様子がみられる。組織的なネットワークとして大きな存在感をもっているのが、各市町村ならびに㈶テクノ財団諏訪レイクサイド地域センターをはじめとする産業支援機関と経産省関東経済産業局との関係である。とくに、産業クラスター計画の開始以降、関東経済局が積極的に市町村、地元企業の意向をくみ上げるように努力していること、等の要因により、各市町村と関東経済局のつながりは強まっている。このネットワークは、各市町村から関東経済局へ若手職員が出向する仕組みが作られたこともあり、産業振興に関する考え方の共有化という点でも大きな影響をもっている。

　この地域は産学官のネットワークも活発である。たとえば、信州大学工学系

研究科（長野市）は、諏訪圏6市町村との連携では、テクノプラザおかやをサテライトキャンパスとして地元企業技術者を対象とした超微細加工技術者育成専門職修士課程、塩尻市との連携では塩尻インキュベーションプラザを同じくサテライトキャンパスとして、組込みソフト（IT）技術者育成専門職修士課程を開設している。これらのコースはいずれもそれらの地域の掲げる産業振興ビジョンを実現するための重要な手段と位置付けられており、その意味で、専門職修士課程開設は、関連分野の大学研究者と地域との意識の共有化が深化した結果と考えてよい。これらの課程の卒業生により新たなコミュニティが形成されることも期待される。山梨大学（甲府）、諏訪東京理科大（諏訪圏に位置する茅野市）も地域連携に積極的であり、広域的な産学官のネットワークが形成されつつあるといえよう。

　一方、地域経済振興という点では、諏訪圏内の市町村を除くと、市町村間のネットワークが強化されつつある様子はうかがえない。行政間の行政界を越えたネットワーク形成の難しさを物語っているようである。

　4 フレーム（枠組み）の役割

　この地域では、間違いなく、関東経済産業局の主導する産業クラスター計画がフレームの役割を果たしてきたことが指摘できる。産業クラスター計画そのものは、対象地域を連携して地域経済振興を図るべき地域として位置づけるのみで、その方向性そのものを示すものではない。しかし、産業クラスター計画へといたる過程の中で、特定産業集積活性化法にもとづく活性化計画などを通じて、付加価値の高い部品（スーパーデバイス）供給基地としての発展をめざすとの考えが浸透してきており、各市町村と関東経済産業局とのネットワークが強まる中で、無理のない形で枠組みとして意識が共有化されていったものと思われる。

　一方、地域経済活性化にかかわるフレームという点からみると、域内の大手企業の企業戦略も重要な役割を持っているように思われる。とくに、セイコーエプソンは、本社のある諏訪市を中心におおむね40km圏内の長野県中部地域の各市町村に各事業部が分散的に配置されており、それぞれの事業部の立地する地域周辺の協力・下請け企業群も含めて、地域随一の大企業として立地市町村における存在感は際立っている。中央道沿線産業クラスター計画においても、

塩尻市は情報関連産業の集積、諏訪圏は微細加工技術の集積をめざすという方向性は、それぞれの地域におけるセイコーエプソンの事業の立地にも即したものでもあり、セイコーエプソンの企業戦略がこの地域における産業発展戦略にとってひとつのフレームとして機能している様子がうかがえる。

　以上、長野県中部地域を例にとって、地域経済空間ガバナンス生成プロセスをみてきた。ここでみられたガバナンス構築のプロセスをまとめると以下のような特徴が指摘できよう。第1に、地域における危機感と発展の方向性を共有するコミュニティが、自発的に、あるいは、フォーラムとしての産業支援機関の取り組みや諏訪圏工業メッセ、NPO法人諏訪圏ものづくり推進機構の活動などを通じて、商工会議所等の既存の枠をこえて、比較的少数の中小企業経営者、行政の産業支援機関、行政のキーパーソン間で生成してきている。ただし、コミュニティの空間的範囲は、社会的・歴史的に密接な関係のもとにある諏訪圏の範囲で成立している。このことは、社会的・文化的に共有された体験が、強い意識の共有化を生むコミュニティの成立条件として重要であることを示唆しているように思われる。

　第2に、一方で、より広域的な範囲においても意識の共有化が図られつつあることも指摘できる。たとえば、長野県の産業振興戦略プラン（2007）に示された長野県の産業発展戦略である「スマートモジュール」は、部品の高付加価値化をめざす戦略であり、諏訪圏や塩尻でめざされているスマートデバイスと基本的に一致するものである。同戦略の策定にかかわった委員をみると、企業家コミュニティに属するキーパーソンや、諏訪圏や塩尻において市町村の産業振興計画策定にも関与し、地域の実情をよく知っているという点で信頼されている信州大学の教員や、地域シンクタンクである㈶長野経済研究所、政策投資銀行支店等のキーパーソンなどが参加している。このことは、キーパーソン間の広域的ネットワークが形成されてきたことを物語っている。また、信州大学や山梨大学等との産学官連携も積極的に進められ、産官学間での意識の共有化が進められてきたことも指摘しておこう。

　第3に指摘すべき点として、フレームの重要性である。関東経済産業局の主導する産業クラスター計画は、法的に定められた制度ではないが、あるいは逆

にそうであるがゆえに、当該地域が持続可能な地域経済の活性化という観点からみて一体的な地域経済空間であることを主張することを通じて、ボトムアップ的に生成されてきたコミュニティやネットワーク、さらには広域的に立地する大企業の企業戦略を柔軟に結び付けていくイメージ喚起能力があるように思われる。この点は、ややもすれば国の補助金獲得の形式的方便のためにトップダウン的に組織されることも多い各種の制度上の協議会等と大きく異なっている点ではなかろうか。

　以上、長野県中央自動車道沿線地域では、確実に、広域地域空間ガバナンスへと向かう流れがみられる。ただし、産業界を中心としたキーパーソンのネットワーク化は進みつつあるものの、より広範で多様なステークホルダーを含めた、持続可能な地域形成に向けての意識の共有化へと進む道筋は必ずしも明確とはいえず、今後の課題といえよう。

2-3 ｜シナリオ・プランニング

1　シナリオ・プランニングの意義

1 ― 広域地域空間における他主体間の協議の場の重要性

　上記の長野県の事例にもみられるように、広域地域ガバナンス生成へと向かう流れも一部でみられるものの、広域地域空間レベルの計画においては、参加する団体が、往々にして、政府機関をのぞけば、経済団体などの一部の組織に固定化される傾向にあり、このような組織資源を有する少数の団体間の調整が、公共的な政策に対して影響を行使しやすい状況が生まれがちである。この点は、先行する欧州の事例においても多くの論者の指摘するところである。また、協議の場において、本来、公共性を代表するはずの個別自治体は、開発を通じて税収増が見込めるという点で利害関係者の一翼を形成しているし、さらには、都市再開発事業、工業団地造成事業などの大規模な開発事業においては、自治体自らが直接的な利害関係者であることも多い。このような状況の中で、多主

体間のダイナミックで柔軟な協議の場としての新たな計画アプローチを確立していくためには、利害関係者＋自治体という構図のみではなく、環境市民団体、まちづくり市民団体等の真に多様な主体が対等な立場で参加することのできる協議の場を実現する制度を構築していく努力が必要である。

2 ─ コミュニケーションの場として計画プロセス

　そのために必要な計画策定プロセスとは、事務局（行政）が用意したドラフトに対して、各団体の代表者がそれぞれの立場を反映させるべく意見を述べるという従来型のスタイルではなく、多様なステークホルダーが出会い、「思い」の共有化を図るフォーラムとなることであろう。このような計画策定プロセスへの転換は、コミュニケーション重視の計画プロセス（コミュニケイティブ・プランニング： communicative planning）への転換としてしばしば言及される(Innes, 1995)。ここでいうコミュニケーションとは、単に情報の伝達という意味ではなく、人と人とを結ぶこと、すなわち、「思い」を伝えあい、共有するプロセスであるべきことに注意する必要がある。歴史的・社会的に異なる文化的基盤のもとにある広域地域空間において「思い」の共有化を図っていくためには、場を共有し、言葉を越えたところで所作、雰囲気などを通じて気持ちを伝えあい、お互いをわかり合おうとする心構えとプロセスが必要となる。

　このようなプロセスを通じて生み出される計画は、利害関係者によって「了承」された事業リストという従来型の「計画」ではなく、持続可能な地域発展を志向し、フォーラムとしての計画プロセスに参加する多様なステークホルダーの個々の思考、行動に対して一つの枠組み（フレーム）を与えることにより地域の発展に方向性を与えるものとなるはずである。

2　シナリオ・プランニングの方法

1 ─ 変革の時代のプランニング

　そのような計画とはどのようなプロセスをもって策定されるべきであろうか。従来型のトレンド型計画手法においては、計画とは、過去のトレンドから将来の姿（需要）を合理的な方法で、たとえば、将来自動車交通需要などのかたち

で予測し、その需要に対して必要となる供給を算定し、現在の供給と将来必要となる供給とのギャップを埋める方法をプロジェクトとして提案することであったといえる。ギャップを埋める方法はいろいろありうるので、代替案が提案され、計画策定の場で議論されることはあり得ても、将来の姿そのものは前提として決まるもの（あるいは設定されるもの）であって、計画の場における議論の対象とはなりにくい。

　ところが、現代のように、変化の時代、あるいは、地球環境問題に象徴されるように、質的な変革のための行動が求められる時代においては、このような過去の行動の延長を前提とするトレンド型計画手法では、将来に向けての行動の指針とはなりにくい。シナリオ・プランニングのシナリオとは、さまざまな代替的な将来像を意味しており、この意味で、行動の変化が求められる時代のプランニングの手法といえる。シナリオ・プランニングの手法を応用した例としては、バックキャスト方式（将来における目標値を定め、それを実現するような対策や社会のあり方を検討する）を用いて、低炭素社会を実現する2つの社会像をシナリオとして示し（経済発展・技術志向のシナリオA、地域重視・自然志向のシナリオB）、それぞれのシナリオにおいて、いかにして設定された二酸化炭素排出量の削減を実現するかを検討した例（国立環境研究所ほか、2008）などが代表例としてあげられる。

　ただし、肝要なのは、専門家がいかに論理的なシナリオ代替案を作成するかではなく、プランニング（計画）という場に集う多様なステークホルダーが、代替的なシナリオを作りこむ中で、将来にむけて、それぞれがどのような行動をとるべきかについての「思い」を共有化していくことである。このための方法としては、単純な目標値をもとに議論を展開するバックキャスト方式よりは、フォアキャスト方式（現時点における課題を起点とし、その革新的・構造的な改善の連鎖としての将来像を展望する）を基本としてシナリオを作りこんでいく方式が適しているように思われる。ただし、たとえば、温暖化ガス削減のようにグローバルな観点から達成すべき重要な目標については、バックキャスト的な観点からシナリオをチェックすることも同時に必要となろう。

2 ── シナリオ・プランニングのプロセス

次に、フォアキャスト方式をベースとしてシナリオを作りこんでいく方法の例として、東京大学まちづくり大学院演習で用いている方法を紹介しよう。

① ステークホルダー分析とアクター分析

まず、ステークホルダー分析により、地域のステークホルダーの掘り起こしを行う。ポイントとなるのは、既存の組織、機関をベースとするのではなく、個人から組織へ、組織から社会（当該地域レベルを越えた機関）へとボトムアップ的にステークホルダーを掘り起こし、それらのステークホルダー間のネットワークを発見することである。ただし、1人の個人は複数の組織に属していること、逆にすべての個人が組織によって包み込まれているわけではないことに留意する必要がある。続いて、ステークホルダー間のネットワークにおいて、ネットワークのハブとなっているアクター（主体）を、政府セクター、民間セクター、市民セクターの3つのセクターそれぞれについて抽出しよう（アクター分析）。ただし、必ずしもハブとなっていないが、重要なアクターが存在する場合があり、このような隠れたアクターについても留意する必要がある。

② 地域課題の分析と価値分析

次に、SWOT分析などを用いて地域課題の分析を行い、戦略的課題を抽出する。SWOT分析とは、対象の課題を、S（Strength：強み）、W（Weakness：弱み）、O（Opportunity：機会）、T（Threat：脅威）の4つの側面から分析する方法であり、戦略的課題を導出する方法としてもっとも一般的に使われる手法のひとつである。抽出された戦略課題を、持続可能性の3つの要素である、環境、社会、経済の3つの価値にしたがって整理することにより、当該地域がめざすべき価値を示すことができる。

③ シナリオの描出

アクター分析と価値分析の結果を用いて、代替的シナリオを描出する。長期的な社会変動シナリオを検討した代表的な例として、ロイヤル・ダッチ・シェルによるシナリオ分析がある（Royal Dutch Shell, 2005）。同書では、将来の世界を決定づけるファクターとして、市場の力、コミュニティの力、政府による統治力の3つを抽出したうえで、どれかひとつの方向に極端に偏る未来を排除し、3つのファクターのうちの2つのファクターの組み合わせからなる中庸的な3

図3 代替的シナリオの描出例

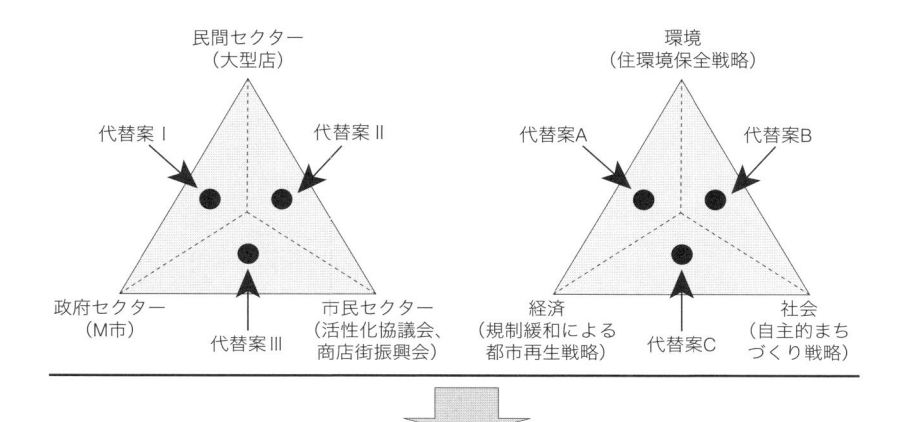

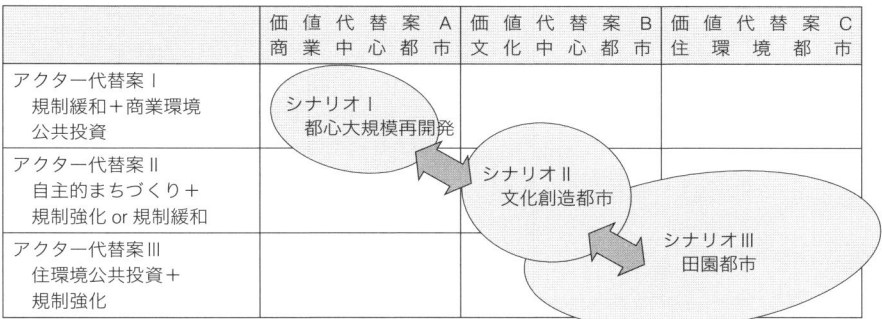

注）実際の分析を簡略化して示した

左側の三角形：
- 頂点：民間セクター（大型店）、政府セクター（M市）、市民セクター（活性化協議会、商店街振興会）
- 代替案Ⅰ、代替案Ⅱ、代替案Ⅲ

右側の三角形：
- 頂点：環境（住環境保全戦略）、経済（規制緩和による都市再生戦略）、社会（自主的まちづくり戦略）
- 代替案A、代替案B、代替案C

	価値代替案A 商業中心都市	価値代替案B 文化中心都市	価値代替案C 住環境都市
アクター代替案Ⅰ 規制緩和＋商業環境 公共投資	シナリオⅠ 都心大規模再開発		
アクター代替案Ⅱ 自主的まちづくり＋ 規制強化 or 規制緩和		シナリオⅡ 文化創造都市	
アクター代替案Ⅲ 住環境公共投資＋ 規制強化			シナリオⅢ 田園都市

つの代替的シナリオを描きだし、将来の社会像を検討した。ここでは、この方法にならいつつ、代替的なシナリオを描出する方法を示す（図3）。代替的シナリオは、基本的に、アクター代替案とめざすべき価値の代替案の組み合わせにより構成される。まず、アクター分析によって導出された政府セクター、民間セクター、市民セクターの3つのセクターに分けて整理されたアクターのそれぞれをアクターの三角形上に示したうえで、3要素のうちの2つを組み合わせることで、3つの代替的なアクター代替案（それぞれの代替案では3つのうち2つのアクターが主となって地域発展をリードすることになる）を提示する。つぎに、地域課題の分析から導出され、持続可能性3要素にしたがって整理した戦略課題をめざすべき価値の三角形上に示したうえで、3要素のうちの2つ

2章　広域計画の合意形成とプランニング手法　49

を組み合わせることで、3つの代替的なめざすべき価値（それぞれの代替案では、3つのうち2つの価値が主としてめざされることになる）を提示する。つぎに、主となるアクターの代替案とめざすべき価値の代替案をマトリックス上にかけ合わせることで、代替的シナリオを導出する。

地域社会の課題を勘案した時に、まずはどのような方向にアクションを起こすかを考えた場合、たとえば政府中心の経済優先の社会というように、ひとつの価値とアクターによる極端なシナリオ（図の三角形の頂点）や、すべての要素に配慮した総花的なシナリオ（図の三角形の中心）はとるべきではないとすれば、上記の方法によるシナリオ導出手法は地域社会がめざすべき将来像を描き出すうえで有効な手法といえよう。

図は、例として、マトリックス上の領域として検討されたM市の中心市街地活性化の代替的シナリオの事例を示している。

＊

以上、本章では、広域地域空間の概念ならびにそのような空間において形成されるべき計画ガバナンスのあり方、さらに、多様な主体が思いを共有していくツールとしてのシナリオ・プランニングの方法について概説してきた。広域地域空間ガバナンス構築プロセスにおいて、自生的に生成するコミュニティとネットワークに一つの形を与え、結び合わせるものとしてフレーム（枠組み）の重要性を指摘したが、広域地域空間計画の果たす役割もまさにこの点にあるといえる。しばしば「計画」とは、計画プロセスとは別の場で行われる調整の結果を書き込むものであると思われがちであるが、計画がフレームとして機能するためには、計画とはまさに調整のプロセスそのものであるという認識の転換が必要である。計画の場を、持続可能な地域の発展を牽引するための戦略の策定、多主体によるダイナミックかつ柔軟な協議の場へと変容させていくことが求められる。

参考文献
・小泉秀樹・西浦定継（2003）『スマートグロース－アメリカのサスティナブルな都市圏政策』（学芸出版社）
・経済産業省地域産業グループ（2008）『産業クラスター計画－産学官の連携による新事業・新産業の創出支援』（経済産業省）
・国立環境研究所・京都大学・立命館大学・みずほ情報総研（2008）『2050日本低炭素社会シナリオ：

温室効果ガス 70％削減可能性検討』(環境省地球環境研究総合推進費戦略研究開発プロジェクト報告書)
- Cooke P. and Schwartz, D. eds.(2007) *Creative Regions: Technology, Culture and Knowledge Entrepreneurship*, Routledge
- Forman, T.(2008) *Urban Regions: Ecology and planning beyond the city*, Cambridge Univ. Press
- Healey, P.(1997) *Collaborative Planning: Shaping places in fragmented societies*, University British Columbia Press
- Hall, P. and Pain K.(2006) *The Polycentric Metropolis: Learning from Mega-City Regions in Europe*, Earthscan
- Innes, J. E.(1995) "Planning theory's emerging paradigm: communicative action and interactive practice", *Journal of Planning Education and Research*, 14(3), pp.183-190
- John, P.(2001) *Local Governance in Western Europe*, SAGE Publications
- Kidokoro, T., Harata, N., Subanu, L. P., Jessen, J. Motte, A. and Seltzer, E. P. eds.(2008) *Sustainable City Regions: Space, Place and Governance*, Springer
- Royal Dutch Shell (2005) S*hell Global Scenarios to 2025*, Royal Dutch Shell Group
- Salet, W., Thornley, A. and Kreukels, A. eds.(2003) *Metropolitan Governance and Spatial Planning: Comparative Case Studies of European City-Regions*, Spon Press

3章
地域活性化と広域政策

瀬田 史彦

3-1 地域活性化の前提の変化

　地域活性化という言葉の意味は曖昧で、使う人によってだいぶ意味が違う場合が多い。しかしイメージする地域活性化の姿が、人口の増加や経済の発展・浮揚を伴うものであることは、少なくとも近年までは外せない条件であったと思う。そして同時にこの言葉を使う人は、活性化が人為的に可能である、ということも確固たる前提条件としておいていただろう。自然に活性化されるのであれば、わざわざそれについて考える必要もないからだ。

　しかしこの2つの条件が、21世紀に入ってかなりの部分、崩れつつある。21世紀の初頭をもって日本の人口は減少局面に入った。現在までの出生率の推移を見る限り、人口が回復するきざしも見られない。そして、かつて工業化とともに経済が成長し、人口が国全体として増加していた時期に行われた数限りない地域活性化政策をもってしても、多くの人がイメージするような地域の活性化は実現できなかった。例外はあるにしても、全体として、農山漁村の過疎は進行し続け、それはしだいに地方小都市に波及していった。21世紀に入ると東京一極集中がさらに進行している、とする声がますます大きくなっていると感じられる。こうした状況を考えれば、もはや地域活性化は不可能ではないかと

感じられてもおかしくはない。

　しかしそれは、これまで人々の間で漠然と固定化されていた地域活性化のイメージを変化させ、新しい地域の姿をめざせば話は違ってくる。上記のような、これまで地域活性化といったときに固定化されていたイメージを払いのけ、21世紀の新たな日本の健やかな姿を、再設定しなければならないときが来ている。そしてそのことは、本書の主題である広域計画のあり方と密接に関係している。

3-2 人口増加から機能維持への転換

1　安定成長期の地域活性化：「人口増加」「発展」「浮揚」

　いくつかの大手新聞の検索や国会図書館の文献検索で、「地域活性化」という言葉を検索すると、ヒットする記事は最も古くても1980年代前半以降のものである。それ以前も、「活性化」という言葉だけならば、経済（日本経済・世界経済）や特定業種（農業など）の浮揚といった意味で使われていたが、特定の地域・地区の活性化を意味する言葉は、港、都心などわずかであった。その用法には、かつて繁栄を謳歌しながらその後、急速に衰退した場所を再び経済的に浮揚させよう、という意図が強く感じられ、「再活性化」という言葉が使われることも多かった。20世紀後半の日本の国土政策を担った全国総合開発計画においても、第3次計画（1978年）までは活性化という言葉は見当たらない。

　それが1980年代前半から、「地域（の）活性化」という言葉がひんぱんに使われるようになった。石油ショックを乗り越えて安定成長期に入り、同時に経済一辺倒ではなく公害問題、乱開発防止、農山村振興など、地域に関連する様々な問題に目が向けられ始めた時期だった。また不況が終わり、同時に世界経済のグローバル化が始まるにつれて、中枢管理機能の重要性が増し、東京一極集中がしだいに顕在化していくようになる。「地域」という言葉が現在のような意味合いで意識され始める時期だったと思われる。言い方を変えれば、港や都心のような特定の地区ではなく、大都市圏以外のいわゆる地方圏の地域全体

が、「急速に衰退した場所を再び経済的に浮揚させよう」とする対象になったともいえるかもしれない。

このころの地域活性化の代表格は、すでに評価が定着していた大分県の一村一品運動であり、大山町の地域づくりの事例などが当時からたびたび取り上げ

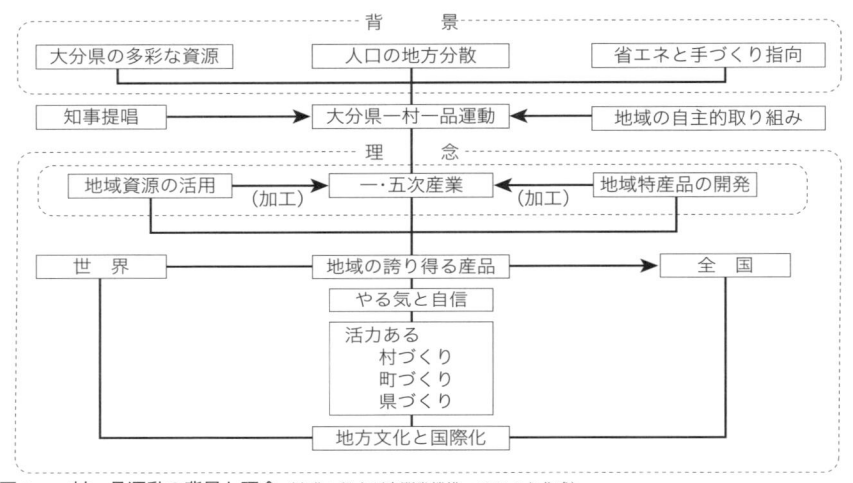

図1 一村一品運動の背景と理念 (出典:総合研究開発機構、1983 より作成)

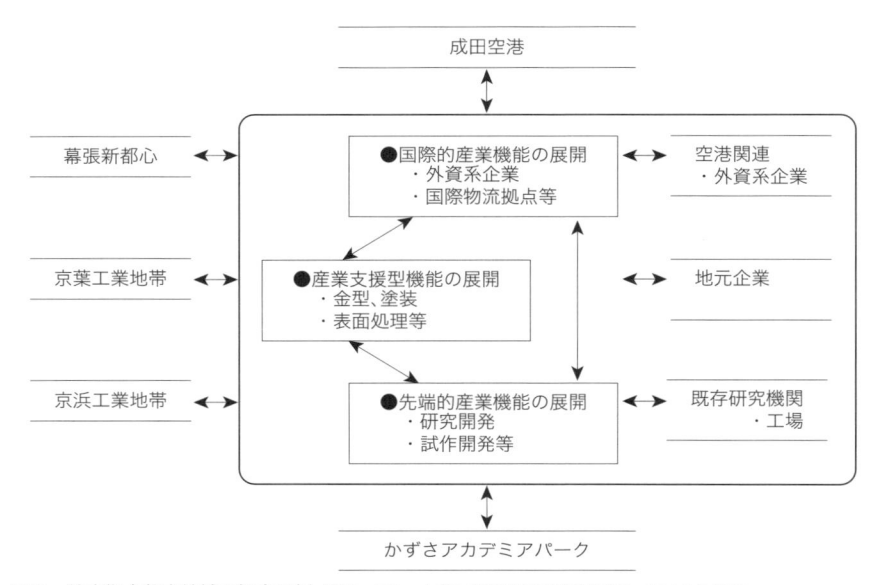

図2 地方拠点都市地域の概念の例 (出典:長生・山武地方拠点都市地域基本計画、2006 より作成)

られている。理論では、内発的発展論が一世を風靡するのもこのころである。高度成長期、とりわけ国土政策によって主導された国主導の大規模開発による発展ではなく、地域コミュニティやローカルレベルから生まれる新たな発展方法が模索され、一部は実行に移され、成功を収めたといわれたものも少なくなかった。

他方、国も、種々の政策を行い地域の活性化をめざしてきた。その政策には、中央集権的な実施手法をはじめ批判も多かったが、少なくとも理念上（あるいは表面上）、地域の自主性を重んじるとともに、地域の特色を活かすという形で行われた。過疎地域振興特別措置法や、少しスケールが大きくなるが、テクノポリス、頭脳立地、地方拠点都市構想、多極分散型国土といった政策がそれに当たる。国土政策でも、第四次（1987年）から「地域活性化」という言葉が多く登場し、国土政策の主要課題として位置づけられる。地域格差是正の手段であり、同時に目的として地域活性化が位置づけられた。

表1 市町村が一村一品運動にかける期待

項目	回答市町村（複数回答）
所得の増大	22
意欲の向上	15
生産団地の育成	10
後継者づくり	9
経営の安定	7
過疎防止	6
新産品開発	6
地場企業の育成	6
流通安定	5
生産性の向上	4
雇用の増大	4
連帯性の確立	3
産品の定着	3
転作の達成	2
土地利用の高度化	2

（出典：総合研究開発機構（1983）より筆者作成）

このボトムアップとトップダウン、2つの地域活性化は発展の方法・イメージなど多くの点で対極にあると考えられるけれども、目標として人口の増加や所得の増大を含めた地域の発展・浮揚をめざしたという点では違いがなかった。現状から変化し盛り上がる地域の理想的な姿がイメージされていた。一村一品運動は地域の特産品を開発・改良して地域外に販売することによって、所得の増大と雇用の増加を通じて人口（特に若者）の定住を促進し、地域を活性化させるという理想像が描かれていた。国の政策ではより広いスケール、地方の通勤圏単位で、東京などの大都市圏に依存せずに自立していく姿が想定された。

図3　地方拠点都市地域（2006.4.1現在、ハッチで表示の85箇所）（出典：国土交通省ホームページより作成）

2　改正まちづくり3法の下での地域活性化

　今でも、活性化を発展・浮揚と考えている、あるいは考えていなくてもそのようなイメージを持っている人は少なくないと思われる。人口減少が大きく扱われはじめた2000年台後半に入り、日本全体で人口が短中期的に回復すると考える識者はほとんどいなくなった。しかしだからといって、人口が減る地域の活性化、発展や浮揚を伴わない地域活性化の姿を、具体的にイメージできている人がどれだけいるのかと考えると、心もとない状況だ。

　ところが、すでに発展や浮揚を意図しない地域活性化が実際に織り込まれている政策が、かなり進行している。

　たとえば、2006年に一部が改正されたいわゆる「まちづくり3法」にもとづく、中心市街地活性化政策がそうだ。同年の法改正を経て、新しい基本計画の

表2 中心市街地活性化基本計画の認定都市の人口

規模順	中心市街地活性化基本計画認定市町村（2009.6.30認定分まで）	人口（2006.3.31）	基礎自治体の人口・人口要件
1	名古屋市（愛知県）	214万5208	
2	神戸市（新長田地区）（兵庫県）	149万8805	
3	北九州市（2地区）（福岡県）	98万9830	
4	千葉市（千葉県）	90万5199	
5	新潟市（新潟県）	80万4873	
		50万	政令市の指定要件
		30万	中核市の指定要件
	全認定都市の平均値	28万6539	
		20万	特例市の指定要件
41	全認定都市の中央値（伊丹市（兵庫県））	19万2680	
		13万4836	全市（778市）の平均値
		6万8902	全市区町村(1844市町村)の平均値
		6万8152	全市の中央値（敦賀市）
		5万	定住自立圏の中心市の指定要件
77	四万十市（高知県）	3万7940	
78	遠野市（岩手県）	3万2072	
79	豊後高田市（大分県）	2万5635	
80	富良野市（北海道）	2万5297	
		2万4121	全市区町村の中央値（宿毛市）
81	砂川市（北海道）	2万43	

（出典：首相官邸ホームページ、総務省ホームページより作成）

認定をめざす都市に対して、法改正前の計画よりも、活性化実現のための精緻な論理、詳細な情報分析、そして5年後の目標達成が課されるようになった。精緻な検討をすればするほど、人口が今後、減少し、これまでのイメージでいう「活性化」に値するような輝かしい姿は描けなくなる。しかも地方圏の小さな都市であればあるほどそういう傾向にあっただろう。実際、2009年末までに基本計画が認定された90市92計画（政令指定都市である北九州市と静岡市ではそれぞれ2地区）のうち、数万人程度の小規模都市はわずかで、その多くは中核市、特例市レベルの大規模な市であった。

　その原因の1つには、こうした精緻な計画を策定できるだけのマンパワーがあったかどうかということがあげられる。とりわけ小規模自治体の場合は、中

写真1　富山市の中心市街地　　　　　写真2　富山市の中心商店街

心市街地という単位での基本的なデータが十分に揃えられない場合も多く、自前で計測するだけの財源や人材も十分でなく、説得力のある計画を立てることができないといった声が、基本計画認定の始めのころにはよく聞こえてきた。

　しかし実際のところ、仮にそうしたデータや人材に恵まれ、かつ中心市街地を1つに絞るという「選択と集中」のための調整がうまくいったとしても、活性化といえるだけの目標を挙げることができないような小規模都市も多かったのではないかと筆者は推測している。そしてそれは、レベルの差があれど、基本計画が認定された都市にも共通していえることだった。

　たとえば青森市とともに法改正後初めての基本計画が認定された富山市は、コンパクトシティをめざす各種の事業（ライトレールなど公共交通の整備とそれに連動した各種の補助、中心市街地における基盤整備など）によって、現在まで先進的な取り組みを行う都市として名高い。しかし、富山市の基本計画を見てみると、その目標は、かつての中心商店街のような賑わいの復活をめざすような野心的なものではなく、あくまで具体的に計画された大型商業施設の再開発や新幹線新駅の設置にもとづいて算出された現実的なものであり、目標年次である2011年に計画通りの目標が達成されても、わずか十数年前のにぎわいにも満たない人数（歩行者人数、乗降客数など）しか達成できないことになっている。「活性化」という景気のいいイメージの言葉とはかなり異なる。

　実際、中心市街地問題で真っ先に思い起こす商店街の衰退は、各種の政策が行われた後もそれほど改善されていないという報告もあり、仮に基本計画の目標以上の数値が達成されても、すべての商店街の維持は到底難しいと推測され

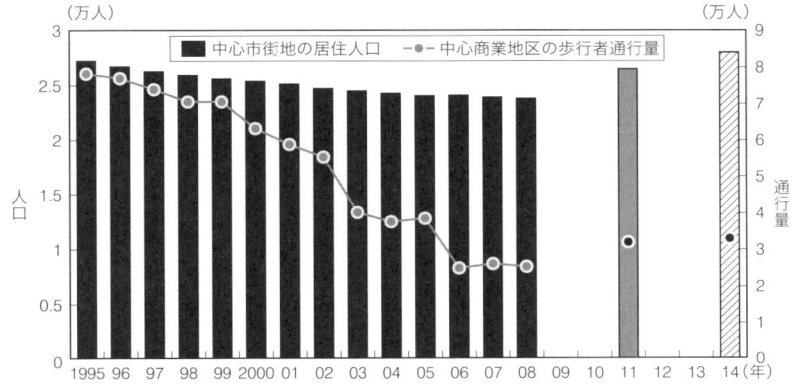

図4　富山市中心市街地の居住人口と歩行者通行量の推移（黒）と目標（灰色）(出典：富山市「認定中心市街地活性化基本計画のフォローアップに関する報告（2009.3.27）」より筆者作成)

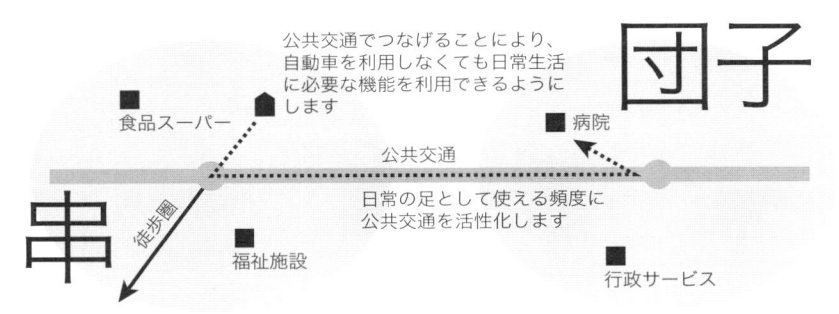

図5　「串とお団子」の関係によるまちづくりの概念図 (出典：富山市中心市街地活性化基本計画パンフレットより作成)

る（富山市の基本計画の中には、小売業関係の目標は入っていない）。これを、従来の「活性化」というイメージからみれば、問題ありということになるのかもしれない。認定後、基本計画に盛り込んだ再開発跡地の開発が遅れることになり、基本計画の目標自体も危ぶまれる状況にあるという報道や報告もある。

　だが富山市の状況を、活性化という言葉から従来イメージされるような、比較的短い期間で熱く盛り上がる姿ではなく、かつての賑わいは取り戻せないものの、都市機能がそれなりに揃い自然も豊かな中都市の生活を、高齢者になっても安心して、またリーズナブルなコストで享受することができる「静かな活性化」と捉えれば、見方は変わってくる。それはホットというよりクールで、

気の長い長期的な、持続的なものといえる。富山市のコンパクトシティ政策の理念を表す「串とお団子」の都市構造も、短期間でそのような理想的なコンパクトシティになるわけではない。基本計画の目標年次をはるかに超え何十年もかけてそのような傾向を促し続ける、というものだ。

3　21世紀の活性化＝「維持」＝「持続可能」

　また、2009年の定住自立圏構想も、建前上は地域活性化を強く意識している。定住自立圏構想は5章2節でも取り上げられるのでここではあまり深く論じないが、少なくとも要綱などを見ると、これまでの国土政策同様、「活性化」が強調されている　総務事務次官「定住自立圏構想推進要綱について（通知）」を読むと、その目的に「互いに連携・協力することにより、圏域全体の活性化を図ること」と明記され、これらの取り組みにより、「地方への民間投資を促進し、内需を振興して地域経済を活性化させるとともに、分権型社会にふさわしい、安定した社会空間を地方圏に創り出すことが期待されている」と書いてある。また連携する具体的事項としても、「定住自立圏全体の活性化を通じて人口定住を図るという観点から、様々な取り組みを対象とすることが期待される」「地域全体が活性化するように十分配意する必要がある」と書かれている。

　しかし定住自立圏構想を、従来のイメージでいう景気のいい「活性化」のための政策と捉えている人は多くないと思われる。定住自立圏の要諦は、疲弊し維持が困難になっている農山漁村の公共サービスの供給のために、地方の拠点を設定してそこに施設やサービスを集中させ、同時にネットワークを整備して生活を維持するというものだ。通勤・通学圏くらいの大きさの都市圏が想定され、一定基準（人口5万人、昼夜間人口比率1以上が原則）を満たした市が「中心市宣言」を行い、周辺市町村と個別に協定を結ぶことによって実質的に周辺市町村の公共サービスの一部を肩代わりし、それに対して国が支援する。国の政策意図には、これまで国土政策で地域格差是正を担った一連の政策で見られたような、都市圏全体での活性化、地域経済の浮揚をめざすといった積極的なニュアンスはあまり見出せない。むしろ行政として立ち行かなくなりつつある「周辺」市町村を、「中心」市が助けるという意図が強く受け取れる。ここで

も活性化は、短期的な経済の発展・浮揚ではなく、地域の諸機能の長期的な維持という意味になっている。

　活性化あるいは地域発展のイメージを変えなければならない時代に来ているようだ。改正まちづくり3法にもとづく基本計画の場合、精緻な基本計画を義務付けたことが現実をみつめさせ、従来のイメージや基準でいうとあまり華々しくはないけれども、それなりの生活が営める持続可能な将来の都市構造を正面から見つめることにつながった。定住自立圏構想の場合は、医療をはじめとした公共サービス供給のシステムの崩壊に直面した地域が、生きるためにやむなく公共サービスを中心市に預け、ぎりぎりの連携を模索するという状況だ。「活性化」という言葉は使われていても、実態として従来的なイメージでの活性化は求められていないと考えた方がいいだろう。

3-3 地域活性化からみた広域計画の論点

1　守りに入る広域政策

　上述のように、地域活性化の意味あいが、経済発展・人口増加といった上り調子的な意味合いから、公共サービスの供給継続など、もっぱら維持をめざすなどの守りの政策に変化してくると、地域活性化施策の内容とともに、広域計画・広域圏施策に対する考え方も変化してくる。

　まだ地域の発展・浮揚の可能性が積極的に捉えられていた安定成長期においては、圏域の住民が公共サービスが受けられるように基盤整備を行うとともに、地域の基幹産業を育成することによって圏域での経済的自立をめざすという目標を持った、総合的な広域圏政策が多かったと思われる。地域内で特色のある産業を集積・強化させ地域経済を浮揚させるために、広域圏でどのように役割分担をするかといった政策が、広域計画・広域圏施策で一般的に考えられていた。公共サービス供給についても、とりわけ労働力を供給する若年層や高付加価値産業を担う高学歴・高所得階層が、東京などの大都市に行かなくても満足

図6 定住自立圏構想の概念 (出典:総務省ホームページより)

できるような、高度で良質なサービスが求められていた。1990年代の代表的な広域圏施策である地方拠点都市地域の整備もその流れにあると考えられる。

しかし現在、とりわけ地方圏での広域圏施策で主要な議論になっているのは、生存(権)に関わるような基礎的な公共サービス(医療、福祉など)の配置である。前述の定住自立圏構想は、名目上は経済的な活性化も含めた政策となっているが、政策目的の主眼は、地方圏で供給が危ぶまれる基礎的な公共サービスを集約して提供し、人口をなんとかつなぎとめるところにあると考えられる。また2000年代前半に進められたいわゆる「平成の大合併」についても、その理由が統合による積極的な地域経営力の強化というよりも、むしろ基礎的な公共サービス供給が危うくなっている小規模自治体の財政難の解消にあると考えれば、やはり同じような傾向にあるだろう。広域圏施策は、全体として守りに入っているといえる。

2　広域圏の分化と多層化

　そしてここに、広域計画・広域圏といったときの考え方の違いが出てくる。
　「地域活性化」という言葉がいわれだした頃、安定成長期の広域計画・広域圏は、様々なレベルの公共サービスを供給し、かつ同じ圏域で地域活性化、地域経済の自立をめざす傾向があった。地域でそれなりの付加価値が生み出され、人口も減少せずむしろ増加が見込まれ、地域経済も発展・浮揚するといったことが、同じスケールの圏域で、考えられる傾向が見られた。
　しかし近年の広域政策は、基礎的サービスの供給をどのように配置するかという観点がより強く意識される傾向にある。広く拡散して分布し、モビリティも限られる縁辺地域の住民に対して、なるべく効率よくかつ公平性が保たれるような施策の配分、公共サービスの配置のあり方である。他方、自立して地域を経営するという観点が全くなくなったわけではないが、地域経済を活性化して人口減少を押し留めようという発想は二次的なものとなりつつある。
　この動きをまとめると、広域計画・広域圏施策の中で、公共サービスを提供したり民間のサービス（買物など）を誘導する「サービス供給圏」に関する施策と、自立して産業を振興し経済を活性化させる「経済圏」の施策が、これまでよりも分化し多層化・重層化してきたと言える。サービス供給圏、経済圏ともに様々なサービス供給や経済活動によって本来、多層化しているが、その傾向が顕著になり、かつサービス供給圏と経済圏に、同一の圏域を想定した政策で統一的に扱うことが難しくなるほどの明確な差が出てきて、分化が必要になってきたということだ。
　その背景には、サービス供給圏と経済圏の拡がりの違いがあると筆者は推測している。工業化・都市化とモータリゼーションの進展によってサービス供給圏と経済圏の双方とも拡大していったが、その拡がりには違いが出てきていると考えられる。

3　サービス供給圏と経済圏

　地方圏のサービス供給圏は、大きくてもせいぜい車で一時間圏の範囲に収ま

る。サービス供給圏の圏域は、モータリゼーションの進展と共に、主に道路建設によって縁辺の市町村を取り込む形で拡大していったが、これまでの基盤整備によってほぼ全ての地域で一定のモビリティが得られるようになった。また地方圏ではほとんどの人々が車で生活をするようになり、車を持たない人も宅配・介護タクシーなど車と道路によってもたらされるサービスに大きく依存するようになった。そのため、サービス供給圏の動きは、たとえばこれまで小売商業において最寄り品は商店街・スーパー、買回り品は百貨店といった形で分化していた圏域サービスが、巨大なショッピングセンターでまとめて供給されるというような、単層化の動きも出てきている。そしてこの変化は今後、自動車のスピードが変わらない限り、しばらくそれほど大きくは変わらないだろう。変化があるとすれば、急激な原油・ガソリン価格の上昇や地球温暖化対策による自動車利用の抑制によってもたらされるサービス圏域の縮小であろう。サービス供給は、人間の一日の時間配分をはじめとした物理的なヒューマンスケールにかなりの程度左右されるので、モータリゼーションの進展を除けばそれほどの柔軟さはない。

　他方、経済圏はグローバル化やその反動としての地産地消といった動きを背景として、際限なく拡がりを見せ、また多層化する。経済活動は、効率や付加価値の最大化を求めて、いかようにも動きうる。サービス供給と同様に地方圏で多くの産業が物流をトラックと道路に頼っているのは確かだが、そのこと自体が大きな付加価値を生んでいるわけではない。ある産業・企業はもっぱら中国とのネットワークによって安価な財を輸入し、それに独自の付加価値をつけて販売しようとするだろう。また違う産業・企業は地域内で顔の見える取引で安全な財を生産し、それを他地域に供給しようとするかもしれない。そこに圏域としての共通性は見られない。

　とりわけサービス供給圏くらいの大きさの圏域は、一部に例外はあるものの、一般には経済圏としてあまり意味をなさなくなっていると思われる。前述の定住自立圏構想は、前者にはかなりの部分、対応できる政策になっているが、後者への効果は極めて限定的である。

　ただ、経済圏としての広域政策が全く意味をなさなくなったわけではない。グローバルな競争に勝ち抜けるだけの付加価値を提供するために、高度なイン

フラと優秀な人材を十分供給できるだけの人口・経済規模を持つ、ブロック単位での圏域の重要性が高まっている。また特定産業の集積においては、クラスターという概念でイメージされるような圏域での政策の重要度はむしろ大きくなっているものと思われる。

ただし一般に、サービス供給圏としての「維持の広域政策」と、産業振興・経済浮揚としての「発展の広域政策」の分化が見られるため、今後の広域計画・広域圏施策もそうした状況に応じた分化された重層的な政策が必要になるのは確かだ。「地域活性化」も、こうした状況を踏まえて、将来の姿をより具体的にイメージしたうえで、そのイメージを実現するための政策を行う必要がある。

次節では、上述のうち、前者のサービス供給の論点から「維持の広域政策」について述べる。後者の経済圏としての政策については、4章で産業集積について述べられるのでそちらを参照されたい。

3-4 生活環境維持のための広域政策に求められること

1　サービス供給のための圏域の基本的な論点

サービス供給には様々なものがあり、それぞれに理論的な最適規模があると思われる。規模が大きければスケールメリットが働き様々なサービスに対応できるが、小回りが利かなかったり多様性や地域の実情に対応できなかったりするので、必ずしも大きければいいとはいえない。また同種のサービスは、そのレベルによっても圏域は大きく異なってくる。たとえば医療は、かかりつけの医者と高度医療ではその最適圏域は大きく異なり、実際に医療レベルによっていくつかの段階が設定されている。もちろん地理的な状況や人口分布、社会基盤の整備状況などからも、その最適な圏域規模は大きく異なってくる。

こうした地域のそれぞれの性質や状況に対して、実際の行政制度では、何層かに分かれているものの、必ずある単位で区切ってサービス供給が行われる。日本の場合は、基礎自治体である市（区）町村、広域自治体である都道府県に、

国も入れれば3層制であり、それぞれが法律で権限を割り当てられ、各種の行政サービスを行う。

このため、それぞれの行政サービスを最も効率よく処理できる圏域（人口、面積、また地理的条件も含めた範囲）と、実際の行政域との間に、ほとんどの場合で乖離が生じる。この乖離が大きすぎたり、あるいは大きいことが予想できるような場合は、特定の行政サービスに対して新たな圏域が設けられ、その単位でサービス供給が行われる。

自分たちの行政域に対して最適な規模が広いような業務の場合、隣接・周辺の地域と一部事務組合や広域連合を結成したり、あるいは周辺市町村に委託することによって共同で処理する。逆に自分たちの行政域に対して最適な規模が狭いような行政サービスについては、より小さな行政単位に権限委譲を行ったり、自分たちの行政域をいくつかに区切って新たな圏域主体（区など）を設けて、その単位ごとに一部の行政を担わせるという考え方が生まれる。政令市などにおいて行政区に一定の自治権限を与える制度や、合併市などで認められている地域自治組織などがそれに当たる。

さて、個々のサービス供給業務を単純に切り離して、それぞれについて最適規模を求めるのであれば、業務ごとに最適な圏域主体を構成すればよいことになる。委託、一部事務組合、広域連合、地域自治区といった様々な制度を様々に組み合わせれば、それぞれの圏域主体の大きさがかなりの程度、最適化されるはずである。それぞれの業務やレベルに最適な圏域に合わせ、中央・地方政府が自ら行うか、連携して行うか、または自らの圏域を分割して行うことによって、望ましく効率のよいサービスが供給されると考えられる。

しかしこうした発想に対して、現実的ではないという意見や、考え方自体に対する反論も多く見られる。行政単位の大きさはともかく、連携や分割によって圏域主体を多く設定すべきではないという考え方である。それは主に以下のような理由による。

まず自治体を、サービス供給の主体としてではなく、住民自治の主体として考える論者は、サービス供給の効率とは違う視点から異議を唱える。たとえば村上（村上（2002））は、「事務運営の民主化より、効率化・合理化を主眼とした事務の共同処理方式は、「地方自治の本旨」に背く「病理的側面」が強い」と

表3　地方自治法に定められる主な広域連携・狭域自治制度

種別	制度の名前	地方自治法の主な該当条文	法人の設立	概要	広域政策との関連（筆者評）
複数自治体による広域連携制度	（地方自治法上の）協議会	第252条の2〜6	要しない	地方公共団体が、共同して管理執行、連絡調整、計画作成を行うための制度	広域行政圏計画など、複数の団体が関係する計画や方針の調整を行う会議。職員、財産は有せず、独自の広域的事業を実施することは困難で、もっぱら近隣自治体間の広域的な調整を担う
	事務の委託	第252条の14〜16	要しない	地方公共団体の事務の一部の管理・執行を他の地方公共団体に委ねる制度	公平委員会や住民票等の交付など、定型的でスケールメリットの効果の大きい業務、また小規模自治体がより大きな隣接自治体に事務を委ねる際などに広く利用されている
	一部事務組合	第284条〜291条	要する	地方公共団体が、その事務の一部を共同して処理するために設ける特別地方公共団体	供給処理サービス（ごみ処理、し尿処理、消防など）をはじめとした様々な事務の広域的な共同処理に多く利用されている
	複合（的一部）事務組合	第285条など	要する	一部事務組合のうち、複数の事務を異なる団体の組み合わせで担うことができる特別地方公共団体	事務ごとに乱立した一部事務組合の統合の目的で制度化された。広域市町村圏施策との関係が深く、様々な地域開発政策の受け皿ともなり、とりわけ地方圏での広域施策を担う
	広域連合	第291条の2〜13	要する	地方公共団体が、広域にわたり処理することが適当であると認められる事務を処理するために設ける特別地方公共団体	多様な広域行政需要への対応や、国・都道府県からの地方分権・広域自治の受け皿として期待された。現在は、制度設計とは裏腹に、実態として果たす役割は複合事務組合と大きく変わらない地域が多い
単一自治体内の狭域自治制度	地域自治区	第202条の4〜9	要しない	条例で市町村の中に自治区を設け、地区住民意見の反映と市町村事務の分掌を、地域協議会およびその事務局に担わせることができる制度	基本構想など市町村の総合的な計画に関する事項における地区の意見聴取・集約の役割が大きい。一部で地区への補助金に関連した取組みがある。他に、合併市町村のみに適用される類似制度がある

（出典：総務省ホームページより筆者作成）

述べている。すなわち、住民が自ら意思表示し、その意志にもとづいてコントロールできるような体制を望み、そこから遠ざかる動きをけん制する。サービス供給の広域化は住民から「遠い」ところでの意思決定につながるので反対とされ、一部事務組合や広域連合といった住民にとって間接的な意思表示しかできない組織に対しても反意を示す。

　また行政の現場からは、実務的な理由も多く指摘される。多数の圏域が錯綜すると実際の業務に支障が出たり業務間の関係をうまく構築できない、連携して行おうとしても法制度の運用方法が各行政組織で違っていたりすると調整に手間取る、といったことが挙げられる。両方に関連するものとして、意思決定主体（広域連合の議員など）の調整がさらに複雑になり意思決定が難しいといった問題もある。このことについての指摘は、学会等の研究報告・論説ではあまり見られないが、実際に一部事務組合などにヒヤリング調査にいくと、必ずといっていいほど聞かれる。そこで聞かれる問題は、たとえば自治体ごとに異なる料金の調整であるとか、各自治体から出向してきた組合職員の給与水準の調整といった、個々の技術的な問題・課題が多く、広域政策という観点からは本質的でないようにも思える。しかしこうした個別具体の問題が積み重なることによって、特に複数自治体によるボトムアップ的な連携が阻害されていることは否定できない。

　上記のような理由から、行政サービスを個別に分割して考えずに、総合的にみてどの程度の大きさの都市規模が最も効率的であるかという見方をする研究もある（代表的には、吉村（1999）など）。これは経済圏も含めた圏域自体の議論ではなく、あくまで行政サービス供給の効率性という視点から見た最適化であるが、30万人程度の都市が最も効率的といった通説が出てきたりする。

2　人口減少で困難になる水平的連携

　行政には、相反する2つの機能があるといわれる。共同体、アイデンティティの保持を担う自治の機能は、小さければ小さいほど住民に近くなり意思を直接反映でき好ましいと考えられる。これに対し、実際の行政サービスを提供する供給の機能は、適切な供給手段が選択されていれば、大きいほどスケールメ

リットが働いて効率的となる。維持の観点からみた場合、近年の市町村合併や定住自立圏構想は後者の供給の機能が重んじられ、1市町村よりも大きな単位での諸機能の集約がめざされている。自治の機能を重んじる論者からの批判が多い一方で、現在または将来見込める供給の観点から効率化はある程度進んでいると考えられる。

　ただし上記のような供給の効率化が、規模の経済をめざした広域化によって成立するのは、供給手段と供給状況が固定されている場合に限られる。今後の人口減少局面でこのことを論ずるのは非常に重要だ。

　たとえば下水の処理は、市街地密度の低い順から浄化槽、簡易下水道、公共下水道の順で整備される。人口増加局面では、個別に設置できるが全体での効率に劣る浄化槽から、まとめて高度な処理が可能な公共下水道がしだいに選択されるようになり、それを規模の経済性にもとづく効率化をもって処理しようとすれば、自治体同士でも自然と広域的な連携が選択されるようになる。戦前から存在し、戦後、広域市町村圏施策などとともに発展した一部事務組合制度による広域的な連携が、主に供給処理施設で成り立っているのはそうした理由からと考えられる。高度成長期に定められ、定住自立圏構想の創設とともに廃止された広域市町村圏施策では、大都市圏以外の地域がほぼあまねくカバーする圏域が総務省や県などのトップダウンにより設定されたが、その圏域の中での連携のあり方は各市町村同士の自主的な連携に任された。広域市町村圏施策と同時に新しく制度化された複合（的一部）事務組合は、連携の内容が一律でなく、各構成市町村が連携の内容や組み合わせを自由に選択できるような制度になっている。組合に参加しながら、個別の供給サービスについて連携して共同処理してもよいし個別に処理してもいいという制度である。

　ところが人口減少局面では、共同処理の前提となる処理量も減少するため、規模の経済効率性が逆回転し、固定費が大きな負担となる。下水処理でいうならば、これまで公共下水道の整備が望ましく、具体的な整備計画もある地域で、簡易下水道、さらには浄化槽の整備で事足りるようになっているという状況が、実際に各地で進行している。このような状況では、上記に述べた「供給の機能は、規模の経済が働いて大きいほど効率的」という仮定は成り立たなくなってくる。これは同時に、さっきとは逆の論理で、あまり共同せず自分たちだけで

図7 複合的一部事務組合による供給処理施設の分担の例 (出典：仙南地域広域行政事務組合『仙南広域ガイド2009』より作成)

凡例
◎	事務所・視聴覚教材センター
○	し尿処理施設
△	ごみ処理施設
▲	粗大ごみ処理施設
◆	火葬場
■	消防本部
□	消防署
★	消防出張所
☆	消防派出所
●	芸術文化センター
❖	埋立処分地施設

表4　一部事務組合の事務の処理（処理団体数の多いもの）

事務の種類（処理団体の多いもの）	設置数	処理団体数
退職手当	48	2423
公務災害	43	2215
会館・共有財産等の維持・管理	87	1425
ごみ処理	422	1407
し尿処理	386	1281
消防	297	1077
救急	295	1040
消防災害補償	47	1037
交通災害共済	40	808
広域行政圏計画・ふるさと市町村圏計画に係るもの	158	794
総計（その他もあわせた累積）	3706	2万3296

(出典：総務省「地方公共団体間の事務の共同処理の状況調（2008.7.1現在）」より筆者作成)

個別に政策を決めたほうが効率がよくなる可能性を示唆している。

　そう考えると、人口減少局面では、規模の経済性によるウィンウィンの関係が作りにくく、水平的な調整がより難しくなるだろう。人口増加が見込めないのに住民の居住地がさらに拡散している地域では、現在だけでなく今後も規模の経済が見込めず供給効率の悪い縁辺部へのサービス供給をやめようとするかもしれない。そうなった場合に、縁辺部に位置する自治体にとって、連携するための取引材料は、迷惑施設を引き受けるくらいしか見当たらなくなる。

　規模の経済、スケールメリットがあまり関係ないサービスにおいても、人口減少局面では水平的連携がやりにくくなる傾向がある。たとえば経済活動に影響する環境規制や環境税のような制度も、経済活動のパイが小さくなりそれを奪い合うという関係になると、水平的な調整によって解決することが難しくなると予想される。中心市街地活性化においては、小規模自治体が郊外大規模店舗の立地を認めたことで周辺市町村の商圏に大きな影響を与えた例が報告されているが、こうしたことの調整もますます難しくなるだろう。

3　地方分権下での「上からの」広域調整の必要性

　以上から、地域活性化における広域計画の論点を整理すると、以下のようになる。

　まず、地域活性化の概念が人口減少・経済縮小局面で変化してきていることである。これまでは、人口増加、経済発展、雇用増大といった、熱く明るい活性化の姿がめざされていたが、今後はそのような可能性は全体としてはかなり小さくなっているということである。活性化を担う実際の政策でも、実態に合わせ、サービス供給による安定した生活を提供しようという、よりクールで持続可能性に焦点を絞った活性化施策が行われつつある。広域計画に限らず、地域政策の基本的な考え方として、この点を踏まえる必要がありそうだ。

　広域計画との関係では、これまでの広域圏施策が、サービス供給圏であり経済圏でもある一体の自立した都市圏の形成をめざす政策であったのに対して、現実にはサービス供給圏と経済圏の分化の傾向が強まり、もはや広域計画でこれらを一緒に扱うべきかどうかが問題となりつつあることを指摘した。それは、

先に述べた地域活性化の概念の変化と密接に関係しており、通勤・通学圏といった地方圏で一般的な都市圏の単位では、人口減少局面で発展・浮揚が見込めなくなったため、むしろある程度の生活を保障する、生活環境維持のための広域計画としての連携が重要となってきていることを述べた。

しかしながら、経済発展が望めない人口減少局面では、広域連携、とりわけ水平的な連携が難しくなってきていることも、いくつかの例から述べた。平成の大合併において財政力の高い市町村が合併に後ろ向きであったことや、現在進められている定住自立圏構想も、比較的状況のよい市町村同士の協定から進んでおり、一部で「勝ち組協定」と呼ばれていることからも、そのことは予想できる。

今後、地方分権が進むことは、全体としては望ましいことであると筆者も考えている。ただ、広域政策をとりまくこのような状況の中で、都道府県や国、あるいは新しくできるかもしれない道州といった広域政府が条件の違う市町村の連携を促すために、上からの垂直的な調整の制度や仕組みをある程度残しておくべきと考えられる。過度な分権が進んだ場合、市町村の優勝劣敗がより鮮明になり、都市圏としての一体性が損なわれるだけでなく、外国で見られるようなセグリゲーション（地域の階層分化と格差拡大）が進むだろう。その兆しはすでに見え始めている。

参考文献
・大杉覚（2008）「定住自立圏構想は地域を救うか」（『地方自治職員研修』41(10)）
・大森彌（2009）「変転する地方自治の制度と運用」（『都市問題研究』700号）
・遠藤文夫（1990）「広域市町村圏と複合事務組合」（『都市問題』81(4)）
・佐藤竺（1990）「広域行政の理論と実際」（『都市問題』81(4)）
・佐藤克廣（2008）「都道府県・広域連合・市町村－公共サービス供給の視点から」（『地方自治職員研修』臨時増刊88）
・佐藤俊一（2006）『日本広域行政の研究－理論・歴史・実態－』（成文堂）
・椎川忍（2009）「定住自立圏構想の全国展開に当たって」（『市政』58）
・妹尾克敏（2004）『現代地方自治の軌跡』（松山大学研究叢書）
・総合研究開発機構（1983）『大分県の「一村一品運動」と地域産業政策』
・辻琢也（2009）「事務の共同処理に関する現況・課題とこれからの広域行政」（『市政』58）
・村上博（2002）「広域連携と地域間連携」室井力編『現代自治体再編論』（日本評論社）
・山谷成夫（2001）「広域行政圏政策の成果と課題」（『地域開発』443）
・吉村弘（1999）『最適都市規模と市町村合併』（東洋経済新報社）
・牛山久仁彦（2009）「ポスト市町村合併と自治体の広域連携」（『ガバナンス』95）

4章 広域的地域産業振興策による地域活性化戦略

松原 宏

4-1 地域の自立・競争力と地域産業政策

　地域経済の自立や活性化は、最近とみに口にされることが多い。しかも「地域の主体化」とでも呼ぶべきか、地域があたかも活きもののように扱われる傾向がみられる。しかしながら、はたして地域は主体たりえるのだろうか。

　そもそも地域を所与とせず、経済現象の地域的循環から重層的に構築されるものとして「地域経済」を捉える立場（松原、2006、pp.120-128）からすると、活性化を主張する地域の空間的スケールがまずもって問題になる。けれども、以下では断りがない限り、通勤圏をベースとした「都市雇用圏」（金本・徳岡、2002）のような、産業活動と住民生活とが直接的に対応する基礎的生活圏をさすものとする。

　そのうえで地域経済の内実に迫っていくと、地域で生活している地域住民、行財政サービスを担う地方自治体、地域に本社がある地元企業、地域内に分工場をもつ中央の大手企業など、さまざまな主体があり、必ずしも各主体の意思や行動は一つにまとまっているとはいえない。主体間関係のありように注目して、地域の制度や文化なども絡めて、いわば「システムとしての地域」の競争力を問う試みがむしろ重要なのではなかろうか。

　筆者は以前、アメリカの経済地理学者マークセン（Markusen, 1996）の産業

地域類型をもとに、①マーシャル型産業地域（大田区や東大阪などの大都市型産業集積、浜松や諏訪・岡谷などの地方都市型産業集積、鯖江や有田などの地場産業地域）、②ハブ・アンド・スポーク型地域（豊田や日立などの企業城下町）、③サテライト型産業地域（北上や国分などのテクノポリス地域）を取り上げ、「企業・地域」関係の課題を整理したことがあるが（松原、2007a）、これも一つの試みといえよう。

　ところで、多様な地域の主体間関係のなかで、地域の中小企業と地域住民との関係は結びつけられやすく、こうした中小企業の振興と住民生活の安定をめざす地域産業政策の重要性が従来は主張されることが多かった（長谷川、1998；河藤、2008；植田・立見、2009など）。しかし、地域経済との関係が従来は希薄だと考えられてきたグローバル企業において、製品ブランドに地域名を冠するなど、地域を重視した戦略を採る企業が増えている。工場が立地する地域に対する消費者のイメージが、工業製品への信頼や価格形成にどの程度寄与するのかは検証が必要だが、「主体の地域化」とでも呼ぶべきか、企業の競争力と地域の競争力との一体化は、注目すべき動きといえる。単純なコスト競争よりもむしろ、企業の競争優位が、製品の品質や生産性により多く依存するとすれば、働く人の業務の質が問われることになり、職場内だけではなく家庭や地域での生活の安定性や快適性は無視できない要素であるように思われる。

　立地企業を取り巻く地域環境の意義については、イタリアのカマーニ（Camagni, 1991）も「ローカル・ミリュー」の議論で注目している。「地域の社会的風土」とでも呼ぶべきそれは、企業活動における各種の不確実性を低下させ、イノベーションを促進するものとされている。企業の競争力の源泉には、企画力、開発力、技術力など企業内部の資源がまず第1にあげられるが、企業と地域の新たな関係構築もまた企業の競争力の源泉となりうるのである。

　競争力とともにイノベーションも、最近の地域経済の議論のキーワードになっている。新産業を生み出す地域イノベーションシステムの構築は、地域経済の将来にとって魅力的な課題のようにみえるが、イノベーションシステムを地域の枠組みでいかに構築しうるかなど、検討すべき事項も少なくない。

　いずれにしても、中小企業だけに焦点をあてるのではなく、大企業、グローバル企業も重要な地域主体として位置づけ、地域の競争力やイノベーションを

重視した地域産業政策を打ち出していくことが課題となっている。

こうした地域経済に関わる状況をふまえ、本稿では、まず産業立地政策や企業立地の変遷を整理し、そのうえで地域産業政策の新たな展開を中心に、地域活性化のための産業振興戦略の課題を検討することにしたい。

4-2 産業立地政策の変化と企業立地動向

1 産業立地政策の転換

わが国における産業立地政策の変遷を回顧すると、いくつかの転機を見いだすことができる（図1）。戦後高度成長期においては、新産業都市や工業整備特別地域に代表される拠点開発方式による工業拠点整備が進められ、オイルショック後の1980年代以降は技術立国路線にもとづき、テクノポリスセンターやリサーチパーク、ソフトパーク、オフィスアルカディアなどの産業基盤整備がなされ、ハイテク工業、ソフトウェア、オフィス機能といった産業・機能の地方分散政策が採られてきた。1985年の円高以降になると、産業の空洞化、とりわけ既存の産業集積地域における基盤的技術の空洞化に対処するために「特定産業集積地域」に対する政策が展開された。

21世紀に入り、グローバル化、人口減少、財政危機といった経済社会の変化の下で、産業立地政策は転期を迎えている。2001年には新産業都市建設促進法

50：国土総合開発法			
59：工業等制限法（02：廃止）			
60：太平洋ベルト地帯構想	72：工業再配置促進法（06：廃止）		
62：全国総合開発計画	73：工場立地法	97：地域産業集積活性化法（07：廃止）	01：産業クラスター計画
62：新産業都市建設促進法（01：廃止）	83：テクノポリス法	98：中心市街地活性化法	05：中小企業新事業活動促進法
64：工業整備特別地域整備促進法（01：廃止）	88：頭脳立地法（98：廃止）	98：新事業創出促進法（05：廃止）	07：企業立地促進法
	92：地方拠点法		

図1 産業立地政策の変遷 （出典：経済産業省資料より筆者作成）

および工業整備特別地域整備促進法が、2002年には工業等制限法が廃止され、2005年には中小企業新事業活動促進法にかつてのテクノポリス法や頭脳立地法を含んだ新事業創出促進法が統合された。2006年には工業再配置促進法が廃止になり、工業の地方分散政策から地域経済の自立と国際競争力のある新産業の創造、産業集積を柱にした政策に重点が移されるようになった。現在、経済産業省の立地関係政策の柱をなしているのは、2001年からスタートした「産業クラスター計画」と、2007年にかつての「地域産業集積活性化法」の廃止にあわせて登場した「企業立地促進法」の2つである。

　前者の「産業クラスター計画」は、「地域の中堅中小企業・ベンチャー企業等が大学、研究機関等のシーズを活用して、IT、バイオ、ナノ、環境、ものづくり等の産業集積（産業クラスター）を形成し、国の競争力向上を図る」もので、「イノベーションを次々と創出できる環境を地域に整備すること」が計画の基本とされている。

　産業クラスター計画が従来の産業立地政策と異なる点は、まず第1に政策主体・地域スケールにみられる。従来の都道府県を中心としたものから、産業クラスター計画においては、全国9地域の経済産業局が政策主体となり、各地方ブロック圏域が対象地域となっている。立法化の措置は採られず、各地の経済産業局が、地域の特性やこれまでの蓄積を活かしつつ、クラスター形成に向けた多様な活動を展開するという要素が強い。したがって、従来の産業立地政策のように、拠点整備地区の指定や企業・施設の誘致をめぐる都道府県間の競争といった事態が発生しない代わりに、各地方ブロック内でどの地域に産業クラスターを形成していくのかという具体的な地域計画は明確にされない。

　第2の違いは、支援手法に関わる諸点である。これまでの産業立地政策では、地域指定がなされるとともに、用地の整備や建物の建設、道路・港湾等のインフラの整備といったハード面での整備が重点的になされてきた。これに対し、産業クラスター計画においては、人的・ソフト面の支援に重点が移されてきている。具体的には、地域の特性を活かした技術開発、起業家育成、産学官のネットワーク形成などである。各地の経済産業局では、多種多様なセミナー、交流会、マッチングセッションなどが数多く開催され、新製品の共同開発に研究開発費が支出されている。

第3に、産業クラスター計画が、産業立地政策そのものの転換を促している点を指摘したい。これまでの産業立地政策は、既存集積への立地規制と地方経済活性化のための分散政策を基調としていた。これに対し、グローバル競争下で国際競争力のある新たな産業を発見し、育成していこうとする点に今回の産業クラスター計画の特徴がある。ただし、そこでは産業の育成に重点が置かれているものの、産業の立地点は、さして問題にされていない。実際、バイオやものづくりなどの産業では、9地域の経済産業局間の調整はなく、複数の経済産業局で計画されている。

　しかしながら、地域との密接な関連を抜きに、果たして新産業の育成が可能であろうか。地域政策に関する内外の研究成果を回顧すると、産業中心の地域産業政策から地域中心の地域産業政策へと重心が移ってきており、グローバルな競争力の源泉を産業集積や都市集積といった地域の競争力に求める傾向をみてとることができる（松原、2002）。人材の集積形成にとって、場所や地域のもつ意味は少なからざるものがあり、知識集約型の新産業の成長にとっては、地域の経済社会のあり様がきわめて重要な要素になってくる。産学官のネットワークづくりに留まらず、ソフト・ハード両面のインフラ投資と連動した地理的単位として産業クラスターの形成をめざすのであれば、都道府県・市町村間の調整をも含め、合理的な産業・企業・施設の立地・配置に関する説明がなされる必要があろう。

　後者の「企業立地促進法」は、個性ある産業集積の形成・高度化、迅速な企業立地の促進とともに、広域連携による拠点整備が重点項目に挙げられている。産業クラスター計画が新産業や新事業の創出をめざしているのに対し、この企業立地促進法では、既存産業集積の高度化に力点が置かれている。また、新しいスキームに基本計画の策定、地域産業活性化協議会の設置とともに、地方ブロック単位での関係省連絡会が設けられている。

　企業立地促進法の基本計画合意地域は、日本列島を覆い尽くす勢いで広がり、2009年6月17日時点で160計画を数えるまでになった（目標立地件数1万458件、雇用者数37万5328人）。そこには、地方分権の下での中央と地方との新たな関係がみられる。すなわち、新産業都市やテクノポリス地域などのように、指定地域の選定というプロセスがなく、要件を備えていれば、どこでも合意地

域となりうるのである。

　実際に合意された計画の空間範囲をみると、①全県1地域（神奈川、山梨、富山、石川、鳥取、島根、岡山、広島、山口、徳島、香川、高知、福岡、大分、宮崎）、②県内分割（青森、岩手、秋田、宮城、福島、茨城、長野、岐阜、愛知、三重、福井、愛媛、佐賀、長崎、鹿児島など）のケースが多くを占め、依然として県が主導する側面が強いことを示している。これに対し、栃木県日光市、京都府の京丹後市、大阪府の吹田市・茨木市、堺市・高石市などのように、府県内の限られた市のみが計画を出すケースもある。産業集積の国際競争力を課題にすると、県を越えた広域連携が必要になるように思うが、こうしたケースは繊維産業を軸にした北陸3県のみにとどまっている。

　対象業種をみると、食料品、繊維、自動車などの産業、光電子、環境・エネルギー、ロボット、バイオ・サイエンス、医療などの関連産業、超精密ものづくり産業、高度部材産業、健康科学産業など、非常に多岐にわたっている。ただし、自動車関連やエネルギー、バイオなどの産業については、多くの地域が取り上げており、「地域の特性を活かした個性ある産業集積の形成」にはそぐわない重複状況が生じている。また、制度活用状況・体制整備・数値目標に関しては、人材養成等支援事業は多くの地域で活用されているが、その他の事業、体制、数値目標については、過大な地域もあれば、過小な地域もあり、地域差が大きくなっている。数値目標は概して大きめであり、2008年秋以降の世界同時不況により、雇用情勢は深刻さを増しており、現実と計画のギャップが拡がってきている。

2　企業立地動向の変遷

1 ── 工場立地動向調査結果の分析

　以上のような産業立地政策の展開に対して、実際の企業立地はどのような変遷をたどってきたのだろうか。「工場立地動向調査結果」をもとに、工場立地の長期的推移をみてみよう（図2）。これによると、第2次大戦後のわが国における工場立地には、これまで3つの増加期がみられた。1つは、1970年代前半までの高度成長期で、もう1つは1980年代後半のバブル期である。第3の増加

期が2002年からの景気回復期にあたる。1989年に日本全体で4157件を数えていた工場立地件数は、2002年には844件まで落ち込んでいた。その後、立地件数は増加傾向に転じ、2006年には1782件までに回復してきていた。なお、2008年秋のアメリカ発の金融危機、世界同時不況により、立地件数は再び減少に転じている。

以下では、第3の立地増加期の特徴について、詳しくみてみよう。過去5年（2002～2006年）の地域別工場立地件数をみると、関東内陸が1039件（15.9％）で最も多く、以下東海992件（15.2％）、南東北788件（12.1％）の順となっていた（図3）。注目すべき点は、これらに続いて近畿臨海576件（8.8％）、関東臨海562件（8.6％）が登場してきた点である。

「工業等制限法」（1959～2002年）の規制を受けてきた関東臨海や近畿臨海は、これまでもっぱら工場を地方に移転させる移転元の役割を担ってきた。これらの地域が、工場の新たな立地点として再評価されてきているのである。こうした傾向は、立地件数が大幅に伸びたバブル期（1985～1989年）と比べてみると、より鮮明になる。すなわち、80年代後半に対し最近の5年間では、東海、関東臨海、近畿臨海、近畿内陸での構成比の伸びが顕著で、逆に南東北や

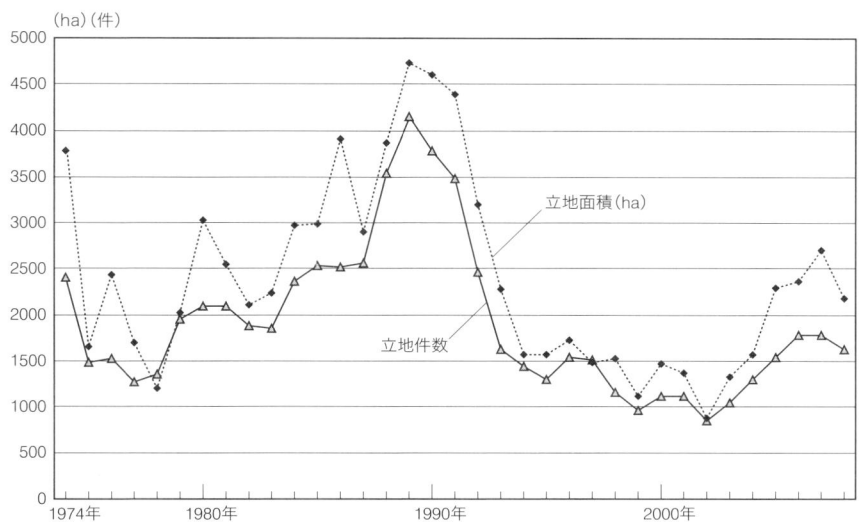

図2　全国における工場立地件数および立地面積の推移 (出典：経済産業省「工場立地動向調査結果」より筆者作成)

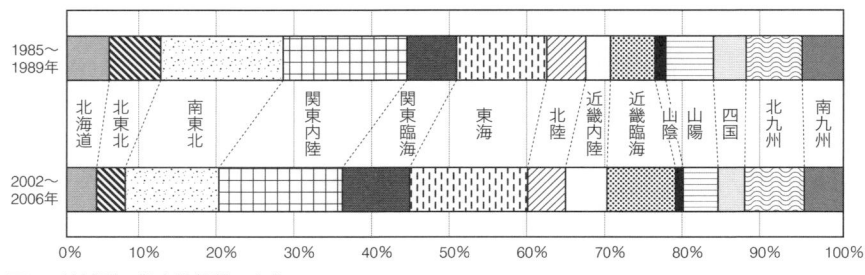

図3 地域別工場立地件数の変化 (出典：経済産業省「工場立地動向調査結果」より筆者作成)

北東北、山陽などで構成比の減少幅が大きくなっていた。工場が地方に分散する時代は終わり、北関東を含む大東京圏から静岡、愛知、大阪、兵庫にいたる大都市圏地域に立地が集中する傾向が強まっているのである。

では、なぜ大都市圏なのであろうか。『通商白書2006』では、企業へのアンケート調査結果をもとに「地域別に見た立地要因」を検討しているが、日本の大都市圏への立地については、「質の高い技術者と技術の継承という他の地域とは異なる要因で企業を誘引している」、「製品の高付加価値化に伴い、高い技術水準が要求される分野の生産機能及び研究開発から生産までのリードタイムを短縮して市場に投入する必要のある製品では、今後も研究開発機能、生産機能を集約し我が国に立地していく」、といった記述がなされている（経済産業省、2006、p.104）。これらは示唆に富む指摘ではあるが、大都市圏が選択される要因については、市場への近接性によるものもあれば、1990年代以降の企業組織再編に連動した立地再編によるものもあり、より厳密な分析が必要だと思われる。というのは、大都市圏での新規立地は、高地価と雇用確保の難しさなどの理由で容易なことではなく、既存工場のリニューアルによるものが少なくないと考えるからである。

次に、地域別と同じく過去5年（2002〜2006年）について、業種別立地件数をみてみると、一般機械が944件（14.5％）で最も多く、以下食料品905件（13.9％）、金属製品713件（10.9％）の順であった（図4）。これをバブル期（1985〜1989年）と比べてみると、輸送用機械や食料品、一般機械の構成比が伸びてきているのに対し、衣服、電気機械の構成比が低下傾向にある。1970年

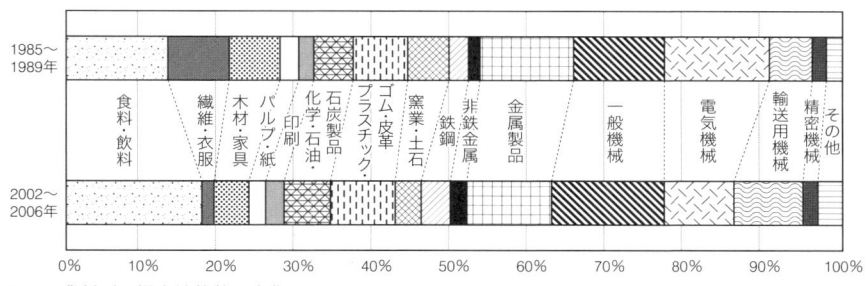

図4 業種別工場立地件数の変化 (出典：経済産業省「工場立地動向調査結果」より筆者作成)

代、80年代の工業地方分散は、衣服と電気機械によって主導されてきたが、これに代わって自動車を中心とした輸送用機械が工場立地の主導役になったのである。「第3の自動車産業集積地域」として注目を集めている北九州地域が、地方圏では例外的に立地件数を伸ばしているのは、その証左といえよう。もっとも、2008年秋以降の世界同時不況で、輸出に依存した自動車産業は大きな打撃を受け、立地を牽引する主軸を欠いた状態で、立地動向は低迷している。

2 ― アジアにおける国際分業の進化と企業立地

『通商白書2006』では、アジアにおける国際事業ネットワークの形成について分析した結果をまとめている。それによると近年では、「国内拠点と海外拠点との分業関係は、『工程を分割して我が国と海外で分業する』という垂直展開から、『工程を分割せず我が国と海外でそれぞれ一貫生産を行う』という水平展開へと変化」してきている点が指摘されている（経済産業省、2006、p.86）。また、『ものづくり白書（2006年版）』では、「東アジア域内では、品質によって垂直的に差別化された財の産業内貿易ばかりではなく、国境をまたいで垂直的に分散立地された生産工程間での双方向取引が拡大する形でも、産業内貿易が急速に進展している。このような分析からも、東アジア域内で生産ネットワークが発達し、機能分業が進展していることがうかがえる」との説明がある（経済産業省ほか、2006、p.36）。たとえば、同じ電気機械産業の内部でも、高級品は日本、中・低級品は他のアジア諸国といった単純な分業形態から、部品同士を日本とASEAN諸国で取引し、完成組立は中国で行うといった、より複雑な形態

へと変化してきている。このように、近年の企業立地動向を捉えていくうえで欠かせない観点は、企業が日本国内だけの視野ではなく、より広いアジア大での経済圏のなかで、国内立地点を選択してきているという点である。

　このように、グローバル化の進んだ段階においては、日本国内の立地とその他のアジア地域での立地とを使い分ける企業が増えてきた。しかも日本国内では、技術水準の高さを求めて大都市圏およびその周辺に立地が集中する傾向もみられるようになってきた。とはいえ、業種や製品内容により、また同一業種でも企業により、さらには担当工程により、立地内容は異なってくる。単純にコストだけでは立地は考えられず、品質や生産性、研究開発機能との近接性など、立地因子が複雑化してきていることは確かである。

4-3 地域産業政策の展開

1 地域産業政策の定義と類型化

　以上にみた立地政策の展開と企業の立地行動を踏まえて、地域産業政策を構築していくことが求められるが、まずはその定義と類型化をみておこう。

　清成（1986、pp.1-5）は、地域産業政策を「地域レベルでの産業政策」とし、「政策主体が中央政府である場合と地方自治体である場合」とがあるとしている。前者は、「マクロ的な観点から地域間の資源配分を変更したり、インフラストラクチャーを特定地域に傾斜的に用意したりする」のに対し、後者は、「地域内で産業間の資源配分を変更したり、特定産業のためにインフラを用意したりする」としている。

　また、地域産業政策の目的として「地域の産業の振興」「地域の望ましい産業構造の実現」「特定の産業の育成」「選択的産業化」をあげ、2つのタイプがあるとする。1つは、「産業のインフラに関わる政策」で、インフラはさらに「物的インフラ」と「制度的インフラ」「個人的インフラ」とに分けられている。もう1つは「産業間の資源配分にかかわる政策」であるとされ、政策手段として

は、「補助金や税制上の優遇措置」「人材の優先的供給」などがあげられている。

さらに清成は、地域振興の方法として2通りが考えられるとして、国の財政や工場誘致などに依存する「外部依存の地域振興」と、地場産業振興などの「内発的な地域振興」とに分けている（p.96）。以下では、この2つの類型について、新たな展開を中心に内容をみていこう。

2 企業誘致の新たな戦略

これまで多くの地方自治体の地域産業政策の柱をなしてきたのは、工場誘致であった。地域により時期や業種に違いはみられるものの、多くの地方自治体では、工業団地を造成し、工場誘致条例を作り、補助金等の恩典をつけて、大都市圏から工場を誘致して、工業化を進めてきた。誘致された工場は、生産機能に特化しており、多くの場合、会社全体の意思決定を行う本社や研究開発の拠点は東京や大阪などの大都市圏に置かれたままである。しかも進出先の地域内では、たとえ隣同士でも分工場同士のつきあいはない。こうした地方の工業化は、「分工場経済」と呼ばれるもので、景気の良い時には、地方経済に雇用をもたらし、成長を促すものの、ひとたび不況に陥ると、人員削減、工場閉鎖を起こしやすい脆弱性をもっている。意思決定機能が遠隔地にあるということも、閉鎖をしやすくしているとの指摘もある。

日本国内では、1990年代に入り、円高とバブル崩壊後の不況とが重なるなかで、生産機能の海外移転、「産業の空洞化」が進行した。新聞記事データベースを用いて、工場閉鎖の推移を全国的に分析した濱田（2009）は、1990年代後半に工場閉鎖が最も多く、しかも既存工場への集約閉鎖が増えていることを明らかにした。その後、2002年以降の景気回復期には、デジタル家電関係などの工場の大型投資が相次ぎ、「国内回帰」が喧伝されるなかで、地方自治体間の誘致合戦が話題になった。しかしながら、そうした動きは、2008年秋以降の世界同時不況により、急速にみられなくなり、代わりに多くの工場閉鎖が報じられるようになった。

なお、今回の工場閉鎖の特徴は、以下の3点にまとめられる。
①海外への生産移管に伴う国内工場の閉鎖というよりも、国内工場間の選択的

閉鎖。グローバル競争の下での選択と集中の結果、競争力の発揮できる事業もしくは製品分野に絞り込むとともに、生産性の高い拠点に集約。
②特定業種というよりも、幅広い業種に拡がっている点。特に、電気機械に加えて、自動車関連までにも及んでいる。
③企業に閉鎖を回避する余裕がなくなってきている点。分社化、子会社化等の組織の細分化が、事業・製品内容の転換の余地を狭め、事業の撤退が即座に工場閉鎖につながるケースを多くしたと思われる。

　このように工場閉鎖が相次ぐなかで、企業誘致戦略はしだいに見直されつつある。1つは、量の追求から質を問題にする時代への転換である。誘致工場の件数を競うのではなく、どのような内容の工場を誘致するのか、立地条件、雇用吸収力、環境面での影響など、業種の特性を考慮した選択が求められている。いかなる業種の工場が閉鎖されにくいか、これを予測するのはなかなか難しい。ただし、地域の産業集積に埋め込まれた工場は、閉鎖されにくい。したがって、地域の産業集積の特徴を把握し、そのなかに誘致工場を位置づけていくことが重要であろう。

　また、工場の閉鎖リスクを想定し、立地企業の業種を多業種に拡げていくという戦略も有効であろう。前述の企業立地動向を踏まえると、これまでの「ものづくり型」の産業が限界を示し、代わってバイオやナノテク、情報などの「サイエンス型」の産業が注目されつつある。その際、ものづくり型とは異なる知識が必要となり、大学や試験研究機関が工場誘致に果たす役割が大きくなってくる点に留意が必要である。

　いずれにしても、都道府県レベルでは、工業振興計画が作成されているものの、市町村レベルでは明確な計画を有しているところはまだ少ない。地域経済の現状分析を正確にするとともに、地域の産業構造をどのようにしていくのか、いかなる業種を強化し、高度化させていくのか、地域産業政策の方向性についての展望をもって、企業誘致を進めていくことが重要であろう。

　もう1つは、既存工場を重視することである。拡張余地がなくなると、企業はまず、近隣の用地を探すことが多い。こうした需要に迅速に対応することが重要であり、また既存工場が仲介役になって新たな工場誘致が実現するケースも少なくない。しかも、「分工場経済」といっても、時間的経過とともに、工場

の機能も単なる生産機能にとどまらず、開発や設計、試作などの機能が加わったり、海外の量産工場を支援する「母工場」的役割を果たすようになってきている。自治体の担当者にとっては、工場を誘致したら終わりということではなく、工場を訪問し、要望を聞くなかで、工場の変化を把握することが重要となろう。さらには、企業の対応待ちではなく、立地企業同士のつながりを仲介したり、開発や設計を担当できる人材育成を進めるなど、自治体側からの働きかけで、「分工場経済の進化」を促す対応も求められよう。

3 内発的発展と農商工連携

内発的発展を重視した地域産業政策は、大分県の平松守彦元知事が提唱した一村一品運動、地域産業おこし、地場産業振興など、多岐にわたる。佐々木(1990)は、内発的発展の内容に関して、①「大企業や中央政府による開発事業ではなく、地元の技術・産業・文化を土台にして、地域内市場の発展を重視し、地域の住民が学習し計画し経営するもの」、②「環境保全の枠の中で開発を考え、自然の保全や美しい街並みを創出するアメニティを重視し、福祉や文化の向上によって住民生活を豊かにする総合目的をもっている」こと、③多様な産業連関構造を地域内でつくりあげ、付加価値が地元に帰属するような地域経済の質をつくりあげる」こと、④「住民参加を制度化し、自治体が住民の要求にもとづいて、資本や土地所有を公共的に規制しうる強力な自治権をつくりあげるもの」といった諸点をあげている（pp.134-135）。

しかしながら、地域産業の現実は厳しく、海外からの安価な製品との競争で立ちゆかなくなったり、経営者の高齢化により廃業を余儀なくされたりするケースが多い。そうした中で、近年注目されている動きが地域資源の活用と農商工連携である。

「中小企業地域資源活用プログラム」の創設により、経済産業省は地域資源を活用した新事業を強力に支援し、2007年から5年間で1000件の新事業創出をめざす目標を掲げている。地域資源を活用した中小企業の取り組みは、①産地技術型、②農林水産型、③観光型の3つに分けられ、2008年の中小企業庁「中小企業地域資源活用プログラムの実施状況」によると、47都道府県で農林水産物

3328、鉱工業品 2421、観光資源 5173、合計 1 万 922 が基本構想において地域資源として特定されている。このうち具体的な事業計画が認定されたものについて、商品づくり支援、販路開拓支援などの支援事業が実施されている。

これに対し、省庁間の連携で進められているのが、農商工連携である。2008年には「農商工等連携促進法」が制定されるとともに、「企業立地促進法」が改正され、農商工連携が加えられた。

地域の農林水産業と食品製造業や食品卸売・小売業、飲食店業等の関連産業が連携し、地域一体となった農商工連携を進めることによって、地域固有の特産品等を活用した新たな商品・サービスを生み出すことで、はじめて大きな付加価値がうまれ、雇用にもつながることが期待できる。さらに、飲食店業や旅館業・ホテル業等と連携し、地元産の農林水産品を活かした加工品や料理メニュー等を取り入れることで、観光消費を喚起することも重要である（経済産業省、2009）。

すでに全国各地で多数の農商工等連携事業計画が認定され、それぞれ多彩な内容となっている。ただし、全体としては農林漁業者と工業者との連携が多く、今後は農商工へと連携相手を拡げること、事業規模を拡大し、地域経済への影響力を高めていくことが課題となっている。

4-4 地域産業政策の新局面：地域イノベーション

日本の半導体産業の躍進に代表されるように、1980年代は日米の国際競争力がかなり接近した時期とされる。アメリカ政府はこれに危機感を持ち、政府資金による研究開発の成果である特許権が大学や研究者に帰属する余地を認めた「バイ・ドール法」や、中央省庁の外部研究開発費を中小ベンチャー企業に投入するよう義務づけた「中小企業技術革新研究法（SBIR）」など、新たに科学技術政策による競争力強化策を推進するようになる。

こうしたアメリカの政策展開より 10 年もしくは 15 年遅れて、日本では 1990年代後半あたりから、科学技術基本法、科学技術基本計画、大学などでの研究

成果を特許にして、その使用料を大学などに還元する機関であるTLO（Technology Licensing Organization）の設置、そして日本版のバイ・ドール条項などの形で、産学官連携が進められてきた。2001年から経済産業省の「産業クラスター計画」や「地域新生コンソーシアム」といった施策が始まり、2002年には文部科学省による「知的クラスター創成事業」、都市エリアでのイノベーション施策が打ち出されてきた。大学自体にも変化がみられ、知的財産本部の設置、2004年からの国立大学の法人化と進んできている。経済産業省においては、2008年に「地域イノベーション研究会報告書」がまとめられ、「地域イノベーション協創プログラム」の下で「地域イノベーション創出共同体」形成事業が始められている。一方文部科学省では、経済産業省と連携して、2009年より「産学官連携拠点」の採択を進めるなど、拠点形成を柱とした政策を展開してきている。

　ところで、地域経済の自立や競争力の強化にとって、産業集積が重視される理由の1つに、集積がイノベーションを起こしやすいことがあげられる。ただし当然ながら、産業が集積してさえいれば、自動的にイノベーションが発生するわけではない。また、産業集積地域といってもいくつかのタイプがあり、イノベーションに関わる知識ベースや知識フローのありようも異なることが知られている（松原、2007b）。

　図5は、地域イノベーションの政策的課題を整理したものである。ここでは産業集積地域、広域経済圏、国民経済、グローバル経済空間といった4つの空間スケールを、重層的に取り上げ、産学官のさまざまな主体から構成される地域イノベーションシステムを大きく「ものづくり系」（製造技術、工作機械など）と「サイエンス系」（ライフサイエンス、情報通信産業など）、「感性系」（コンテンツ産業、文化産業など）とに分けている。

　産業や分野の特性を反映して、産学官の関係や知識フローの空間的関係は異なり、地域経済への影響も異なってこよう。欧米での知識ベースの議論との関係でいえば、「ものづくり系」は「統合的知識ベース」、「サイエンス系」は「分析的知識ベース」、「感性系」は「象徴的知識ベース」に対応したものといえよう（Gertler, 2008）。「統合的知識ベース」は、既存の知識の適用と結合、顧客やサプライヤーとの相互学習、ノウハウや技能に依拠した暗黙知の卓越、主として漸新的イノベーションに関係し、「分析的知識ベース」は、新たな知識の創

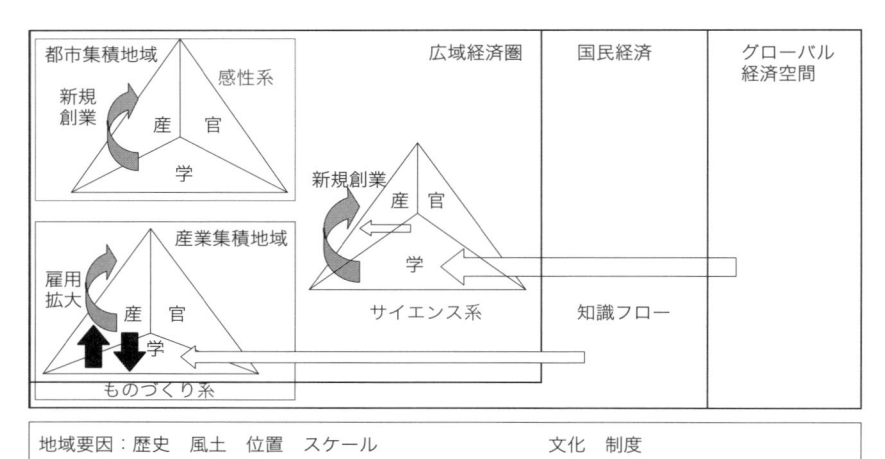

図5 地域イノベーションの類型・地域要因と政策的課題

| 都市集積地域（感性系）新規創業 産官学 | 広域経済圏 新規創業 産官学 サイエンス系 | 国民経済 知識フロー | グローバル経済空間 |

| 産業集積地域 雇用拡大 産官学 ものづくり系 | | | |

地域要因： 歴史　風土　位置　スケール　　　　文化　制度

I.イノベーション・バリアの克服	II.イノベーション・ギャップの是正	III.戦略的課題
①地域資源の不足	①大学のシーズと地域のニーズ	①地域内循環の強化
②既存集積の硬直性	②地域内と地域外の知識フロー	②広域化（集積間ネットワーク）
③過大集積のデメリット	③企業のイノベーションシステムと地域のイノベーションシステム	③国際競争力の強化（拠点形成）

造、企業のR＆D部門や試験研究機関との共同開発、特許や文書に依拠する形式知の卓越、より革命的イノベーションに関係するものとされている。これらに対し「象徴的知識ベース」は、その時・その場所での経験が重要で、ストリートファッションをもとにアイデアを得て、商品化を行うといった事例があてはまる。

さらには、図のなかほどにそれぞれの空間スケールに対応させて示したように、歴史や風土、文化や制度といった地域要因により、地域イノベーションシステムのありようは多様であろう。ただし、全体としての問題や課題をあげるとすれば、以下に示すように、それぞれの地域イノベーションシステムの地理的位置や主体間関係の特性に応じて、各種のイノベーション・バリアやイノベーション・ギャップの存在が認められ、それらを克服し是正していくことが求められる（図5の下に示した3つの次元の異なる課題）。

イノベーション・バリアについていえば、必ずしも大都市圏が有利ということ

とにはならない。巨大都市圏では、イノベーションを引き起こす新結合の相手を探し出せなかったり、接触の頻度や時間が十分に確保できなかったりするデメリットがある。また、規模が小さすぎると、人材確保が困難であったり、伝統的な産業集積地域では、ロックインと呼ばれる硬直した組織・人間関係がマイナス要因になりやすい。

また、イノベーション・ギャップについては、大学のシーズと地元の企業のニーズとのずれがあったり、地域内よりも地域外の方が産学間の関係が強くなったりするケースが少なくない。さらには、オープンイノベーションが注目され、地域のイノベーションシステムに力が入れられつつも、日本の場合には依然として企業内のイノベーションシステムが大きく効いている。

そして求められる戦略的課題としては、地域内循環の強化と集積間ネットワークによる広域化、拠点形成による国際競争力の強化といった点をあげることができ、以上をふまえた体系的な政策展開が今後ますます重要になってくるものと考えられる。

4-5 広域的地域産業振興策の課題

以上、地域産業政策の新たな展開をみてきたが、地方自治体による政策だけが、地域産業政策ではない。清成（1986）は、中央政府による地域産業政策として、マクロ的な観点からの地域間の資源配分の変更、インフラの特定地域への傾斜的投資をあげていた。マクロ経済の把握においても、経済構造や産業構造自体が地域性を帯びていることをおさえておくことが重要であろう。地域の経済構造は、地域の自然・文化・社会等の諸条件、産業や企業の立地、人口移動などにより歴史的に形成されるものである。それをトータルに捉えたものが地域的分業体系であり、そうしたマクロな地理的構造との関係のなかで、地域格差を捉え、地域産業政策を構築していくことが必要である。

川島は、「地域間の平等と均衡について」と題した論文で、就業の機会均等、地域間に均衡のとれた経済成長、国土資源の有効利用、消費分野での地域間平

等などを重要な項目として取り上げ、産業構造の地域的平準化を広域経済圏や通勤圏などの重層的な機能地域設定と対応させて進めていく方向性を示唆した（川島哲郎、1978）。

　こうした川島見解を発展させ、矢田は、就業機会の均等、教育機会の均等、文化機会の均等、医療・福祉機会の均等を実現できるよう、広域経済圏をテコにして国土構造を再構築する戦略を打ち出した（矢田俊文、1999）。そこでは、第1に、多様な産業の集積によって、産業構造転換、景気変動に強い体質をもった経済をつくること、第2に、産学官が一体化した強固な知的連関をつくること、第3に高度な生活機会を系統的に整備する生活機能連関を確立し、中枢・中核都市の連携によって、広域の住民が複数の都市機能を活用できるシステムを確立することを重視し、「自律的経済圏」を政策的に構築することを提起している。

　こうした地方ブロック圏域を単位とした機会均等論は、産業立地政策や国土政策が地方ブロック圏域を政策空間として重視してきているなかで、存在感を増してきている。そのうえで再度、地域格差を捉える地域の単位には注意を払う必要がある。当然ながら、対象とする地域のスケールを替えることによって、新しくみえてくる事象と逆にみえにくくなる事象とが出てくる。広域経済圏域内での地域内格差の問題をどのように扱うのか、あるいはまたグローバルに展開する企業の企業内空間分業、産業集積地域にイノベーションをもたらす人や知識のフロー、都市ネットワークなど、ネットワーク的な連鎖をどのように広域経済圏のなかで位置づけていくか、こうした新たな問いに応えていくことが求められているのである。

　一方ではまた、国際競争力を競う地理的単位として、グローバル・シティ・リージョンやメガリージョンなど、広域経済圏のありように注目する議論がある（Scott, 2001）。地方ブロック圏域の競争力強化にあたっては、「立地ポテンシャルマップ」を整備し、競争力と雇用力のある中核的工場の配置状況や歴史的に形成されてきた各種の産業集積地域の状況、地方中枢都市、中核都市、地域中心都市といった階層的な都市の配列と相互の関係を、広域的な視野から確認し、そうしたうえで、国際競争力のある拠点の重点整備と、地域資源を活かした地域に密着した産業集積地域の整備をあわせて進めていくことが重要であろ

う。

　最後に、冒頭で述べた「地域の主体化」と「主体の地域化」という言葉を思い起こしてみよう。広域経済圏においては、分社化を進める大手企業が地方ブロック圏域に密着した商品開発を進めるなど、「主体の地域化」の方が先行しているようにみえる。東北や九州といった広域的なブロック圏域において、多様な主体がアイデンティティを持ち、ブロック圏域の活性化を意識的に追求する、そうした「地域の主体化」は実現可能であろうか。広域ブロック圏域において、地域産業政策を推進する主体間関係をいかに構築するかが問われているのである。

参考文献
- 植田浩史・立見淳哉編（2009）『地域産業政策と自治体』（創風社）
- 金本良嗣・徳岡一幸（2002）「日本の都市圏設定基準」（『応用地域学研究』7、pp.1-15）
- 川島哲郎（1978）「地域間の平等と均衡について」（『経済学雑誌』79-1、pp.1-18）
- 河藤佳彦（2008）『地域産業政策の新展開』（文眞堂）
- 清成忠男（1986）『地域産業政策』（東京大学出版会）
- 経済産業省（2006）『通商白書2006』
- 経済産業省ほか編（2006）『ものづくり白書（2006年版）』
- 経済産業省（2009）『農商工連携研究会報告書』
- 佐々木雅幸（1990）「地域問題と地域政策」（宮本憲一ほか編『地域経済学』有斐閣、pp.113-140）
- 長谷川秀男（1998）『地域産業政策』（日本経済評論社）
- 濱田博之（2009）『日本工業の立地調整に関する数量経済地理学的研究』（東京大学大学院総合文化研究科博士論文）
- 松原宏（2002）「地域自立のための地域産業論」（『RPレビュー』9-3、pp.16-21）
- 松原宏（2006）『経済地理学―立地・地域・都市の理論』（東京大学出版会）
- 松原宏（2007a）「企業立地の変容と地域産業政策の課題」（『JOYO ARC』Vol.39、No. 451、pp.10-17）
- 松原宏（2007b）「知識の空間的流動と地域的イノベーションシステム」（『東京大学人文地理学研究』18、pp.22-43）
- 矢田俊文（1999）『21世紀の国土構造と国土政策』（大明堂）
- Scott, A. J. ed.（2001）*Global City-Regions*, Oxford Univ. Press［スコット編、坂本秀和訳（2004）『グローバル・シティ・リージョンズ』（ダイヤモンド社）］
- Camagni, R. ed.（1991）*Innovation Networks: Spatial Perspectives*, Belhaven Press
- Gertler, M. S.（2008）"Buzz Without Being There? Communities of Practice in Context" in Amin, A. and Roberts, J. eds. *Community, Economic Creativity, and Organization*, Oxford Univ. Press, pp.203-226
- Markusen, A. R.（1996）"Sticky Places in Slippery Space: A Typology of Industrial Districts", *Economic Geography* 72-3, pp.293-313

II 編

ケーススタディ

5章 広域計画の新たな展開

　意味のある、必要とされる広域計画とは何か？　この問いかけは、これまで広域計画に携わってきた人々にとっては重い疑問であったに違いない。中央集権的な行政システム、そして計画システムに慣れてきた日本では、国をいくつかに区分して、各々に計画をつくるというスタイルで広域計画が作られてきた。現在の広域地方計画もその延長線上にある。しかし、新潟県にとって割り振られた東北地方の関わりは希薄であり、むしろ首都圏や北陸地方、あるいは中部圏に属する長野県とのつながりの方がずっと強いというような問題が各地にある。歴史的な結びつきを無視して機械的に圏域を決めて広域計画を作っても有効なものにはならない。それでは、日本の中で意義のある広域とはどのような地域だろうか？　この疑問に応えようとしたのが本章である。広域を地方自治体の地理的な範囲を超えた結びつきととらえれば、県境か市町村境を超えた計画単位にその実例が存在することになる。すでに大都市圏では、経済活動はもちろん、生活においても県境を超えたつながりが形成されている。また、広く各地を眺めれば、市町村を単位に、合併や広域行政、あるいは自治体同士の自発的な協力が行われてきた。三遠南信地域は、県境を超えた地域で連携を着実に積み重ねてきたという意味で注目するべき先駆例である。さらに、周遊を典型的な行動パターンとする観光においては、地域間連携が不可欠である。以下で紹介する事例は、まさに必要性に裏付けられた広域計画の実例である。

5-1 大都市圏の計画と課題

大西 隆・片山 健介・福島 茂

　東京、大阪・京都・神戸、そして名古屋を中心とした大都市圏は3大都市圏といわれ、高度成長期以降わが国の産業業務活動の中心地となり、人口を吸引してきた。この過程で、大都市圏のあるべき姿を提示し、それを実現するための方策を示した大都市圏計画が必要であるとされ、首都圏整備法、近畿圏整備法、中部圏開発整備法という計画法が定められて、その下で、それぞれ数次にわたる計画が作成されてきた。市町村はもとより、都府県を跨ぐような広域圏の計画を作る場合には、まず計画の作成・実施主体は誰なのかという"計画のガバナンス"が問われることになる。これらの計画法では、すべて国が作成に当たることになっており、国主導で計画が作成され、実施されてきた。しかし、1990年代に始まった地方分権のための制度改革の中で、大都市圏計画を含む広域計画においては、地方の意見を取り入れるための地方分権を進めるべきとの方向付けが行われた（地方分権推進委員会第5次勧告）。その結果、国土総合開発法の改正によってできた国土形成計画法（2005年）では、大都市圏を含む8広域圏での広域地方計画の作成に当たって、知事や市長もメンバーとなる広域地方計画協議会を設置して、計画案を審議することになった。すでにこうした作成過程を経て、3大都市圏を含むすべての広域圏で広域地方計画が作成されている。

　しかし、地方分権の観点からの改革は施されたものの、大都市圏の計画ではいくつかの重要な課題が未解決のままである。その第1は、道州制や広域連合が実現していないので、広域的な観点から都道府県の利害を超えて意欲的な計画を作成し決定するための仕組みが相変わらず不在であり、広域計画のガバナンス問題は解決されていないことである。第2には、3大都市圏といっても、しだいに東京圏への一極集中傾向が強まっており、人口減少と相まって、地方圏

の疲弊にいかに対処するのか、あるいは災害時に主要機能の同時被災を免れるための複眼的、多核的な国土構造をいかに形成するのかといった課題には回答が見出されていないことである。本節では、3大都市圏における人と地域の変化と計画の対応を俯瞰しながら、大都市圏における広域計画の展望を論ずることにする。

1 東京圏の計画と課題

1 — 過密なき過疎

　東京圏（埼玉県、千葉県、東京都、神奈川県）では、全国の人口がすでに減少に転じている中で、引き続き人口が増加している。しかし、全国の人口減少傾向がさらに進むにつれ、東京圏においても2015年をピークに人口が減少し始めると予測されている。東京圏への人口集中傾向は、社会増、すなわち他の地域から東京圏への流入超過によって際立たされており、戦後3つの流入超過の山を形成してきたことがわかる（p.17、1-1節、図4を参照）。

　第1の山は、1961年をピークとするもので、その特徴は、年間65万人という極めて大量の、しかも、東京圏、大阪圏、名古屋圏それぞれへの転入超過があり、文字通り3大都市圏の時代を形成したことであった。第2の山は、1980～1992年にわたり、1987年をピークとするいわばバブルの山であり、他の大都市圏への人口流入は止まる中で、東京圏への一極集中が起こったのが特徴である。第3の山は、2007年を頂点とした同じく東京圏への一極集中が現在なお継続しているもので、第2の山が東京圏の内部での郊外化を伴っていたのに対して、第3の山は、郊外から都心への居住人口の移動、つまり都心居住が進んでいるのを特徴とする。

　このように、なお東京圏への一極集中が続いているものの、かつては過密過疎の激化という観点で論じられたのに対して、総人口の減少とともに、東京圏といえども人口減少に転ずる見込みとなり、過密の弊害がなお存在するにしても、その上限は見通せるようになっている。したがって、今日の状況は、過密問題は緩和されるものの、中山間地域や地方都市での過疎化は一層深刻になる、「過密なき過疎」問題が顕在化してきているものと捉えられる。

2 ── 機能分散型の計画から広域計画の不透明時代へ

　東京のあり方を示す計画には、東京圏を含む首都圏を対象とした国の計画と、東京都をはじめとする東京圏を構成する自治体の計画という2層の計画が存在してきた。国の首都圏基本計画（首都圏整備法にもとづく）は、1958年から5次にわたって作成され、2009年には首都圏でも広域地方計画（国土形成計画法にもとづく）が作成された。第1次首都圏基本計画はグリーンベルト（均衡地帯）政策を打ち出したことで名高く、既成市街地の膨張を抑制することが目標とされた。グリーンベルトの外側には、市街地開発区域を設定し、多数の衛星都市を工業都市として開発し、人口と産業の定着を図るというのが基本方針であった。しかし、開発が抑制されることになるグリーンベルト対象地域の地権者などから強い反対があったのに加えて、開発を規制する手段を確立できなかったために、グリーンベルト構想は幻に終わった。続く第2次計画では、グリーンベルトに代えて近郊整備地帯を設定し、計画的な市街地の展開と緑地空間との調和ある共存を図るとされた。その外側には、都市開発区域を設定し、引き続き衛星都市の開発を推進するとした。第3次計画では、東京への一極集中是正が強調され、各地に核都市を育成して多核構造を形成することが示された。この考えは、第4次計画において業務核都市計画に発展し、これを中心とした自立都市圏によって東京圏を再構成することがめざされた。周辺地域については中核都市圏を中心に諸機能の集積が期待され、地域間の相互連携と自立性の強化がうたわれた。第5次計画では、この流れを踏襲し、東京都心への一極依存構造から、分散型ネットワーク構造をめざすとされた。また2009年に東京圏でも首都圏広域地方計画が作成された。そこでは、業務核都市等すでに忘れられかけている計画用語は継承しているものの機能分散の必要は明示されず、総花的で、メリハリに欠けるという批判は免れない。

　一方、東京都をはじめとする都県は、それぞれ総合計画（あるいは長期計画）を策定してきた。周知のように、総合計画は、国土総合開発法など国の法律によらず、都県の条例にもとづいて策定されており、各行政区域を対象とする。東京都では、1963年の東都政下で最初の東京都長期計画が作成された。その後は、3年間程度の中期を単位としたローリングプラン方式が採用されたため、次の長期計画は、鈴木都政下の1982年に作られた。鈴木知事は、その後、1986

年と 1990 年に、第 2 次、第 3 次の長期計画を作っている。それ以降、長期計画は策定されなかったが、石原都政下の 2000 年に「東京構想 2000」、2001 年にはその姉妹編ともいえる「首都圏メガロポリス構想」が策定され、さらに 2006 年には、「10 年後の東京〜東京が変わる」と題する総合計画が策定された。1990 年代までの東京都の計画は、基本的には、首都圏基本計画等が打ち出した大都市の膨張抑制や、国土計画の理念であった国土の均衡ある発展論に即したものであった。さすがに東京から地方への分散を積極的に提起したわけではないとはいえ、東京においても東京都心への一点集中構造から転換して副都心形成を通して多核型都市構造をめざすとしてきた。具体的には、新宿、渋谷等の区部の副都心に加えて、多摩地域にもいくつかの核を設定して、業務商業機能の集積を図り、多核構造を形成していこうというものであった。東京の中でも機能再配置論を展開することで、一極集中批判をかわそうとしてきたともいえよう。

　石原都政では、メガロポリス都市構想や「10 年後の東京」を発表し、東京都内だけではなく、隣接する 3 県を含んだ地域を一体的に計画することの必要を提示した。従来からの多核構造ではなく、環状ネットワークが強調されたうえで、従来の計画にある都心と副都心の大部分を含んだセンターコアを核として、東京湾沿い臨海部の集積群の連携や、さらに成田から厚木に至るような環状都市群の連携等が盛り込まれている。しかし、副都心や、多摩の心（八王子、立川、町田等の拠点都市）の育成については、一部を除いて成果が上がったとはいえないし、業務機能集積が縮小している地域もあるから、副都心政策をどのように総括し、次のステップを示すのかが問われている。

3 ― 東京の都市再生

　東京への国の関わりが強められたのは、バブル後の景気浮揚、都市開発の活発化を狙った都市再生政策においてである。東京圏など大都市圏、しかもその都心部の政策である都市再生政策が始まったのは、小渕内閣の下で都市再生推進懇談会が発足した 2000 年 2 月である。懇談会は、次の森内閣に報告書を提出し、首相をヘッドとする都市再生本部が設置されることが決まったが、実際に本部が発足したのは小泉内閣に代わった 2001 年 5 月であった。つまり、自民党政府の都市再生政策は 3 代の首相によって準備されたことになるが、その間に

大きな変質を迫られた。小渕、森内閣における都市再生は、大都市でも環状道路の整備や踏切解消等の公共事業を行ない、大都市で劣勢な党勢を盛りたてる狙いがあったとみられた。しかし、小泉内閣は、すでに深刻になっていた財政赤字に対処するために、公共事業の削減を公約の1つにしていたので、公共事業促進による都市再生の道はとらず、国の事業費を必要としない規制緩和による都市再生を図ったのである。2002年にできた都市再生特別措置法では、こうした方向転換を反映して、民間事業者が規制緩和（特に容積率緩和）を提案できる制度、手続きの簡略化、資金調達支援等、種々の都心活性化手法が盛り込まれた。

しかし、規制緩和型の都市再生は、具体的な内容が容積率緩和（都市計画における容積率規制の緩和）を中心とするものであったために、容積率を有効に活用できる大都市都心部でしか効果がないことが明らかになった。一方で都市再生が真に必要なのは地方都市であることも明確になってきたので、2007年には、都市再生本部を含む地域関係の首相直轄組織が統合され地域活性化統合本部ができた。

こうした施策の成果がどれほどのものかを定量的に表すのは容易ではないが、都市再生政策がきっかけとなって、他の都市開発諸制度も活用度合いが高まっており、東京都心部では、丸の内地区の多発型再開発、大手町の連鎖型再開発、霞が関の官庁街再開発等の種々の事業が展開されてきた。しかし、一方で、都心のマンションとオフィスビル開発により、住と職の機能が東京都心に集中したとも指摘され、地方都市ではほとんど効果の出ない都市再生手法の限界が指摘されている。また大都市中心部においても、単なるビルの建て替えという効果しか見られないという批判もある。こうした批判に対処するように景観向上への努力、低炭素型街区の形成等のように開発の質を高めて、課題にチャレンジする都市開発の試みもしだいに活発になっている。

4 ― 東京圏の課題と展望

現状の問題点と課題に関わる以上の分析を踏まえて、東京圏が今後取るべき進路を考察しよう。

第1に、今後東アジアと日本との関係が一層強まるとみられるから、東京は、

いわば東アジア時代の拠点都市としての役割を果たす必要がある。産業経済や観光をはじめ、文化芸術・学術等さまざまな領域で交流を深めて、往来を活発にしていくべきである。特に観光は、ビジネスや学術交流の副産物としても重要であると同時に、それ自体が新たな交流を生むきっかけになるという意味で重点を置くべき分野である。

第2に、出生率が低く、密集市街地の防災性の不安が指摘される東京への一極集中は、持続可能な日本を形成することにならないから、札幌から福岡に至る全国に存在する中心性の高い都市群が各地域の中心都市としての役割をさらに発揮することを通じて、いわば中心都市が群雄割拠のように連なる国土を形成することをめざすべきである。そのためには、地方分権をさらに本格化して、地方政府の意思決定権をより強めていくことが重要である。さらに財源の地方移譲を促進し、地方の独自な行財政を強めていくことが魅力的な地方都市づくりにつながる。

第3に、低炭素都市の形成は、東京でも都市政策の基本となる。東京では、公共交通の便利さを維持して、自動車利用を抑制するとともに、民生部門の排出抑制に取り組んでいくことが必要となる。すでに東京都は環境確保条例の下で、低炭素政策を進めているが、都市開発において温室効果ガスの削減を求めたり、地区計画の中で温室効果ガスの上限や原単位を定める等、新規開発における温室効果ガスの削減策とともに、一般の住宅や、ストックに対する対策を進めていくことが必要となる。また、国内クリーン開発メカニズム（Clean Development Mechanism：CDM）やキャップ＆トレードにもとづく排出量取引等による低炭素化に向けた地方との連携も課題である。

第4に、東京は、世界の大都市と比較し安全で安心できる都市といわれる。この評判は、やや揺らぐこともあるが、長年定着しているものである。武器なき社会、経済的な同質社会等の社会基盤が、日常生活でも比較的安全な街を形成することに役立っている。これは東京の持つ優れた特質であるから維持していく必要がある。同時に多民族社会化は必至の流れであるから、日本人にとどまらない多様な人々が、安全で安心できるコミュニティを形成するように、雇用の安定、所得の公平、互助精神の育成が生み出される社会の制度や慣習を維持することが重要である。また、地震、水害、交通事故等の災害に強い都市を

構築することも引き続き課題である。建物を丈夫に作ることはもとより、ハザードマップを作成して、起こり得る災害を知り、それに備えるという地域性を持った予防が大事である。

2　近畿圏（関西圏）の計画課題と展望

1 ― 近畿圏における地域計画と地域政策

　戦後の近畿圏の地域計画は、大都市問題と、東京（ないし首都圏）との格差拡大への対処が主要な計画課題であった。

　戦後の高度経済成長により近畿圏も大きく発展したが、他方で関西の地盤沈下、人口の急激な集中とドーナツ化現象、それらがもたらす都市問題の激化は1960年代にはすでに認識されていた。そのため、広域的な圏域整備の必要性が見出され、「近畿はひとつ」という考え方のもと、当時の大阪府知事の提唱により、2府6県3政令市と国の出先機関からなる近畿開発促進協議会が1960年に発足した。他の団体でも近畿広域圏における総合計画の検討が行われており、こうした地元の機運が、1963年の近畿圏整備法の制定に繋がった。また、1964年には、首都圏に続き、近畿圏の既成都市区域における工場等の立地制限に関する法律が制定され、工場や大学の新設・増設が制限された。

　これまでに、5次にわたって近畿圏基本整備計画が策定されている。対象地域は、福井県、三重県、京都府、大阪府、滋賀県、兵庫県、奈良県、和歌山県の8府県からなる。一全総に対応した第1次計画（1965年）では、大都市の過密問題と近畿圏内の地域間格差を背景に、工業の適正な配置によって人口を分散し所得格差の是正を図ることとされた。新全総後の第2次計画（1971年）では、過密過疎の深刻化や公害問題を背景に、住民生活の向上と生活環境の改善が謳われた。

　国土庁大都市圏整備局発足後の第3次計画（1978年）では、経済成長の鈍化や三全総を受けて、中枢機能の東京一点集中傾向の改革と首都圏と並ぶ経済、教育、文化のセンターとしての機能を担う近畿圏の整備、人間居住の総合的環境の整備が掲げられるとともに、関係行政機関・地方公共団体、民間の積極的な協力が促されている。第4次計画（1988年）では、東京一極集中と近畿圏の

相対的地位低下、四全総を受け、多核連携型圏域構造の形成、自立的都市圏の育成・整備と新しい開発拠点概念などが打ち出された。しかしこの時期はバブル経済期であり、関西文化学術研究都市や関西国際空港、明石海峡大橋など近畿圏の新たな発展への機運もまた高かった。

　長引く景気低迷や自治体財政の悪化を受けた第5次計画（2000年）は、産業問題を第一に、交流や文化・学術、安全快適な生活空間と続く。また、五全総の多軸型国土構造も踏まえた多核格子構造が打ち出された。

　こうした法定計画とは別に、いわば国と地域が一体となって、地域自らが広域計画を策定したことは注目に値する。1987年の新近畿創生計画（すばるプラン）がそれである。法定計画の制約に縛られずに近畿圏の将来を描く超長期のビジョン策定が、当時の国土庁長官によって提唱され、1982年に、国土庁大都市圏整備局大阪事務所、地方公共団体、民間企業の職員から構成された新近畿創生計画調査室（すばる計画室）が設置された。策定過程では、学識経験者による調査専門委員会のほか、学界、経済界、労働界、言論界等からなる懇談会も開催された。また、基本構想案は公表され、広く意見を聞いて計画がまとめられた。こうして策定されたすばるプランでは、近畿圏を首都圏と異なる中枢として形成し、日本国土全体を左右の眼を持つ一個の有機体的構造として、均衡ある発展、重層的・柔軟かつ弾力的な国土構造を形成する「双眼型国土構造」が提唱されている。また、近畿圏は多核連携型圏域構造を確立するとし、生活の質向上を図るとともに、近畿都市圏連合を形成することが謳われている。このすばるプランの考え方は、第4次基本整備計画にも反映されている。

2 ── 近畿圏広域地方計画

　2005年の国土形成計画法を受けて、近畿圏においても国土形成計画・広域地方計画が策定された。

　国土審議会圏域部会の議論を経て、広域地方計画区域としての「近畿圏」は、滋賀県、京都府、大阪府、兵庫県、奈良県、和歌山県の2府4県からなる圏域とされた。なお、計画本文で、「近畿圏」を「関西」と称するとされている。

　近畿圏広域地方計画協議会には、2府4県に加えて、福井県、岐阜県、三重県、鳥取県、岡山県、徳島県の近隣6県、京都市、大阪市、堺市、神戸市の4

政令市、近畿市長会、近畿ブロック府県町村会、国の地方支分部局17機関、それに関西経済連合会、大阪商工会議所、関西経済同友会、関西経営者協会、京都商工会議所、神戸商工会議所、堺商工会議所、関西広域機構が参加しており、他の広域ブロックと比べて、近隣県や経済団体等の参加が多いことが特徴として挙げられよう。会長は、元関西経済連合会長であり、関西広域機構会長である秋山喜久氏が務めた。

　全国計画策定を受けて協議会が発足するまでは、前身として近畿圏広域計画検討会議が設立されて議論が行われたが、近畿圏の場合は、この検討会議の段階から知事や政令市長が参加している。検討会議および本協議会は合計6回、幹事会（部長級）は計17回、学識者会議は5回開催された。

　これらの場での議論を踏まえて、2009年8月に国土交通大臣決定がなされた近畿圏広域地方計画では、「知と文化を誇り力強く躍動する関西」を副題とし、めざす姿として、①歴史・文化に誇りを持って本物を生み育む圏域、②多様な価値が集積する日本のもう1つの中心圏域、③アジアを先導する世界に冠たる創造・交流圏域、④人と自然が共生する持続可能な世界的環境先進圏域、⑤都市と自然の魅力を日常的に享受できる圏域、⑥人々が自律して快適で豊かに暮らせる高福祉圏域、⑦暮らし・産業を守る災害に強い安全・安心圏域が掲げられ、それを実現する戦略（第3部）、11の主要プロジェクト（第4部）が挙げられている。検討経緯をみると、協議会メンバーからは社会資本整備に対する要望が多く、②③に関係する内容として圏域全体で総合的な経済力の向上を図り、隣接圏域と連携を強化することにより大関西圏を実現することがめざされている。それでも、歴史・文化が第一に掲げられ、②では文化首都圏の役割を担うことも含まれていることが、近畿圏の特徴であるといえよう。一方で、これまでの大都市圏計画で示されてきた将来圏域構造については明確な言及はなされなかった。

3 ── 今後の展望：近畿圏における広域連携

　近畿圏（関西圏）では、すでにみたように、近畿開発促進協議会やすばる計画室（のちの新近畿創生委員会）など府県を超えた広域連携の歴史がある。近畿圏の広域連携は経済界主導で行われたことに特色があるといえる。関西経済

連合会が1950年代以降たびたび道州制構想の提言を行うなど、経済界の取り組みも盛んであった。1999年には、当時の関西経済連合会長の提唱により関西広域連携協議会が発足し、2007年には既存の5つの広域組織を統合し3つの広域連携組織が参画する形で、関西広域機構へと発展改組した。正会員は、2府4県に徳島・三重・福井・鳥取各県、4政令市、関西経済連合会など7経済団体である。観光振興など広域的課題に関する調査研究・企画立案、共同事業実施のほか、分権改革でも多くの提言を行っている。

そして、さらなる連携の強化のため、関西広域連合（仮称）を2010年中にも設置するべく議論が進められていることは注目に値する。広域連合は地方自治法にもとづく特別地方公共団体であり、連合議会と連合長を設置し、国から事務の権限移譲を受けることができる。処理事務として、当初は国土形成計画等の法定計画づくりも想定されていたが、まずはできることからということで、第1フェーズ（広域防災、広域観光・文化振興、広域産業振興、医療連携など）、第2フェーズ（広域交通・物流基盤整備・一体的管理運営など）と連携の実績を重ね、第3フェーズで国から権限の移譲を受けていくことが考えられている。

ここで興味深いのは、想定されている体制である。広域連合委員会は、まるでEUの欧州委員会のように、知事が委員としてそれぞれ行政分野を担当する形で構成される。また、広域連合の構成団体となれるのは府県および市町村のみであるが、官民連携の仕組みを維持するため、外部に関係地方公共団体の長や経済団体等代表者、学識経験者等からなる広域連合協議会を設置することが考えられている。この点は市町村の広域連合とは異なり、府県を超える広域連合ならではの仕組みといえる。府県同士が参加する広域連合はこれまでに例がなく、今後の展開が注目される。

3　中部圏計画と名古屋圏整備

1 ─ 中部圏開発整備と名古屋圏整備

3大都市圏のうち、1960年代以降、東京圏と関西圏はそれぞれ首都圏整備法、近畿圏整備法のもとで大都市圏として計画・整備されてきた。これに対し、名古屋圏は、中部圏開発整備法のもとで、その都市圏域を大きく超える中部圏（東

海3県：愛知・岐阜・三重／北陸3県：福井・石川・富山／静岡・長野・滋賀）という地方ブロック計画のもとで開発・整備されることになる。中部圏という枠組みが採用された背景には、東海・北陸の連携的な開発を進めるという発想がもともと地域にあったことがある。1964年の国連地域計画調査団（ワインズマン報告）による「首都圏と関西圏を結ぶ東西軸と太平洋と日本海を結ぶ南北軸の開発によって中部圏を開発すべき」との勧告をうけて、中部9県がまとまることになった（三大都市圏政策形成史編集委員会、2002）。

中部圏基本開発整備計画は1968年の第1次計画以降、4次にわたり策定・実施された。地方ブロックとしての中部圏の開発計画と名古屋圏の整備が合わさるかたちで常に進められてきた。この枠組みは、現行の国土形成法のもとで広域地方計画に転換されるまで続くことになる。

これまでの開発整備計画を概観したときに、見えてくる計画アプローチは、東西軸と南北軸の強化を中心に、東海、北陸、内陸という各ゾーンの開発とゾーン間の連携を進めるというものであった。名古屋圏を中心に中部圏を統合することは指向されなかった。中部圏の構成地域は東海3県を除けば首都圏もしくは関西圏との連携も指向し、名古屋圏の後背地になることを必ずしも望んではいなかった。それは名古屋圏の拠点性の弱さの裏返しでもある。名古屋圏と中部内陸・北陸との実質的な交流の活発化には、名古屋圏の高次機能集積と中部圏の骨格となる高速道路網の全面開通を待つ必要があった。

名古屋圏の整備計画においても、都市高速道路・鉄道網整備を除けば、名古屋市を中心に統合するかたちでは進められていない。豊田を中心とする西三河の輸送機械、一宮・岐阜・大垣の繊維、多治見・瀬戸の陶磁器、四日市の石油化学など、それぞれに自立した産業基盤があり、岐阜市、津市には県庁所在地としての中枢機能の集積があった。したがって、名古屋圏の整備は多極分散型の都市圏構造の発展を中心に据えることになる。1968年の名古屋将来計画・基本計画（任意の都市政策構想）は周辺20町村の合併によって350万都市を形成させ、名古屋市を中心として40～50km圏を対象とする大都市圏整備構想を描いた。名古屋市の拠点性を大きく高めるという意味で例外的なものであった。しかし、1970年代のオイルショックや1973年の革新市政の登場によって、名古屋市は開発・拡大路線から福祉重視へと転換することになる（林、2006）。名

古屋市への求心力を高めるモメンタムは大きく後退する。1980年代に入ると、東海環状テクノベルト構想（通産省・東海北陸産業構造ビジョン（1981年））とそれに続く東海環状都市帯構想（国土庁を含む5省庁（1982年））が提唱された。それは東海環状自動車道の整備や沿線の研究学園都市構想・リサーチパーク構想に結びついてくる。これも分散ネットワーク型の整備アプローチである。

2 ── 名古屋圏への求心性の高まり

1990年代に入り、中部圏における名古屋圏の関係構造は大きく転換し始める。トヨタグループの国際展開と事業拡大は、ものづくりの世界中枢として愛知の発展をもたらした。2005年の愛知万博の開催は中部国際空港の開港などの国際交流機能を高め、圏域の高速道路網の拡充に大きく貢献することになる。国鉄の分割民営化はJR東海の名古屋本社の立地につながった。超高層ツインタワーのJRセントラルタワーズの建設は名古屋駅周辺の再開発ラッシュを誘発し、従来からの中心商業地域であった栄地区を刺激しその更新を促した。

バブル経済の崩壊後、東京への一極集中のもとで関西圏の経済は停滞する。関西圏にも向いていた北陸地域に対して、名古屋圏は求心力を徐々に高めることになる。同様のことが名古屋圏内においても相似形のように進んだ。多極分散型の都市構造として発展してきた名古屋圏ではあるが、1980年代後半以降はグローバル化のもとで繊維・陶磁器などの地場産業が競争力を失い、中心商業地域の衰退もあって周辺都市は名古屋市への依存を高めている。これ自体は周辺核都市の再活性化という新しい都市課題を生み出したが、名古屋の商業・業務機能と西三河のものづくり中枢機能は、高速道路網の整備の進展もあって、圏域全体に対する求心力を急速に高めてきた。

中部圏基本開発整備計画も第3次計画（1988年）以降、名古屋圏の一層の高次機能集積を求めるようになる。グローバル化に対応できる国際的なビジネス・文化・交流拠点としての拡充が要請されたためである。第4次計画（2000年）は、「世界に開かれた多軸連結構造の形成」を開発整備の方針として掲げた。愛知のものづくり中枢機能の充実や中部国際空港の開港を控え、名古屋圏のゲートウェイ機能が強く意識されている。今日形成された高速道路網を鳥瞰すれ

ば、名古屋と豊田を結節点として放射状のネットワークが形成されていることがわかる。東海北陸自動車道は名古屋圏と北陸を結び、東海環状自動車道は豊田と岐阜・長野方面を連結し、伊勢湾岸自動車道は豊田・名古屋と三重方面を結ぶことになった。

3 ― 中部圏広域地方計画と名古屋圏整備

　従来の全国総合計画が国土形成計画と広域地方計画に転換されるなかで、新しい中部圏の枠組みができた。中部圏広域地方計画において、名古屋圏の整備はどのように取り扱われているのであろうか。中部圏は従来の中部9県から東海3県に静岡県と長野県を加えた5県を対象にすることになった。北陸3県は北陸圏、滋賀県は近畿圏に分離され、連携地域として位置づけられている。中部圏における名古屋圏の比重の高まりは、従来に比べて大都市圏整備に向けた合理的な計画判断を容易にしている。

　中部圏広域地方計画では、「ものづくりと環境貢献で日本から世界のまんなかへ」を基本方針とし、名古屋圏はその中心として位置付けられている。14の主要プロジェクトのなかでも、高次都市機能・連携強化プロジェクトにおいては名古屋圏の国際都市中枢機能の強化が示され、国際ゲートウェイ中部プロジェクトでは中部国際空港や伊勢湾スーパー中枢港湾の整備が位置づけられている。ものづくり産業の競争力強化プロジェクトでは、グレーター・ナゴヤ・イニシアティブによる海外企業誘致や産業基幹インフラとして東海環状自動車道の整備が示されている。環境面では名古屋圏の重要な環境基盤である伊勢湾の再生プロジェクトが示された。

　ただし、中部圏整備全体からみれば多極分散型地域構造の維持発展が引き続き模索され、地域間のバランスに配慮したものとなっている。例えば、前回の中部ブロック社会資本の重点整備方針（2004年）では、愛知万博の開催を控えて、「世界都市を目指した名古屋及び拠点都市の整備」を重点プロジェクトの一つに数えていたが、今回の重点整備方針には名古屋の拠点性強化は見当たらない。空港整備においても同様なことがいえる。中部国際空港の拡充が示される一方、富士山静岡空港のアジア路線の誘致や信州まつもと空港における国際チャーター便誘致なども示されている。中部国際空港のハブ機能強化よりもそれ

それの地域の事情が優先されがちである。現行の広域地方計画の枠組みでは、道州制における州都のような特別な地位を名古屋に与えて、東京や大阪のような求心力のある都会を形成させる意図を生み出すことは難しい。

4 ― 名古屋圏の発展戦略を考える

最後に、名古屋圏の発展戦略を自由に発想してみたい。

名古屋圏の発展戦略（グランドデザイン）として、「ものづくり世界中枢」「環境首都」「名古屋ライフスタイル」「中部圏の中核都市＝日本の三大都会」という4つの都市像の確立を提案したい。このうち、ものづくりや環境は中部圏広域地方計画でも重点プロジェクトに加えられている。「ものづくり中枢」と「環境首都」はグローバル・レベルの都市像であり、名古屋ライフスタイルは日本・中部圏レベルの都市像である。グローバル・レベルの都市像をもち、東京圏と差別化されたライフスタイルをもつことは重要である。リニア新幹線によって名古屋が東京の40分圏に入ることを考えると、名古屋に明白な地域的特徴と強みがなければ東京に吸収されかねない。

首都圏や関西圏にはない「空間・時間・経済の3つのゆとり」を活かして名古屋ライフスタイルという文化的基盤を構築し、道州制の施行をも見据えて、

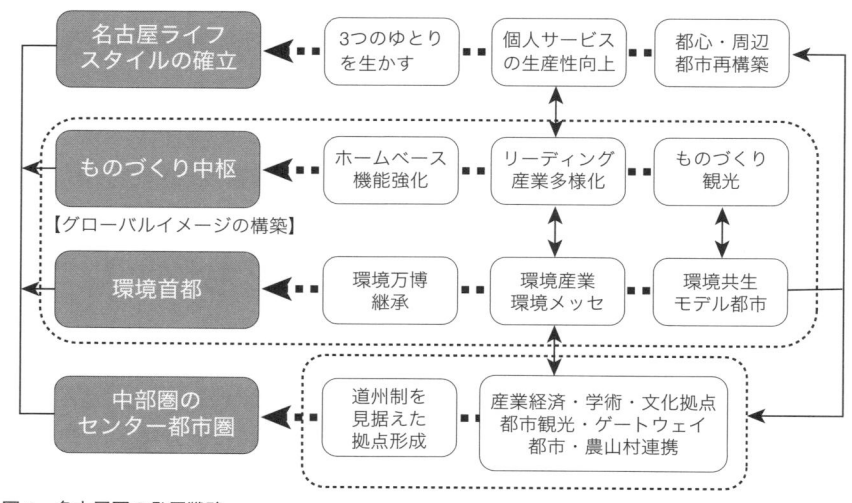

図1　名古屋圏の発展戦略

中部圏の中心としての名古屋の都市像を確立することが望まれる。高速道路網の発展により中部地域を統合していく交通基盤は整いつつある。名古屋ライフスタイルの確立は個人サービス産業の魅力化・高度化を通じても達成され、ものづくりで域外から獲得した資金を地域に循環させるものでもある。環境首都づくりにおける環境技術振興は「製造業における業種の多様化」につながり、環境に優しい生活スタイルは「名古屋ライフスタイル」の確立にも適用される。

参考文献
- 三大都市圏政策形成史編集委員会編（2000）『三大都市圏政策形成史』（ぎょうせい）
- 新近畿創生推進委員会編集（1987）『すばるプラン－新しい近畿の創生をめざして－』（ぎょうせい）
- 国土交通省（2009）『近畿圏広域地方計画』
- 国土交通省（2009）『中部圏広域地方計画』
- 関西広域連合（仮称）ホームページ（http://www.kippo.or.jp/kouikirengo/index.html）
- 関西広域機構ホームページ（http://www.kippo.or.jp/ku/）
- 林清隆（2006）「名古屋市将来計画・基本計画」（㈳日本都市計画学会中部支部編『幻の都市計画』、pp.54-59、樹林舎）

5-2 市町村合併と定住自立圏

大西 隆

1 市町村合併

1 ― 平成の大合併の経過と課題

「強化された財政支援措置等……を続けていくことには限界がある。したがって、平成11年以来の全国的な合併推進運動については、現行合併特例法の期限である平成22年3月末までで一区切りとすることが適当であると考えられる」。地方自治制度のあり方を検討する第29期地方制度調査会の答申（2009年6月）の一節である。これで、約10年間にわたり、平成の大合併を推進してきた合併特例債（充当率と交付税の償還財源率の高い地方債）等の合併を促す措置がなくなる見通しとなるので、市町村合併は一段落となろう。

日本の市町村は、1999年3月末に3232あったものが、2010年3月末には約半分の1730になり、60％以上の市町村が合併に関わったことになる。もっとも、裏を返せば、残りの1200ほどの市町村は、積極的か、消極的かはともかく、合併せずにこの11年間を過ごしたことになる。11年間といっても、合併のテンポは非常に偏ったものであった。2004年3月末までは市町村数に大きな変化はなかったが、それ以降の2年間で、1300ほどの市町村が消えたのである（図1）。

平成の大合併の目的は、①地方分権に対応して市町村の財政力を強化する、②生活圏の広域化への対応、③政令市・中核市・特例市になれば権限移譲がある、ことであった。その結果、合併を通じて、市町村の平均規模が、人口、面積において拡大して、①地方分権の受け皿として行政体制が整備され、②少子化、高齢化対策が行われている、③広域化への対応がとられるようになった、④行政運営の効率化が進んだ、という成果が上がったと先の地制調答申は述べ

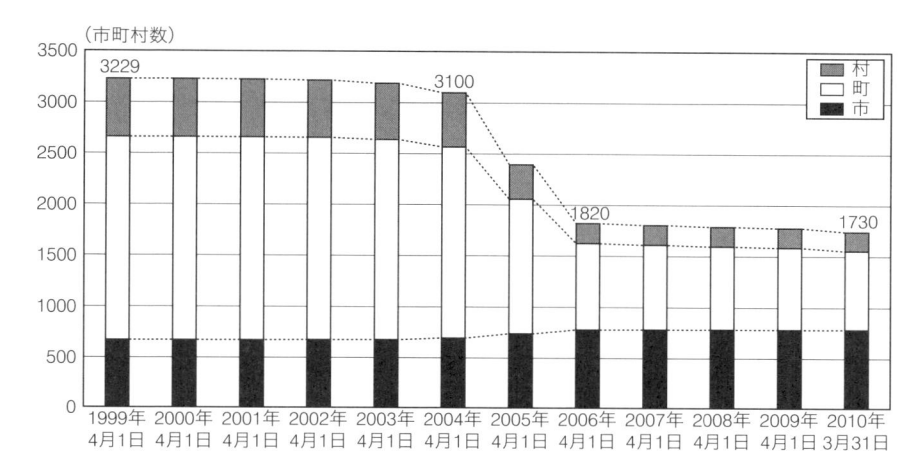

図1　平成の大合併に関わる市町村数の変遷 (出典：総務省資料より作成)

ている。しかし、一方で、問題点として、①自治体の規模が大きくなって住民の声が届きにくくなった、②周辺部が取り残されるのではないか、③地域の伝統・文化の継承・発展が危うくなるという懸念が生じているとした。

また市町村合併の進み具合に地域的な偏りがあったために、①人口1万人未満の小規模自治体が全国で471残されていて、小規模自治体の財政力強化が課題である、②合併の必要を認識しながら、種々の理由で合併できなかった自治体があったり、当初の期待と異なる合併を行い、飛び地などの問題が生じているケースがある、③大都市では合併が進まず、面積の狭い自治体が多いことから、行政サービスにおいて、受益と負担が異なるという問題が存在する、等の課題が残されていると同答申は指摘している。

もともと、平成の大合併は、国の地方交付税制度の破綻を回避するために始まったとされる。戦後期に、長く定着してきた地方交付税制度は、標準的な財政支出（基準財政需要額）と収入（基準財政収入額）の差を地方交付税で埋めて、基準財政需要額に示される行政内容を全国的に保障しようとする、まさに中央集権的発想にもとづく制度であった。一方で、地方交付税の財源は、国税として集める交付税対象税の一定部分と定められているから、それぞれ独立的に決まる交付税財源と交付税必要額との辻褄を合せるという綱渡りを含んだ制度である。しかし、近年では、税収が落ち込んで、地方交付税会計の借入金が

嵩むという危機的状況にあった。

　そして、この危機に対処するために、単に地方交付税の個別対応ではなく、地方分権改革という視点に立って、国から地方への補助金等の削減、地方財政強化のための税源の地方移譲の必要と地方交付税の見直しを含んだ、いわゆる三位一体改革が政治課題となってきた。市町村合併は、これらの問題を直接解決するものではないが、市町村規模を大きくすることによって財政効率化を図れれば、需要と収入の差が縮まって、地方交付税の赤字状態が改善され、三位一体改革を行いやすくするのではないかという国の期待があったのである。

　この10年間の地方交付税の動きをみると、当初減少気味だったものが、途中から臨時的な財政措置が手当てされたので、それを含めると地方交付税相当分は増加に転じている。したがって、地方交付税の危機が改善されたかどうかの実態を把握するには、平成の大合併に関わる税制上の特別措置が効力を失う時点で、過去の状態と比較することが必要である。

　ところで、市町村合併によって、財政力、行政力強化のための基盤が整った自治体が増えたものの、肝心の三位一体改革は進んでいない。市町村合併によって、自治体の行政力が強化されたのであるから、地方分権をさらに進め、補助金に相当する税源を一般財源として地方に移譲し、自治体の力をフルに活用していくことが重要となっている。

2 ── 最適都市規模

　市町合併が行われたのは、平成だけではない。1890年代には7万1000あった市町村が、明治の大合併で1万5000になった。第2次大戦後には、中学校を支持する人口とされた8000人を最小規模とする方針で昭和の大合併が行われ、村の数が1/3程度に減少した。その後も村は減り続け、1999年3月に3232市町村であった後、平成の大合併に至った。市町村合併がこうして繰り返し行われてきたことを知って生じる基本的な疑問は、当然ながら、「基礎自治体の最適規模はどれくらいだろうか？」というものである。

　最適規模は、様々な観点から論じられる。昭和の大合併で用いられた中学校区程度を自治体の最小規模とするというのは実践的な具体例である。理論的には、通勤通学等の日常的な生活圏がひとつの自治体で完結するという考え方が

ありうる。住宅地や居住者をベースに発生する行政需要と、法人関係税、固定資産税、消費税等の収入源となる業務・商業地が同じ自治体に含まれていて、行政サービスにおける受益者負担の原則が満たされることが望ましいのと、住民が生活圏全体に主権者として関われることが住民自治の観点から望ましいというのがその理由である。ただ、大都市圏では、生活圏が広範囲にわたり、1つの市町村でカバーするのはとても不可能なので、むしろ第1層目の自治体、つまり都道府県レベルでこれらの条件を満たそうという考え方もあり得る。

次に、歴史伝統・地理地形等の点から一体感のある範囲が望ましいという観点もある。地域社会の伝統を重視して、地縁的な社会関係や人間関係を可能な限り尊重しようというのである。しかし、しばしば旧態依然という形容詞で表現されるムラ社会の人間関係が、住みにくい環境として若い世代に嫌われ、若年層流出を起こしてきたという否定的な見方もある。それ以上に、仮に濃い人間関係を尊重するとしても、各地域社会が1つの自治体を構成する必要はなく、1つの自治体の中に多数の地域社会が包含されていても構わないという主張もあろう。現に、明治以来の市町村合併の繰り返しで、市町村の規模は拡大してきたのであるから、すでに、ほとんどの市町村で、多数の地域社会がその中に含まれるという状態になっている。

平成の大合併で現実に促進剤になったのが、地方債の優遇策であったように、経済的な観点は、合併を実現するうえで大きな役割を果たす。平成大合併における地方債と地方交付税を使った優遇措置は、政府による強力な合併誘導策であった。誘導策実施の根拠とされたのが、1人当りの歳出が最も少ない市町村規模、つまり最適規模の自治体の実現である。

自治体を運営するには、庁舎、議会、基本的な行政をこなすための職員や経費等いわば固定的な経費がかかるので、人口規模が少なければ人口1人当り歳出額は割高になる。市町村を規模別に分けて1人当り決算額の平均値を比較すると、表1に示すように、1人当り決算額が最も少ないのは中都市あるいは特例市である。これらは人口10～30万人に相当する。それより規模が大きくなると、1人当り歳出は拡大するのであるが、自治体としての機能が異なるようになる（担当する事務が増える）ので比較はできない。もし、政令指定都市まで機能が同じであれば、固定的経費が相対的に減少するために、1人当り歳出額

は人口規模増大に対して逓減的になる可能性がある。

　このことを、1人当り歳出総額を縦軸、自治体人口を横軸にして両対数グラフ（図2）を作成して観察すると、1人当り歳出総額の逓減傾向が止まる人口規模はかなり小さく、2万人程度から横ばいになっているようにも見える。したがって、歳出額が人口に比して割高で、規模の効率性が失われているという指

表1　団体規模別1団体・人口1人当り決算額の状況

区分	2007年度				2006年度		増減	
	1団体当り		人口1人当り		人口1人当り		人口1人当り	
	歳入	歳出	歳入	歳出	歳入	歳出	歳入	歳出
	億円	億円	万円	万円	万円	万円	万円	万円
政令指定都市	6262	6193	44.1	43.6	44.8	44.3	△0.7	△0.7
中核市	1494	1459	34.5	33.7	34.2	33.3	0.3	4.0
特例市	893	872	32.4	31.7	31.5	30.7	0.9	1.0
中都市	528	514	33.5	32.6	33.6	32.5	△1.0	1.0
小都市	212	207	39.7	38.7	39.8	38.7	△1.0	0.0
町村（人口1万人以上）	81	78	39.5	38.1	39.8	38.3	△3.0	△2.0
町村（人口1万人未満）	39	37	73.3	70.9	73.0	70.6	3.0	3.0

注）政令指定都市―人口概ね70万人以上、中核市―30万人以上、特例市―20万人以上、中都市―10万人以上、小都市―10万人未満　(出典：総務省市町村決算資料より作成)

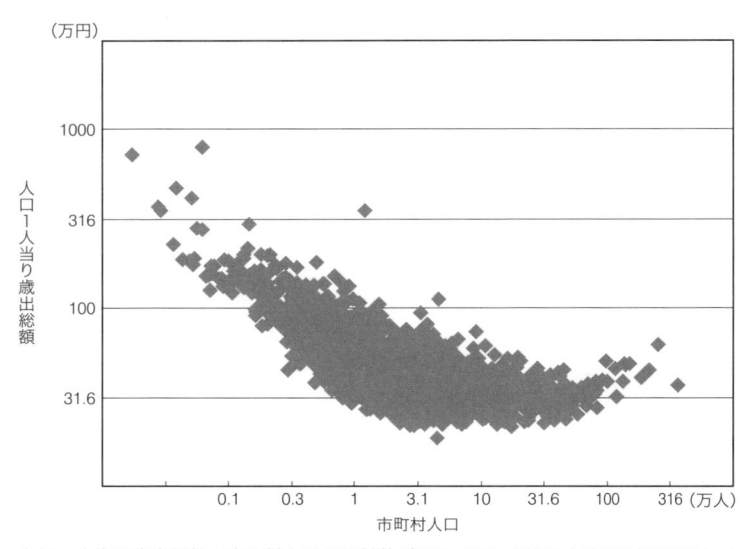

図2　人口1人当り歳出総額と市町村人口の両対数グラフ　(出典：総務省「市町村決算状況調べ」より作成)

摘を明確にし得るのは、町村クラスのかなり小規模な自治体に対してである。

加えて、このグラフから、同一人口規模でも、1人当り歳出総額にはかなりの差異があることがわかる。高齢人口割合と1人当り歳出総額には比例関係があるから、同一人口規模でも、自治体の社会経済特性によって、1人当り歳出総額に差異が出るのは当然のことである。また、自治体の財政健全性の基礎となる税収で考察すると、市町村税は個人市町村民税（個人所得等が課税対象、2009年度見込額は税収の35.5％）、法人市町村民税（法人所得等、9.4％）固定資産税（土地・家屋等、42.9％）、都市計画税（土地・家屋、5.9％）、市町村たばこ税（製造たばこ、3.8％）等からなり、個人所得の地域間格差、企業立地の偏在、大都市―地方都市間の地価の差異を踏まえれば、自治体間の税収基盤には大きな差があることが容易に想像できる。

したがって、1人当り歳出総額等の数値で代表される財政効率性（同じような行政サービスを提供するのにどれほどの支出を要するか）や、歳出を賄う税源がどれ程あるかという財政力は、自治体の置かれた社会経済状況によって大きく異なり、人口規模だけから断定できるのは、"2万人以下程度の小規模自治体では効率が悪い"ということ程度である。

2　広域行政の展開

1 ― 広域市町村圏の終焉

明らかに財政効率性の劣る小規模自治体を数多く残したまま平成の大合併が収束する見通しとなったので、次のステップとして、合併によらずに複数の自治体が連携・協力して事務の共同処理を行う広域行政の再構築が求められることになった。再構築と書いたのは、従来から広域行政の制度は存在し、一定の実績がある制度として、協議会（設置件数、284件）、機関等の共同設置（407件）、事務の委託（5109件）、一部事務組合（1664件）、広域連合（111件）があったからである。このうち、協議会から事務委託までは別法人の設置を必要としない簡便な広域行政であり、後2者は別法人の設置を要するものである。

市町村合併によって、広域行政も影響を受け、例えば、一部事務組合はこの10年間で1000件ほど減少し、協議会や事務委託も減少した。しかし、広域連合

は、市町村合併が急速に進んだ 2004 〜 2006 年には減少したものの、後期高齢者医療制度の発足に伴い広域連合を県内全市町村で設置する例が多いため、最近では大幅な増加傾向にある。

広域行政を促すために設置されてきたのが、広域市町村圏（1969 年発足）で、その後できた大都市周辺地域広域行政圏とあわせて、大都市中心部を除いて、ほぼ全地域で圏域が設定され、事務組合、広域連合、協議会等の組織形態による広域行政が進められてきた。しかし、平成の大合併推進政策に対応して、広域市町村圏が市町村合併の障害とならず、推進役を果たすように趣旨が変更される等の変貌を遂げた結果、2009 年 3 月に広域市町村圏に関する総務省要綱が廃止され、広域市町村圏による広域行政は拠り所を失った。

元来、広域行政と市町村合併は二者択一的な性格を持つ。コミューンと呼ばれる基礎自治体が 3 万 5000 以上も存在するフランスでは（1 コミューンの平均人口 1500 人）、コミューンの合併はごく限定的にしか行われず、自治体の行政力が弱体なのを補うために、種々の広域行政組織が設けられ、直営方式の事務のほかに、共同事務、あるいは外部委託等の様々な事務実施方式が発達している。この結果、個別の事務については広域的に実施され、規模の経済を確保できるようになっている。こうした事務実施方式が存在するので、伝統あるコミューンを守るという議論が勝り、合併が行われないという関係になるのであろう。日本では、広域事務の切り札ともされた広域連合が、長野県のように全県的に活用された例はあったものの、多くの場合、介護保険等新たに生じた事務を共同で行うなど限定された目的にしか利用されなかったために、規模のメリットを求めて市町村合併に向かったといえよう。しかし、現段階で、市町村合併がこれ以上進展する見込みが立ちにくくなったので、再び広域行政に焦点が当たることになった。

2 ― 定住自立圏

広域市町村圏に代わって登場したのが、定住自立圏である。定住自立圏は、地方圏で、人口 4 万人以上、昼夜間人口比率 1 以上の都市（全 243 市）が、中心市宣言を発するところから始まるとされている。中心市は周りの周辺市町村と 1 対 1 で定住自立圏形成協定を結び、どのような分野で連携し、役割分担す

るのかを定めることになる。この関係が中心といくつもの周辺市町村との間で積み重ねられて、定住自立圏の輪郭が定まるとしている。ひとつの周辺市町村がテーマを変えて複数の中心市と協定を結ぶことも想定されているから、圏域はテーマごとに異なることはもとより、中心市との関係も複雑なものとなり、複合的圏域が生まれる可能性がある。

　したがって、従来の、広域市町村圏やそれにもとづく広域行政と比べると、①中心市の自発的宣言から始まるので、都道府県の区域を漏らさず、重複なく設定したのとは大きく異なり、任意に圏域が決まる、②都道府県を越えて設定されることもあり得る、③様々な圏域を複合して設定できる、という違いがあり、自治体間の協定は地方自治法にもとづいて議会の議決を経て行われる。また、協定が締結され、圏域が設定されたら、中心市は定住自立圏共生ビジョンを作成して、定住自立圏の将来像を示し、どのような役割分担を行うかを示す。ビジョン作成のための協議には、協定を締結した市町村や定住自立圏で行おうとする政策の関係者も参加するとしている。しかし、ビジョンを作成する主体は中心市とされ、そのリーダーシップが期待される。

　定住自立圏に向けた検討は、2008年初から始まり、2008年末に総務省から要綱が通知され、同時に広域市町村圏の要綱が廃止された。これを受けて、すでに42中心市、40圏域が中心市宣言を行い、13圏域で協定が締結された（2010年2月現在）。そのひとつである飯田市は、2009年3月に中心市宣言を行い、同年7月に周辺13町村と定住自立圏形成協定を締結、同年12月に定住自立圏共生ビジョンを策定した。協定の内容は、生活機能強化に関わる政策分野として、医療(救急医療体制、産科医療体制の確保)、福祉(圏域保健計画の策定)、産業機能(地場産業センターの運営、鳥獣害防止総合対策)、環境(環境モデル都市の取り組みの普及拡大)があげられている。結びつきやネットワークの強化に係る政策分野として、地域公共交通（バス路線の確保）及びICTインフラの整備（地域情報共有システムの構築）、圏域内外の住民との交流及び移住の促進（にぎわい拠点の整備）、さらに、圏域マネジメント能力の強化に係る政策分野として、人材育成（環境、法務、財務会計、税務の専門研修、その他政策研修）が盛り込まれた。制度上、飯田市と各町村が個別に協定を結ぶため、協定内容はそれぞれ異なるものとなっている。このように、定住自立圏では、中心市の

リーダーシップが強調されるが、協定の相手方となる市町村も、締結後に議会の議決を経て協定を廃止することが可能である。

当初、定住自立圏に対する財政措置は明確でなかったが、2009年度については、第2次補正予算の「地域活性化・生活対策臨時交付金」配分額を、中心市には通常の4割増にするというメリットが与えられた。しかし、本来定住自立圏による事業協力は、それによって経費削減になるというメリットを協定締結自治体の双方が感じて成立するもので、いわばそれ自体の中にメリットが組み込まれた制度である。もし、そうではなく協定がコスト増につながるのであれば長続きしない。したがって、特に、国による財政的な特別措置がなくても、定住自治圏が普及していくことになるのかどうかが問われることになろう。

3　地方分権と広域行政

日本は、二層制の地方自治体制をとっているので、国と都道府県の間、都道府県と市町村の間のガバナンスはいかにあるべきかが問われる局面が生ずる。

1章で述べた広域地方計画（国土形成計画）は、前者の例であり、本節の定住自立圏は後者の例である。考えてみれば、自治体が行う事務の適正な規模は多様なので、制度化された自治体が必ずしも最適な規模とならずに、その仕事を行うのに新たな枠組みが必要になるのは当然のこととも言える。新たな枠組みとしてまず考えられるのは、首長と議員を公選で選び、徴税権を持って予算を立てることができる自治体の種類を増やすことである。市町村合併で自治体の数を大幅に減らしたばかりの日本人の感覚からは非現実的と思えそうだが、先に見たフランスの例に加えて、アメリカにも興味深い事例がある。アメリカでは、郡、市区町村等のように地域の自治的行政全般に責任を持つ一般政府（約3万6000）に加えて、特定の目的を果たすために設けられ、公選の代表と財源としての徴税権を持ち、地方政府と呼ばれる学区政府や特別目的政府があり、合わせて8万4000ほどに達するという。こうした例を知れば、工夫の仕方によって、目的に応じた意思決定と負担のシステムを持つ自治組織を設けることは可能と思えてくる。つまり、総合的な行政を行う自治体を道州とするのか都道府県とするのか、あるいは市町村合併か旧来の市町村かというように、少ない

選択肢から選ぶのではなく、柔軟に政府を作って、負担と同時に意思決定に参加するという自治のシステムを広げることも不可能ではない。日本でも、例えば、広域連合は柔軟性があり、特定の目的で広域連合を組織し、議員や代表を選挙で選ぶことも可能である。柔軟ではあるが、権利と義務が明確になった自治のシステムをもっと多様に発展させることを考えるべきではないかと思う。

政府を作ることまではしなくても、政策ごとに意思表示をして住民自治的に仕事を進めるという方法もある。住民投票が好例である。すでに日本でも、そのつど条例を作らなくても、首長の発議で住民投票を行える市民参加条例を作った例（兵庫県宝塚市、東京都西東京市等）、市民の請求によって住民投票が実施できる条例を作った例（愛知県高浜市、埼玉県富士見市等）等、常設型住民投票条例が増えている。これを、単に制度として温存しておくのではなく、広域行政における意思決定の節目で活用するようにすれば、市民の支持にもとづいた広域行政が可能になる。

新たな意思決定の枠組みが求められるのは広域行政だけではない。市町村合併で自治体の規模が大きくなることによって希薄になると懸念されている地域社会の繋がりを維持するために、地域自治区が置かれるケースがある（自治体内を区割りして地域自治区を置いたり、合併に際して旧市町村に地域自治区を置き、首長のコントロール下で一定の自治的行政権限を行使する自治体内分権）。こうした制度に、自治体組織代表の公選制を盛り込み、地域社会を支える公共交通の維持、地域医療の維持等を図る事業を行うなどの身近な自治の仕組みを発展させることも重要である。平成の大合併の10年の経験を、多様な自治政府を作って、柔軟に公共的な仕事を行っていくことにつなげることが問われているのではないか。

参考文献
・竹下譲監修・著（2002）『世界の地方自治制度』（イマジン出版）
・財団法人自治体国際化協会（2004）『フランス都市計画―その制度と現状』
・財団法人自治体国際化協会（2008）『フランスにおける基礎自治体の運営実態調査－人口2000人未満の「コミューン」における行政運営の実態』
・総務事務次官通知（2008）「定住自立圏設定要綱」
・山崎重孝（2009）「定住自立圏構想の推進について」（『地域開発』537号、pp.44-51）

5-3 県境を越えた地域の結びつき

戸田 敏行

1 県境を越えた地域連携の状況

1 ― 地域連携の広がり

　我が国の地域政策は、国・県・市町村の三層構造となっており、県の縁辺地域同士を結んだ県境地域づくりは、地域政策の谷間となりやすい。県境で県政策は異なり、場合によってはその上に国の支分局の境界が重なることもある。しかし、空間が繋がることは、県境を越えて広域的な地域づくりを進めようという活動を生み出す。県境地域づくりは、これまで地域政策の端に置かれてきたもの同士が連携することによって、新たな地域形成を求める動きといえる。

　本節では、全国の県境地域連携について概観し、筆者自身がプランナーとして関与してきた愛知・静岡・長野県境である三遠南信地域を事例として、地域連携の状況と、県境地域を対象とした地域計画策定について紹介する。

　まず、全国の県境地域について、地域連携組織の存在から確認してみる。2008年に各県庁に調査した結果では、98県境地域に115の地域連携組織が存在しており、全国的な広がりを持っている。連携組織の主体は市町村が8割であり、県境に最も制約を受ける基礎自治体が多い。しかし、単に市町村から県への抵抗というのではなく、過半数の県境地域では、県自体や経済団体、住民団体、大学などが連携組織に参画しており、諸機関が協力した地域づくりの様相を示している。

　これらの組織は、1985年頃から増加している。同時期に、第四次全国総合開発計画の「交流ネットワーク構想」や、第五次全国総合開発計画（21世紀の国土のグランドデザイン）の「地域連携軸」といった地域連携政策が打ち出されており、市町村等が県の枠を越えた連携を取る背景に、国土計画からの位置づ

けが有効に機能したことが推測される。

2 ― 連携活動の内容

　連携組織の活動内容は、現在のところ、基盤整備、観光、防災・医療の分野が主である。基盤整備では、県境部分の道路整備が遅れ、緊急自動車が通行できないなどの状況が生じるために、県境を越える中山間部道路に関する取り組みが多い。また、鉄道があっても、電車が乗り入れられない例もある。福井・滋賀県境の福滋地域では、JRの電流が直流と交流で異なる。そこで、関西からの快速電車を福井県側へ乗り入れるために、交流から直流へ電流を変更する運動を進め、その目的を達成している。

　観光面の活動も顕著であり、鳥取・島根県境で大山・中海の観光連携を図る市民団体活動などがある。また、県別各市の特徴的な麺類を結び併せて「麺の里」を進めている栃木・群馬県境の両毛地域など食文化で県境を結ぶ例も多い。

　地域の安全を考えるうえで県境を越える必要性の高いものとして、防災・医療分野がある。秋田・岩手県境地域など複数の県境地域では、災害時の相互援助協定が結ばれており、福岡・大分県境である豊前地域では、市民団体が中心となってミニFMラジオ局から災害情報を、県境を越えて提供する体制を構築している。医療分野の活動も重視されており、青森・岩手県境の南部地域などで、県境を越えるドクターヘリの設置が進められている。

3 ― 県境地域政策の必要性

　県境を越える連携組織の活動は、現在のところ、地域づくりとしては萌芽的であるが、今後の進展を考えるうえで、県境地域政策の必要性を確認したい。

　まず、資源の有効利用である。県境を越えては地域資源の有効利用が図りにくい。特に行政資源については、たとえば港湾のように隣接県との競合関係にあって、合理的な利用が図れないことがある。また、市民生活においても県境が教育面、医療面等の壁となる。テレビ・新聞などの情報が県境を越えて流動しないことも多く、地域資源の有効活用が図れないことが散見される。

　次に、地域維持である。特に、人口が減少する中山間地の多くの集落が県境に近接していることから、県境を越えることで新たな地域維持政策を見出すこ

とが期待される。国土形成計画の全国計画においても、第三部「広域地方計画の策定・推進」(P.130)に、「維持・存続が危ぶまれる……集落は県境地域に多く存在することから、この面においても、県境をまたぐ広域での取組の工夫が求められる」と記されている。

第3に、既存連携組織にみたように、市町村主体の地域づくりである。複数県を単位とする広域ブロック化が進展する中で道州制が想定されるが、どのような道州ができるにしても、住民生活に直結するのは市町村である。県境地域は、県に対して市町村の繋がりを優先した地域の捉え方であり、市町村から始まる広域地域形成となる点が重要であろう。

2　三遠南信地域の地域連携

1 ― 県境を越える地域連携の背景

次に、三遠南信地域を対象として、県境を越える地域連携を辿ってみたい。三遠南信地域は、愛知県東三河地域の「三」、静岡県遠州地域の「遠」、長野県南信州地域の「南信」の名称をとった県境地域である（図1）。拠点市は、東三河地域の豊橋市、遠州地域の浜松市、南信州地域の飯田市であり、全人口は約230万人、面積は約6000km^{2}と、いずれも中位の県レベルの規模にある。

全国の事例では、県境を越えて旧藩の繋がりを復活させようとするなど、連

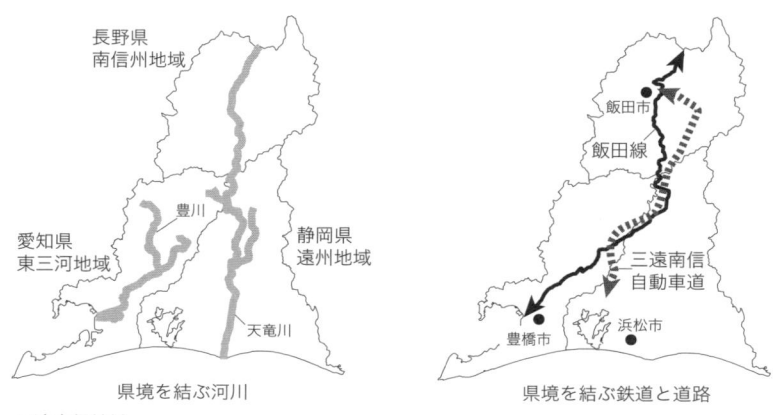

図1　三遠南信地域

携の背景に歴史性を重視するものが多い。三遠南信地域も天竜川・豊川の流域圏として、川を遡る南北の物流・人流を歴史的に持ってきた。その代表的なものが、海の塩を山間部に運び上げたことであり、それ故にこの流域は「塩の道」で結ばれた地域といわれる。また、物流と同様に人の動きは、文化の共通性を生み、中山間地域に民俗芸能を定着させた。

流域の南北軸は、明治以降の鉄道時代に入って、東海道線、中央本線という東西方向の鉄道によって弱体化するが、これに対して地元資本による南北方向の鉄道設置運動が起こり、1943年の国有化を経て、現在の飯田線となっている。また、現代は自動車の時代であり、新しい南北軸が豊橋・浜松と飯田を結ぶ三遠南信自動車道として推進されている。県レベルの広がりを持つ県境地域は、住民からみてなかなか認識しにくいものであるが、「塩の道」に代表される南北軸の歴史認識が、県境を越える地域連携理解に繋がってきたといえる。

いまひとつ、地域連携の共通意識を形成してきたものに、県中央部に対抗する政策的主張がある。県の縁辺部に位置することは、県中央部に比べて政策上の不利益を被りやすい。特に、浜松市を中心とする遠州地域は県庁所在地静岡市に比べて、経済集積に勝った地域であるが、公共投資等の後まわし感があった。愛知県における東三河地域、長野県における南信州地域にも同様の意識があり、県境を越えた地域連携を進めることで、決して県の端に終わるのではなく、県レベルの集積を持った地域として、政策的主張を行うことができるわけである。

2 ─ 地域連携の経緯

三遠南信地域では、県境を越えようとする様々な地域構想が提案され、そこから県境を越える連携組織が生み出されてきた。表1は、主要提案と地域連携組織をまとめたものであるが、全体を五期に区分して捉えてみる。

第1期は、国土総合開発法の特定地域総合開発計画として策定された、「天竜・東三河特定地域総合開発計画（1952年）」であり、三遠南信地域を一体的に捉えた最初の計画である。佐久間ダム、豊川用水などの実現に至ったが、国の事業計画であり、県境を越える地域連携のための組織化はなされなかった。

第2期では、県境を越えて空間が隣接した地域への提案が現れている。愛

表1 三遠南信地域の主要提案と連携組織

区分	地域提案・調査	提案主体	地域連携組織
I	天竜・東三河特定地域総合開発計画（1952年）	行　政（　国　）	
II	豊橋・浜松二眼レフ経済圏（1963年）	大　学	・県境三圏域交流懇談会発足（1976～2005年） ・県境域開発協議会（1977年）
	天竜・奥三河地域総合調査（1976年）	行　政（　県　）	
	上流域山村の研究（1977年）	市民団体	
III	三遠南信トライアングル構想（1985年）	経済団体	・三遠南信自動車道建設促進期成同盟会の設立（1984年） ・三遠南信正副議長協議会の発足（1989年） ・三遠南信地域商工会交流懇談会の発足（1990年） ・三遠南信地域経済開発懇談会の発足（1991年）
	山岳ハイテクタウン構想（1988年）	市民団体	
	三遠南信地域整備計画調査（1993年）	行　政（　国　）	
IV	三遠広域200万都市圏構想（1993年）	経済団体	・第1回三遠南信サミットの開催（1994年） ・三遠南信地域整備連絡会議の発足（1994年） ・三遠南信地域交流ネットワーク会議の設立（1996年） ・第1回三遠南信教育サミットの開催（1996年） ・三遠南信地域経済開発協議会の設立（1997年） ・第13回三遠南信サミットにおいて「地域住民セッション」始まる（2005年）
	三遠南信新首都構想（1995年）	経済団体	
	浜松・豊橋広域都市連携調査（1996年）	行　政（市町村）	
	三遠南信地域交流ネットワーク推進計画（1997年）	行　政（市町村）	
	三遠南信県境地域振興計画策定調査（2001年）	行　政（　国　）	
V	三遠南信地域連携ビジョン（2008年）	行　政（市町村）経済団体	・三遠南信地域連携ビジョン推進会議（2009年）

知・静岡県境で浜名湖を中心とした「豊橋・浜松二眼レフ経済圏（1963年）」や、県境中山間部を対象とした「天竜・奥三河地域総合調査（1976年）」である。特に、地域維持を図らねばならない中山間部では、愛知・長野県境の5町村による「県境域開発協議会（1977年）」等が設置され、消防・防災、医療などの連携が進められた。

　第3期は、中部経済連合会が提言した「三遠南信トライアングル構想（1985年）」から始まり、国土庁等による「三遠南信地域整備計画調査（1993年）」に至る期間である。三遠南信自動車道を中核事業として、三遠南信地域の一体化が構想される。この期間には、愛知県側の豊橋市、静岡県側の浜松市、長野県側の飯田市の3拠点市間の連携が盛んになり、3拠点市の「三遠南信正副議長

協議会（1989年）」、3拠点市の商工会議所の組織である「三遠南信地域経済開発懇談会（1991年）」等が組織された。

　第4期は、三遠南信自動車道とは独立した地域提案の拡大期である。特に、県境を挟んで、東三河地域、南信州地域、遠州地域が各々「地方拠点都市地域」の指定を受けることで、県別広域地域の相互連携が可能となった。県境を越える連携組織としては、行政首長、経済団体のトップが集まる三遠南信サミット（以下、サミット）が、1994年より始まる。これに呼応して、三遠南信地域全市町村の組織である「三遠南信地域交流ネットワーク会議（1996年）」、全商工会議所、商工会の組織である「三遠南信地域経済開発協議会（1997年）」等が相次いで設立される。さらに、第13回サミット（2005年）からは「地域住民セッション」が併設されるようになり、官・産・住民が一堂に会する場が形成された。

　これらの地域提案・地域連携組織の展開をみると、連携の必要性が高い中山間部等の県境に接した地域から、広域戦略を取りやすい拠点市連携、そして三遠南信地域全体へと段階的に拡大している。こうした経緯を経て、後述する総合的な地域計画である「三遠南信地域連携ビジョン（2008年）」に至るのが、第5期である。

3 ― 連携活動の展開

　この間の個別の連携活動に着目すると、行政以外の活動が増加している。第4期に当たる1995～2003年までの県境を越える地域連携活動数を調査したところ116種類の活動があったが、市民団体活動の伸びが大きく、県境を越える連携活動を担っている。連携のパターンを調べてみると、行政の場合は既存の県別組織が、県境を越えて提携したものに止まりやすいが、市民団体は県境を越えて新たな組織をつくる傾向にあった。NPO法人も幾つか誕生しており、一例として「三遠南信アミ」は情報誌を手段に、交流ツアーなどを開催し、各市民団体活動をつなぎ合わせる機能を果たしている。中山間地では、市町村合併を契機として旧町をNPO法人で維持・活性化しようとする旧佐久間町の「がんばらまいか佐久間」のような活動が始まっており、中山間地のNPOと都市部市民団体の繋がりを深めることが、今後重要となろう。

また、こうした県境を越えた地域連携に、地域の大学も役割を果たしつつある。現在のところ、愛知県側の大学が主であるが、工科系の豊橋技術科学大学は、「県境を跨ぐエコ地域づくり戦略プラン」の名称の元、総合的な研究を文科系の愛知大学と協同で進めている。また、愛知大学は2004年に「三遠南信地域連携センター」を設立し、三遠南信地域を対象とした諸講座や、学生の地域活動を行っている。

　一方、経済団体においても、県別で実施していた新事業開発を、県境を越えて連携しようというプロジェクトも生まれている。経済分野は、県境で対抗が現れやすいものであるが、全国的な集積をもつ農業や工業を核に、農商工連携などの新事業が進みつつある。

3　県境地域を対象とした地域計画の策定

1 ― 計画策定の背景

　多様な地域提案や連携活動が拡大する中で、個別の事業実施には限界があり、これらを結びつけることができる総合的な地域計画の必要性が感じられてきた。そして、計画策定への具体的な背景となったのが、市町村合併による個別市町村の拡大、道州制議論の進展である。

　まず、平成の市町村合併であるが、三遠南信地域内に65あった市町村が32に減少する。最も特徴的な変化は浜松市であり、愛知・長野県境に接する政令市が誕生する。政令市として県レベルの機能を持ち県境に接する市の誕生は、市町村の広域連携は県境を越えるという意識を、三遠南信地域内に定着させた。

　次に、道州制である。第28次地方制度調査会答申（2006年）の区割り案では、いずれの案も長野県が別の道州に区分されていた。県境の障害を日常的に感じている県境地域にとって、県以上に高い壁である道州の境となることは、大きな課題である。特に、東海地域との繋がりが強い南信州地域では、県を割っても三遠南信の繋がりを選択するという意識が高まった。そこで、第14回三遠南信サミットでは、市町村からの道州選択として、「三遠南信地域は1つの道州となる」という決議がなされている。

　また、これらと同時期に、国土形成計画の広域地方計画が始まる。たとえ県

境地域の総合計画を作っても、どのように機能するのかが課題である。市町村の内部指針に止めないためには、国・県の計画的な受け皿が必要であった。広域地方計画は、県を越える範囲を一体として提示できる初めての計画であり、県境地域の地域計画立案を促進する有効な場と理解された。

2 ― 計画策定体制

統一した政策主体を持たない県境地域では、地域計画の合意の場の設定が重要となる。1994年に始まった「三遠南信サミット」は、年1回の交流イベントで決定機能は整備されていないが、全ての市町村長、全ての経済団体長、代表的な市民団体が参加しており、交流の場から合意の場に変わりうるものであった。そこで、サミットに検討委員会を設置し計画策定を進める体制となった。

検討委員会のメンバーは、市町村6名、経済団体6名、市民団体7名、学識者4名である。複数県に及ぶ計画である以上、県、国機関との調整は不可避であるが、市町村の主体性を確保するために、国・県は計画アイディアを導入するためのオブザーバーとなった。三遠南信地域は、国の支分局の管轄も分かれるものが多く、国土交通省、経済産業省、農林水産省等の国機関17名、および愛知・静岡・長野県の6名である。「三遠南信地域連携ビジョン（以下、ビジョン）」は、こうした体制のもとに三遠南信地域の市町村、経済団体、市民団体が合意した地域計画として、2008年に策定された。

ビジョンの狙いとされたのが、県境地域が共有できる地域像、分散している連携事業提案の体系化、県境を越えて計画を推進する体制の3点であり、以下に概要をまとめる。

3 ― ビジョンのめざすべき地域像

めざすべき地域像として委員会で最初に取り上げられたのが、県境地域が一体となってどのような機能を、対外的に持つかということである。これまで、三遠南信地域内の連携が注目されてきたが、全地域を1つと考えることで、対外的な視点が形成された。具体的には、中部圏の中で名古屋都市圏とは異なった都市圏を主張する点、三遠南信地域に太平洋側と日本海側を結ぶ機能を持たせようとする点である。

次に地域内の方向性である。結論としては、計画全体のキャッチフレーズとなった「250万流域都市圏の創造」として「流域圏」が強く打ち出された。しかしながら当初の委員会では、「流域」を除いた案で一度決定されており、中山間地を重視した市民団体、中山間部自治体等の再発議の結果、「流域」に意見が集約した。また、豊橋・浜松など下流都市部住民2万人を対象とした調査においても、「中山間地への対策を都市部より優先して実施すべき」という回答が6割に達し、政策的に上下流を一体化できる可能性を示したといえる。

4 ― ビジョンの事業提案

事業提案は、「中部圏の中核となる地域基盤」「持続発展的な産業集積」、観光面として「塩の道エコミュージアム」そして「中山間地域を活かす流域モデル」、「広域連携による安全・安心」の5つの方針にまとめられる。

特徴的な事業として、地域基盤面では、従来からの道路整備や港湾の連携以外に、県境で切れているテレビ・新聞のマスメディア連携を挙げている。また、産業集積面では、県境を越えて地域企業を結び合わせることのできる地域金融機関や、研究開発拠点としての大学の連携に着目しており、計画策定後に県境を越える8信用金庫の「信金サミット」が設立されている。観光面では、塩の道に沿った民俗芸能など歴史・自然観光を促進するために、実際に活動が想定される市民団体の活動を盛り込むことに重点が置かれている。

次に、流域連携面では、河川の土砂循環など流域圏の環境維持や、豊橋市・浜松市を中心に下流部の人口集積が高いことから、上下流の自治体が連携した中山間地への2地域居住等の実現を図ろうとしている。最後に、広域連携による安全・安心では、公共施設の広域利用や、県境を越えて集積が高い日系人コミュニティに対する教育環境整備など、多文化共生基盤の形成を挙げている。

5 ― ビジョンの推進体制

県境を越えた地域計画を実現に結びつけるのが推進体制であり、計画の着手当初より、この計画に特化した専任推進体制を確立することが、当面の最重要点と見なされた。従来、活動ごとに分散、また持ち回りとなっていた連携組織事務局を固定化することで、諸活動の集約化を狙ったものである。計画では

「三遠南信地域連携ビジョン推進会議（以下、推進会議）」を設置することを決め、計画策定後の 2009 年 4 月に、豊橋市・飯田市職員の出向を含めた推進会議事務局が浜松市に設置された。

　推進会議の役割としては、「重点プロジェクトの推進」「重点プロジェクトの評価・見直し」「道州制等の国の動きに対する働きかけ」「NPO 法人や企業等が取り組む連携活動に対する支援」「新・連携組織の検討」の 5 点とされている。特に、2012 年度には、県境地域の恒常的なガバナンスを確保しうる「新・連携組織」へ、推進会議が移行することとしている。

4　県境を越えた地域形成の展望

　県境を越えた地域形成は、市町村を主体として、県や国の枠組みを越えようとする地域づくりである。独自の地域計画を持った三遠南信地域は、その一歩を踏み出したといえよう。まとめとして、県境地域の地域形成を進めるうえでの課題を 3 点あげたい。

　まず、推進会議の課題ともなっているが、県境地域のガバナンス確保である。三遠南信地域では、南信州地域が広域連合の経験を持つことから、県境を越える広域連合設置も提案されている。広域連合は県境を越える政策主体を創出し、国・県の権限移譲も図れることから検討課題と考えられる。一方、関西広域連合の取り組みが進みつつあるが、その基本方針では、従来の広域連合と異なって、事業ごとの部分参加、構成団体に準ずるような団体の参加など柔軟な対応が検討されている。地域連携事業を積み重ねつつある県境地域にとって、行政のみならず、経済団体、市民団体、大学等の既存連携組織や活動を、柔軟に生かしうる広域行政制度の創設が必要である。

　次に、広域地方計画など広域ブロック計画との連動である。今後の地域政策において、市町村主体の地域形成と、複数県の力を集約化する広域ブロック計画は、不可分な戦略であり、県境地域計画はこれらを結びつける位置にある。しかしながら、広域地方計画の場合、策定に関与する協議会メンバーは基本的に県、政令市に限られ、必ずしも県境地域との連動を保証するものではない。2008 年秋に全国の県庁へ調査をした結果においても 48 県境地域が広域地方計

画との連動を進めていたが、県境地域からの意見収集を進めている県は3割程度にすぎないものであった。そこで、広域地方計画の推進に当たっても、県境地域計画との連動手法を整備する必要があろう。すでに地域連携実績を有している県境地域を戦略的に一体化し、県と県の境界地域から広域連携を作ることが広域ブロック計画の推進となるという、国土政策の立て方が有効と思える。

　最後に、県境地域相互の連携である。冒頭にみたように、全国に多くの県境地域連携組織が存在しており、個別の取り組みを進めつつある。これらの地域相互での情報交換を行い、県境地域に適合した広域行政制度や広域ブロック計画との連動戦略を共有することが、県境地域政策を推進するうえで重要なことと考えられる。

参考文献
・NHK地域開発プロジェクト・東三河地域研究センター編（1989）『県境を越えた開発』（日本放送出版協会）
・戸田敏行、大貝彰（2006）「愛知・静岡・長野県境地域における地域連携活動の実態分析」（『日本建築学会計画系論文集』No.602）
・戸田敏行・高橋大輔（2007）『県境地域づくりの試み』（あるむ）
・三遠南信地域交流ネットワーク会議・三遠南信地域経済協議会（2008）『三遠南信地域連携ビジョン』
・高橋大輔（2009）『広域地方計画に誘発される地域ガバナンスの研究』（平成20年度国土政策関係研究支援事業　研究報告書）
・高橋大輔・戸田敏行（2009）『県境地域における地域計画の策定プロセスと評価に関する研究』（『日本都市計画学会都市計画論文集』No.44-3）

5-4 広域計画と地域ツーリズムの振興

福島 茂

　近年、地域活性化のうえで観光や地域ツーリズムに対する期待が高まりつつある。その背景には地域における社会経済の停滞がある。少子高齢化や人口減少のもとでは、定住人口の増加によって地域の活性化を図ることは難しく、交流人口の拡大という視点が着目されるようになった。また、地域ツーリズムは持続可能な地域づくりのアプローチとして注目されている。国も観光立国を掲げ、地域ツーリズムの振興は幅広く展開されはじめた。本節では地域ツーリズムと持続可能な広域計画のかかわりについて論じ、地域ツーリズムの振興が広域計画にどのような影響を与えようとしているかを概観したい。

1　観光振興における広域概念の必要性

　観光振興において、広域的に発想することは大切である。観光客は都道府県・市町村という行政区域を意識しない。観光客は自らの目的に応じて、観光範囲を自由に発想する。一般に、近場の旅行であれば観光範囲は狭く、遠距離の旅行であれば観光範囲は広くなる。移動手段によっても、観光範囲は異なってこよう。自動車による旅行であれば、沿線・周遊観光も可能であるが、新幹線や飛行機であれば、目的地での観光が中心となる。近年、発展著しい東アジア諸国からインバウンド観光を誘致しようとする動きが活発化している。こうした観光客の観光範囲は都道府県を越えて地方ブロックにまたがる。欧米などの遠方からの旅行者では日本全体あるいは周辺国にまたがることも少なくない。旅行業者も同様に行政区域は意識しない。それは、観光客のニーズの反映であり、旅行商品を効率よく販売できる地域単位を考えるためでもある。

　各市町村は産業振興の観点から、わがまちの観光振興を発想しがちであるが、

それでは観光客にも旅行業者にも相手にされない。地域振興としての観光計画を考える場合、広域計画を戦略的に立案する必然性がここにある。広域的な位置付けが明確になってはじめて、「わがまちの観光振興計画」を策定できる。観光地として定着している地域的なまとまりや、旅行客がイメージしやすい地域的なまとまりをもとに、観光資源の分布や周辺地域との連携条件を踏まえて広域観光計画を立案することが重要となろう。また、インバウンド観光を含めた広域観光の振興においては、日本全体、地方ブロック、観光地域（国立公園・国定公園区域や街道筋など）、特定観光地区（城下町・門前町・温泉・農場など）などの空間的なカスケードを射程に収めた、重層的な観光計画の実現が求められている。

2 持続可能な地域づくりと地域ツーリズム

観光ニーズが多様化・成熟化するなか、従来からの発地型観光だけでなく、地域の魅力・文化を活かした地域ツーリズム（着地型観光）が注目されている。地域ツーリズムの振興は持続可能な地域づくりのアプローチの1つとして位置づけることができる（佐々木、2008）。持続可能な地域づくりは、環境、社会・文化、経済の好循環を生み出し、調和のとれた地域発展を促すものである。持続可能な地域づくりと地域ツーリズムの振興とは親和性が高い。まず、この点をさらに掘り下げてみたい。

第1は、地域ツーリズムの地域社会の活性化効果である。地域ツーリズムでは地域の自治体・民間企業・市民などが主体的に地域の魅力・文化を掘り起こし、磨き、発展させることが求められる。その過程や成果は住民に地域の誇りを醸成させ、地域アイデンティティを回復する機会にもなる。魅力ある地域づくりは地域人口の定着を促し、新たにU・Iターンによる移住を促進するものとしても期待されている。観光立国・観光ルネサンスのキーワード「住んでよし、訪れてよしの国づくり」は、まさにこの点を表している。

第2は、地域ツーリズムを含む観光の経済効果である。観光の地域経済への波及効果は少なくない。観光は、旅行業や宿泊業だけでなく、飲食業やお土産産業、運輸交通関連など他産業との産業連関が広い。地域の食材活用を通じて

農林水産業との結びつきもある。2007年における2次的な経済波及効果を含む観光業の生産効果は、国内生産額の5.6%にあたる53.1兆円、雇用効果は総雇用の6.9%にあたる441万人と推計されている（観光庁）。ただし、地域ツーリズムは、大量の観光客を効率的に受け入れるものではなく、経済効果はその分限定的である。地域経済振興という観点からは、滞在型観光を促進するプログラムを用意し、宿泊・飲食・買い物などの観光消費に結び付けていくことが求められる。

第3は、環境・文化の保全とその優しい活用である。地域ツーリズムの根幹となる魅力は地域の自然や風土・文化環境である。優れた自然環境や景観はそれ自体が重要な観光資源となる。素朴な里山・里海の風景は、地域ツーリズムの重要な舞台でもある。地域ツーリズムは滞在・交流・体験学習を活動の中心とし、そのプログラム化は地域が主体的に取り組むものである。こうした内発的な開発は、外発的な大規模観光開発に比べて環境リスクも小さい。

第4は、財政リスクの少なさである。地域ツーリズムは必ずしも大型施設整備に依存しない。このことは、財政リスクの相対的な少なさを意味している。地域主体の観光開発であっても、夕張市の財政破綻が示すように施設開発依存型の財政負担は大きい。観光地間の競争も厳しくなるなかで、財政リスクを考慮することは、持続可能な地域づくりにおいても重要な視点となる。

3 地域ツーリズムと広域計画

地域ツーリズムは滞在・交流を通じて地域の風土・文化を楽しむことが基本となる。その振興地域の設定においては、既存の行政区域にとらわれず、共通する自然・歴史・文化を背景に、観光客がイメージしやすい地域範囲を選ぶことになる。広域的な拡がりをもつことで多彩な観光資源を取り込め、回遊ルートやプログラムの多様化を図ることが可能になる。こうした多様性・選択性は滞在観光を動機付け、リピーターの獲得、観光の通年化にもつながることが期待される。

地域ツーリズムに対応した広域計画は、上位では地域ブランドづくりから始まり、交流・体験・学習を含む観光・ツーリズム機能の強化、風景づくり・街

並み整備、観光交通の拡充、情報発信の一元化など、幅広い領域が対象となる。したがって、関係する自治体はもとより、観光業、運輸業、農林水産業、まちづくり・環境グループなど、幅広い連携が必要となる。広域協議会などの組織化や地域観光を総合的にプロデュースする人材も求められる。

　ただし、現実を直視すれば、関係自治体や団体の観光振興に対する姿勢や成熟度はそれぞれに多様であり、完全統合型の運営は容易でない。ビジネスとしての取り組みもあれば、ボランティアとしての取り組みもある。また、観光プログラムのように観光客の消費動向を踏まえて日々改善していくものもあれば、風景づくりのように長い時間をかけて発展させるものもある。関係機関が地域ツーリズムのビジョンを共有し、短期・中期・長期の計画を連携して推進していく必要がある。機能と空間の双方から、統合すべきものと重層化や緩やかな連携で対応できるものを分けつつ、広域計画を企画する必要があろう。観光地域としてのブランド形成、観光情報の一元的提供、観光交通ネットワークの運営などは、統合的に取り組むべき課題である。各地区で取り組まれる観光イベントや体験・学習・交流プログラムは、統合されなくてもゆるやかに連携しつつ、観光地域としてのビジョンやストーリーのなかで位置付けて情報発信することからはじめればよい。

　広域計画から見た場合、地域ツーリズムの振興が広域的な空間・環境管理の新しい求心力に成り得ることを指摘しておきたい。複数の自治体による統一的な環境管理の条例化や景観法の適用は、通常の広域自治の枠組みでは発想されることはあまりない。地域振興という共通利益と地域ツーリズム振興のプロセスのなかで生まれる地域環境・文化への共通価値観が新しい広域計画を牽引していく。こうした動きも全国各地で徐々にみられはじめた。

4　近年における広域的な観光地づくりの取り組み

　近年、政府も自治体の枠をこえた地域ツーリズムや観光地域づくりを積極的に支援しはじめた。2003年と2004年に実施された国土交通省の観光交流空間づくりモデル事業（その後、観光ルネサンス事業・観光地域づくり実践プランに移行）では、複数の市町村を含む幅広い関係者からなる広域協議会を組織さ

せ、観光を軸とした良好な地域づくりと観光交流の拡大をめざした。2008年には「観光圏の整備による観光客の来訪及び滞在の促進に関する法律（観光圏整備法）」が施行される。観光圏整備法は、観光地が広域的に連携し、滞在型の観光圏を整備することを目的とする。観光庁は2009年までに30地域の観光圏整備計画を承認し、その整備を支援している。

観光圏のイメージを具体的にみておきたい（図1）。観光圏整備計画では、滞在促進地区を指定し、そこを拠点に街や周辺に出かけて滞在を楽しめる観光圏の形成を図ろうとしている。広域圏を想定することで多様な観光資源を取り込み、観光プログラムの充実を図る。周遊のための交通網整備も支援メニューに含まれる。圏域の設定にあたっては、自然・歴史・文化などの地域文脈を踏まえ、観光客の動線・ニーズから中長期的に安定的な観光圏として成立し、2泊3日以上の滞在に対応可能かという観点から、妥当性が検討される（観光庁、2008a）。観光圏の指定地域をみると、南房総、富士山・富士五湖、琵琶湖・近江路、平戸・佐世保・西海など半島・山麓・大型湖沼・海岸などの自然地域、熊野や日光などの著名な歴史文化遺産、札幌や仙台などの都市圏を背景とした地域が多い。

観光圏の整備においては、観光地として総合的な魅力化を図るため、関係自

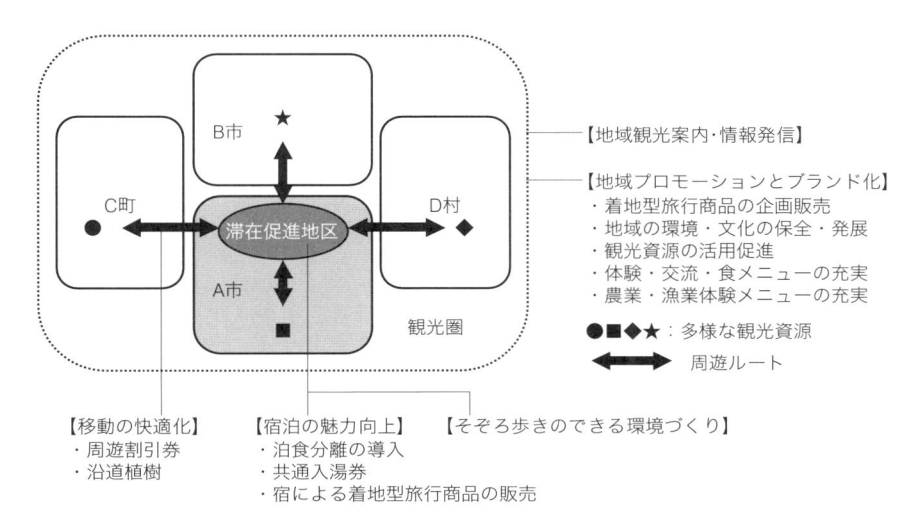

図1　観光圏整備のイメージ（出典：観光庁資料より筆者作成）

治体や観光業と関連業種による法定協議会を結成させ、総合的な取り組みを促している。景観・環境整備、宿泊、お土産・食事、体験・学習プログラムなどを、ゆかり・本物・こだわり志向で差別化し、地域ブランドを構築するアプローチが推奨されている。

　主な支援プログラムには、①宿泊、観光資源、交通移動、案内・情報提供などの改善に対する助成・融資、②社会基盤整備との連携、③農山村での交流施設整備支援（農山村活性化プロジェクト支援交付金の活用）、④旅行業法の特例による「宿による宿泊客への着地型旅行商品の販売許可」などがある（観光庁、2008a）。観光庁設立の意義の一つに関係省庁との調整機能の強化がある。この観光圏整備においても国土交通省所轄分野での支援にとどまらず、農林水産省事業などとの連携がなされるようになった。

　国土交通省は地域ツーリズムの育成支援の一環で、第3種旅行業者に区域限定の募集型企画旅行の実施を認める制度改正を行った。これにより地元の観光協会・NPO・中小宿泊事業者などが地域ツーリズム商品を企画販売することが可能になった（佐々木、2008）。さらに、観光圏に認定されれば、ホテル・旅館が宿泊客にこうした旅行商品を販売できるようになる。集客力の向上やリピーターの獲得や、地域ツーリズム商品の開発企画を行う旅行業者にとっても販路拡大につながることが期待されている。

5　広域的な観光地づくりの事例

1 ― 南房総観光圏

　南房総地域は房総半島南部に位置し、千葉県館山市・鴨川市・南房総市・鋸南町の3市1町からなる。首都圏近郊の海浜保養地域として発展してきた。しかし、近年は観光入込数も低迷していたことから、館山自動車道の全線開通などに合わせて活性化の必要性が高まっていた。千葉県、南房総3市1町、観光・商工団体、農業・漁業団体、交通事業者、NPOなどが中心となり、南房総地域観光整備推進協議会を結成し、南房総の地域ツーリズムの振興に取り組んでいる。2008年には、観光圏整備計画地域の1つとして承認されている。

　南房総観光圏整備計画の概要を説明しておきたい。観光圏としての基本コン

セプトは、「里海・里山の魅力を活かし、観光客と地域の人々の間に生まれる家族のような交流を巡りながら滞在する旅を創出すること」にある。その実現アプローチには、①南房総観光カレッジの実践を通じた人材育成、②フラワーツーリズムや四季の魅力の充実、③里海・里山環境の保全活用、④充実した地域観光情報の提供、⑤快適周遊のための二次交通の充実とサイクリングシステムの拡充、⑥滞在型の新しい旅の創出と効果的なプロモーションの展開などが採られている（観光庁、2008b）。

地域の空間・環境管理の観点では、里山・里海の保全や風景づくりのために、地域環境基金の整備や景観的に重要な建造物・樹木・農地の保全に広域的に取り組もうとしている点が注目される。地域ツーリズムの振興が広域的な空間・環境管理の求心力になりつつあることがわかる。

すでに、南房総観光カレッジ、総合観光案内ホームページ「南房総いいとこどり－観光コンシェルジュ」、乗り捨てのできるレンタサイクルネットワークなどの取り組みも始まっている。総合観光案内ホームページでは、南房総・花海街道という全体ストーリーのなかで、美食・歴史伝承・海洋文化・絶景・湯巡りの5つの街道（サブストーリー）ごとに南房総の旅行情報を提供している。広域観光の取り組みでは、NPOなどの活発な動きもみられる。たてやまコミュニティビジネス研究会は、「館山港を核とした観光交流促進プロジェクト（国土交通省・地方の元気再生事業）」の一環として、南房総観光カレッジを運営し、地域ツーリズムの人材育成、南房総ツーリズム商品の開発、観光マーケティング調査などを行ってきた。着地型観光の企画も交通事業者や旅行代理店との提携によって進み始めている。JR東日本（千葉支社）と地元観光団体・NPO法人が連携して「旅市・南房総プラン」などの旅行商品を生み出している。

2 ── 南信州地域における広域観光

1 南信州地域における広域観光振興システム

南信州の広域観光の振興は、①広域連合、②南信州観光公社、③飯田観光協会という3つの体制で運営されている。これらの組織は役割をそれぞれ分担して広域観光の振興に取り組む。広域連合は南信州ナビ（ホームページ）・パンフレットなどを通じて観光情報を発信している。南信州観光公社は体験教育旅行、

飯田観光協会はその他の着地型観光旅行をそれぞれ企画し、双方で地域発の広域観光を振興している。

南信州観光公社の体験教育旅行の振興については後述することにして、飯田観光協会の活動について説明しておきたい。飯田観光協会は、南信州の観光業者約200社を会員とする民間団体である。一本桜観光、JR東日本との提携による昼神温泉のプロモーション、飯田の和菓子めぐりなど南信州の観光資源をうまく活かした着地型観光旅行を企画している。一本桜観光では、700mの標高差と多様な桜品種による1ヶ月間の観桜期間を活用し、期間中16万人の観光客を獲得したといわれる。春のツアー・オブ・ジャパン（国内最高峰の自転車競技）の誘致にも成功し、地域に大きな宣伝効果をもたらした。

広域観光の取り組みの背景には、南信州地域の地勢・文化的なまとまり、広域行政連携の蓄積と中心都市・飯田市の主導性がある。南信州広域連合では、構成市町村の首長が定期的に地域づくりについて協議している。南信州ブランド推進協議会も設立され、観光・農業・製造業のブランド化も「南信州」という地域名で進められている。広域観光の振興もこの一連の取り組みのなかで位置づけられる。また、飯田市は広域観光を積極的に支援しており、飯田観光協会にも運営助成金やプロジェクト関連助成金を交付している。南信州観光公社の設立も飯田市が主導した。飯田市には、「南信州全体が観光で活性化すれば、中心都市である飯田の経済にも寄与する」という考え方がある。

２ 南信州観光公社と体験教育旅行の受け入れ

南信州地域は、体験教育旅行の誘致の成功例としてよく知られている。南信州は、観光地で有名な長野県のなかでも軽井沢、蓼科・八ヶ岳、松本と異なり、観光地としてのブランド力が弱い地域である。その一方で、観光農業の蓄積や農業ワーキングホリデイの受け入れ実績もあったことから、農村地域での交流・体験・学習型の地域ツーリズムの振興が発想された。

この体験教育旅行の受け入れは、1995年、飯田市観光課が企画して始まる。従来、体験教育旅行は学校からのニーズはあっても、旅行会社には手間とコストがかかり、ビジネスとして魅力が乏しいものであった。これに対して、飯田市は体験教育のプログラム化と地元の受け入れ態勢を市が準備することを提案し、体験教育旅行は軌道に乗り始める。2001年、飯田市は周辺市町村や関係団

体等と共同して南信州観光公社を設立し、体験教育旅行の振興を本格化させる。1996年に8団体の受け入れから始まった体験教育旅行は、2008年には416団体（うち学校など116団体）、延べプログラム参加者数5万9000人にまで拡大している。

　飯田市が体験教育旅行を市内だけで完結させず、広域的に取り組む背景にはいくつかの理由がある。第1は、受け入れ態勢づくりである。体験教育旅行の中心は中学校の修学旅行であり、時期的に5月中旬から6月上旬の1ヶ月間に集中する。体験教育プログラムの受け入れ農家や自然体験のインストラクターなどを飯田市内だけで安定的に確保することは容易でなく、広域的な受け入れ態勢を確立する必要があった。第2は、広域的な観光プログラムの必要性である。南信州地域では、宿泊施設を含めて観光拠点が分散している。2泊3日の旅行では、受け入れ容量や天候リスクも考慮に入れ、農家宿泊は1泊にとどめ、もう1泊は昼神温泉などの宿泊で対応することにした。観光プログラム自体を広域化させることが最適であると判断された。

　南信州地域が体験教育旅行でブランドを構築できた要因を考えてみたい。体験教育旅行の成功は、①飯田市が直接係わることで旅行業者と学校の双方に安心感を与えていること、②南信州観光公社の設立と多彩な体験教育プログラムの提供、③地域のホスピタリティの高さがある。体験教育旅行においては、受け入れ農家やインストラクターの質が重要である。受け入れ農家からは自発的な勉強会開催の要請もあり、改善点が提案される。飯田市の担当職員は修学旅行バスを出迎え、体験学習の現場まで送迎している。南信州地域には、都会からの訪問者を暖かく受け入れる文化的背景やソーシャルキャピタルが豊富にあるといわれている。南信州観光公社の体験教育旅行も1000人を超える受け入れ農家・インストラクター・地域コーディネイターとの緩やかなつながりのもとで成立している。こうした地域の資質が、南信州の体験教育旅行のブランドを構築してきたといえる。

*

　今日、地域活性化の方策として観光や地域ツーリズムに対する期待は大きなものがある。従来、広域的な空間・環境管理は県が主導することが一般的であった。しかし、その多くは地域自治や地域の風土文化に根ざしたものとはいい

がたい。本稿でみてきた地域ツーリズムの動きは、地域自治にもとづく持続可能な広域計画の可能性を高めようとしている点で注目される。地域ツーリズムは自然・文化的なまとまりを空間的な単位とし、行政・民間・市民を巻き込みながら、地域の文化・環境・経済をより持続的な方向で発展させようとしている。観光圏の整備においても観光振興のみならず、その舞台としての風景づくりや環境管理が併せて重視されている。地域ツーリズムによる地域振興や環境・文化に対する価値観の共有が一つの求心力となり、広域的な空間・環境管理や生活圏としての魅力向上につながっていくことが期待される。

参考文献
・佐々木一成（2008）『観光振興と魅力あるまちづくり』（学芸出版社、pp.63-71）
・観光庁ホームページ（http://www.mlit.go.jp/kankocho/）
・観光庁（2008a）「観光圏の整備による観光客の来訪及び滞在の促進に関する基本方針」
・観光庁（2008b）「南房総地域観光圏整備事業計画」

6章 諸外国における広域計画の経験

　本章では、海外の動向を概観する。超国家的な枠組みの下での広域計画では、EU諸国に実例が豊富である。EUの確立に伴って、地域政策の単位として州等の広域圏がクローズアップされてきた欧州では、各国が広域政策を再編し、EUの空間政策と国内のそれとを調和させようと努力している。アジアで種々の条約を結び、議会、行政組織や通貨を持ったEU並みの超国家組織ができるにはまだ時間がかかるかもしれない。しかし、すでにASEAN（東南アジア諸国連合）、APEC（アジア太平洋経済協力）等の地域的枠組みができており、最近の経済成長は、統合強化に向けた追い風となっている。21世紀は、東南アジアを先行例としながら、アジアでも超国家の枠組みが広域政策に影響を与える時代となっていくだろう。

　米国やカナダは、伝統的に地域主権の強い国としてその地域政策には自立的という特色がある。広域を構成する各地域の特色を生かしつつ、共栄を図る営みは日本の各地域にも参考となる。近隣の韓国や中国の動向は日本にとっても大きな関心事である。これらの諸国では、行政のセクショナリズムを排して広域の一体的な管理を行うという点で、まさに日本が長年議論だけをいたずらに積み重ねてきた感のある制度が、いち早く実現している。こうした事例をみると、日本はすでに地域発展や国土管理の制度におけるアジアの先進国ではなくなっていることに気づく。各国の試みとその成果を理解することは、日本の進路を鮮明にする上で有効性を持つのではないか。

6-1 イギリスの広域計画

片山 健介

英国は、イングランド、スコットランド、ウェールズ、北アイルランドからなる連合王国であり、各国の都市・地域計画制度は基本的には類似しているが広域計画などで異なる部分がある。紙幅の限りもあるので、本節ではイングランドについて述べることとする。

1 イングランドの地方制度と「地域(region)」

イングランドの地方行政制度は紆余曲折を経て、一層制と二層制の地域が混在している。非大都市圏では、二層制の地域はカウンティ・カウンシル（County Council）とディストリクト・カウンシル（District Council）からなり、一層制の地域は単一自治体（Unitary Authority）のみである。大都市圏では、ロンドンを除く6地域で大都市圏ディストリクト・カウンシル（Metropolitan District Council）の一層制である（自治体国際化協会、2003など）。通常首長はおらず、公選議員からなる議会が立法機能と執行機能を併せ持つ（戒能、2003）。しかしロンドンについては、シティと32のバラ（特別区）の上に公選の市長（Mayor）と議会（London Assembly）を有する大ロンドン市庁（Greater London Authority：GLA）がある。これは2000年の住民投票により創設された。

イングランド（中央政府）とカウンティとの間には、ロンドンを含めて9の地域（regions）が設定されている。これらの地域にはドイツやフランスの州のような地方政府はなく、日本の「東北地方」などと同様であると考えればよいが、人口や面積の規模は日本の「地方」よりは小さい地域が多い。

ロンドンを除く8地域には、3つの地域機関が設置されている。政府地域事

務所（Government Office for the Regions：GORs）は、1994年に設置された中央省庁の出先機関を統合した機関である。地域開発庁（Regional Development Agency：RDA）は1998年地域開発庁法にもとづいて設置されたエージェンシーで、地域経済戦略を策定し、実現施策や補助金配分を通じて各地域の地域開発を担当する。地域評議会（Regional Chamber/Assembly）[*1]は地域開発庁とともに設置された機関で、自治体や経済・社会・環境団体等の代表から構成される。後述の地域空間戦略の素案策定で重要な役割を果たし、また地域開発庁を監視する役割を担う。なお、ロンドンの場合は、大ロンドン市庁、ロンドン政府事務所、ロンドン開発庁の3機関が存在する。

　これらの地域機関創設は、欧州統合やEUの空間政策の展開の中で地域の役割が高まっているという外的な要因と、サッチャー時代の中央集権機構への反発や、地域間不均衡や環境問題の対策のため地域計画の重要性が高まってきたことを背景とした国内の地方分権化の動きによるものである（片山他、2003）。1997年に誕生したブレア労働党政権は、各地域の住民投票で賛意を得られれば、地域評議会を発展させて地域政府（日本でいえば道州制のようなもの）を創設することも意図していたが、東イングランド地域の住民投票で否決されたことで、その動きは沈静化している。

2　イングランドの都市・地域計画制度の変容

　イングランドの都市計画制度は、1947年の都市農村計画法（Town and Country Act）によって定められ、現在では1990年都市農村計画法が基本となっている。その後、1991年計画・補償法（Planning and Compensation Act）などによる修正を経て、2004年計画・強制収用法（The Planning and Compulsory Purchase Act）によって地域計画の新しい制度が導入された。そこで本項では、従前の計画制度を概説したうえで、2004年計画・強制収用法による制度変容を中心に述べることにする。なお、イングランドで都市計画を所管する官庁はたびたび変わっており、現在ではコミュニティ・地方自治省が所管している。

1 ── 計画許可制度

イングランドの都市計画制度は、開発計画（Development Plan）で将来像を示し、開発コントロール（Development Control）によって実現するという構造となっている（中井、2004）。その実現手段の根幹となるのが、計画許可（planning permission）である。

イングランドでは、ゾーニングではなく、個別開発行為を許可により規制する制度をとっている。開発を行うには、地方計画庁（主に地方自治体）による計画許可が必要であり、地方計画庁は広汎な裁量権をもって、開発計画を基準のひとつとして許可・不許可の決定を行う。

これに対して中央政府は、広域的観点から、計画指針文書（ガイダンス）による誘導を行う。また、大臣は、計画許可申請された開発が国・地域レベルに影響を及ぼすような場合には、強制介入（call-in）する権限を有する。

2 ── 2004 年改正以前の都市・地域計画制度

図1は、2004年改正以前・以後の計画制度の変化を簡略に示している。

2004年以前の計画制度では、開発計画として、カウンティは構造計画（Structure Plan：SP）[2] を、ディストリクトは地方計画（Local Plan：LP）[3] を策定するという二層の計画制度が基本であった。一層制の地域では、単一自治体が単一開発計画（Unitary Development Plan：UDP）を策定する。構造計画と地方計画の両方の内容を併せ持った計画である。

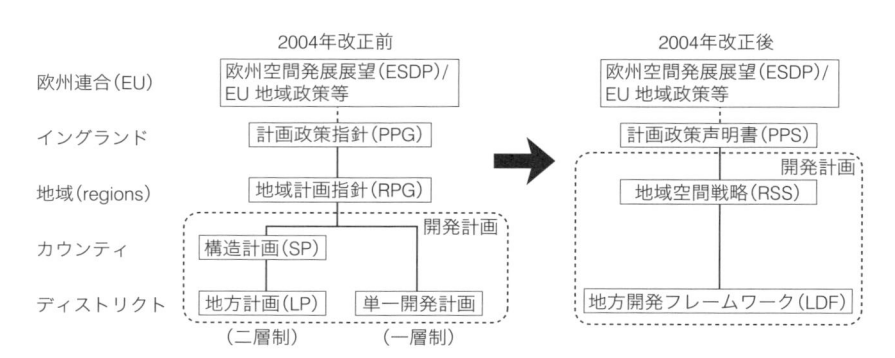

図1 イングランドの都市・地域計画体系の変化

開発計画に対して、中央政府はガイダンスによって方針を示した。その主なものとして、計画政策指針（Planning Policy Guidance：PPG）と地域計画指針（Regional Planning Guidance：RPG）がある。

計画政策指針は中央政府の都市計画の政策方針であり、分野別に発行された。全国を対象とした文書であって、グリーンベルトを除いて、特定都市を対象とした政策は示されていない。地域計画指針は、計画政策指針を地域レベルで具体化したものであり、15～20年間の広域的な計画の枠組みを開発計画に対して示すものである。地域計画組織（Regional Planning Body）が素案を作成し、大臣修正・承認を経て発効される。これらはあくまでガイダンスであって、法的な拘束力は持たなかった。

3 ― 2004年改正による都市・地域計画制度の変容

2004年計画・強制収用法により、イングランドの都市・地域計画制度は次のように変わった。

第1に、中央政府の分野別方針である計画政策指針（PPG）に替わって、計画政策声明書（Planning Policy Statement：PPS）が導入された。

第2に、地域計画指針（RPG）に替わり地域空間戦略（Regional Spatial Strategy：RSS）が導入されるとともに、開発計画として法的に位置付けられた。

第3に、地方自治体は、地方計画に替えて、地方開発フレームワーク（Local Development Framework：LDF）を策定することとなった。同時に、カウンティ・レベルの構造計画は廃止され、その内容は地域空間戦略に含まれることになった。

今回の制度改正で特筆すべき点は、「空間計画」（spatial planning）という概念が導入されたことである。空間計画はEuro-English[*4]ともいわれ、空間における活動や資源、投資の配分における戦略的枠組みを示し、土地利用計画と経済開発など分野別政策との連携を図ること、EUレベルから地方レベルまでの計画や政策を含む概念である（CEC, 1997）。1990年代に行われた欧州空間発展展望（European Spatial Development Perspective：ESDP）の策定を通してオランダやフランスを中心に発展してきたこの概念は、都市農村計画を伝統とする英国では馴染みがなかった。

しかし、1998年に中央政府が示した「計画の現代化（Modernising Planning）」で、欧州に関する視点や効率的な地域計画など、都市農村計画に欠けている要素を取り入れるべきであるという指摘がなされ、2000年の計画政策指針（PPG）11の改定により、地域計画指針策定に当たっては、EUの法令や政策、欧州空間発展展望の理念を含む欧州の方針に配慮すること、地域経済戦略等との調和を図ることが明記された。

その後の2004年法改正による現行制度では、計画政策声明書（PPS）1において「空間計画アプローチは、持続的発展に向けた計画の根幹をなす」ものであり、「新しい地域空間戦略と地方開発文書による制度では、空間計画アプローチを考慮する。空間計画とは、伝統的な土地利用計画を超えて、土地の開発と利用に関する政策と、場所の性質と機能に影響を及ぼす他の政策およびプログラムとを一緒に推進し統合するものである」と明記されており、今回の制度改正は、計画政策指針による旧制度時代における対応を踏襲し発展させる形となっている。

3　イングランドの地域計画

1 — 全国レベル：計画政策声明書（Planning Policy Statement）

都市計画に関わる分野別の方針を示したもので、2010年1月現在、14の声明書が公表されている（表1）。従前の計画政策指針と比べると、任意の指針（guidance）から声明書（statement）になったことで、自治体に対する配慮義務が強く打ち出された。ただし、位置づけは非法定のままである（藤岡他、2005）。

2 — 地域空間戦略（Regional Spatial Strategy：RSS）

前述のように、従前の地域計画指針と比べると、「空間戦略」という名称が使われ、非法定から法定の文書となり、法定開発計画の一部として、計画許可の判断基準の1つとなったことが最大の特徴である。少し詳しく見ていく。

1 位置づけ

計画政策声明書11によれば、地域空間戦略は、地域交通戦略を含み、地方開発文書、地方交通計画（Local Transport Plan）、土地利用に関わる地域レベル・

小地域レベルの戦略やプログラムに対して空間的枠組み（地域の15〜20年後の広範な発展戦略）を与えるものであり、前述のように、伝統的な土地利用計画を超えた空間計画として、土地の開発・利用に関わる政策を統合する役割を持つ。また、地域経済戦略をはじめとする他の地域レベルの関連戦略との整合を図ることとされている。

表1　計画政策声明書（PPS）

PPS1	：持続可能な発展に向けて
PPS	：計画と気候変動（PPS1補遺）
PPS	：エコ・タウン（PPS1補遺）
PPS3	：住宅
PPS4	：持続可能な経済成長のための計画
PPS6	：中心市街地の計画
PPS7	：農村地域における持続的発展
PPS9	：生物多様性と地質学的保全
PPS10	：持続可能な廃棄物管理に関する計画
PPS11	：地域空間戦略
PPS12	：地方空間計画
PPS22	：再生可能エネルギー
PPS23	：計画および汚染のコントロール
PPS25	：開発と洪水危険性

② 内容

地域空間戦略では、新規住宅供給の規模と配分、環境（農村、生物多様性保護など）、交通、インフラ、経済開発、農業、採鉱、水処理・廃棄物の課題に配慮すべきとされており、例えば住宅では、ディストリクト、または共同開発計画文書を策定すべき小地域に対して数値目標を示す。構成については、計画許可、地方開発文書や地方交通計画によって実現される戦略的開発コントロール政策を明確にすること、モニタリング可能な成果目標・指標を設定した実施計画を戦略の一部または関連文書として示すこと、地域の空間発展戦略を含む土地の開発・利用政策を図示したキー・ダイアグラムを示すこととされているが、原則として、おおまかな場所は示すが特定の土地には言及しない。

③ 小地域への言及

前述の通り、制度改正ではカウンティ・レベルの構造計画が廃止され、ディストリクトまたは単一自治体の策定する地方開発フレームワークの広域上位計画は地域空間戦略となる。地域空間戦略では、適当であれば、小地域（sub-region）についても言及するよう求められている。計画政策声明書11では、居住パターンや、行政界は異なっても共通の課題を有する地域、戦略的な政策が不足している地域において、小地域レベルの取り組みが必要であるとされている。

④ 策定プロセス

地域空間戦略は、ロンドンを除く8の地域についてそれぞれ策定される。素案の策定は地域計画組織が行う。地域計画組織は、ディストリクト、カウンテ

ィ、大都市圏ディストリクトなどの地方政府や公的組織が構成メンバーの60％以上を占めることとされており、実際には、各地域の地域評議会が地域計画組織となっている。

策定プロセスは計画政策声明書11に示されており、大きく3段階に分かれる。2004年の法改正後最初の地域空間戦略の策定は、既存の地域計画指針を見直すプロセスとして実施された。なお、地域空間戦略の策定に当たっては、持続性評価（sustainability appraisal）が統合的に行われる。

第1段階は、素案作成である。この段階では、地域計画組織が主導的な役割を果たす。政府地域事務所、地域開発庁をはじめ、経済団体、環境団体、社会団体など様々な地域の関係者と協議をおこない、地域の課題を把握し、社会経済・人口変化等のシナリオ分析などを行ったうえで、素案を作成する。協議の方法は地域によって違いがあり、例えば東ミッドランド（East Midlands）では、地域計画組織のプランナーが中心となって地域関係者の意見をまとめたという（片山他、2008）。また、西ミッドランド（West Midlands）のように関係者が協働と地域戦略統合のための協定（concordat）を結んだ例もあるが、協定に入らなかった関係者は除外されたと感じるという問題点も指摘されている（Glasson, J. and Marshall, T., 2007）。

第2段階は、公開審議(Examination in Public：EiP)である。公開審議とは、計画審査庁（the Planning Inspectorate）[*5]が指名した座長と1人または複数の計画審査官（Planning Inspector）[*6]から構成される委員会（Panel）が、特に議論が必要と考えられるテーマを選定し、関係者を一堂に集めて行う公開の円卓会議である。この議論を踏まえて委員会が勧告書（パネル・レポート）をまとめ、政府地域事務所に提出する。表2は、東ミッドランド地域における公開審議の期間とテーマを示している。

第3段階は、素案を修正し、大臣決定・発行を行う段階である。この段階では、最終決定を国が行うことから、政府地域事務所が主導的な役割を果たす。パネル・レポートを踏まえて政府地域事務所が修正案を作成し、地域計画組織等との協議を経て最終案を作成、大臣決定によって正式に発行される。

5 地域空間戦略の例

地域空間戦略の策定（地域計画指針の見直し）は、全地域で2005年頃から

表2　東ミッドランド地域の地域空間戦略策定における公開審議

第1週	2007.05.22-05.25	地域空間戦略素案の内容（背景・政策1）
第2週	2007.05.29-06.01	住宅
第3週	2007.06.05-06.08	住宅・経済戦略
第4週	2007.06.19-06.22	観光、自然・文化資源、水管理、鉱物、廃棄物、エネルギー
第5週	2007.06.26-06.29	3大都市（ノッティンガム等）・小地域
第6週	2007.07.03-07.06	リンカーンシャー政策区域、小地域
第7週	2007.07.10-07.13	北部小地域ほか
第8週	2007.07.17-07.19	地域交通戦略、モニタリング・実施・評価

開始され、2010年1月現在7地域で策定が完了している。図2は、北西地域の地域空間戦略のキー・ダイアグラムである。同戦略では、地域の成長・発展、投資のための空間的な優先度が示され、第1にマンチェスター・リバプールの地域センター、第2に地域センター周辺のインナー・エリア、第3に3つの都市地域圏の中小都市、第4に都市地域圏の外側の中小都市が位置付けられている。同時に、農村地域、海岸地域、グリーンベルトに関する方針も示されている。また、マンチェスターやリバプールなど4つの都市地域圏の戦略が含まれている。素案作成段階では、北西地域評議会が都市地域圏の方向性の概略を提示し、それを受けて、関連自治体が詳細な提案を行った。

3 ― 地方開発フレームワーク（Local Development Framework）

法改正でディストリクトまたは単一地方自治体が新たに策定することとなった地方開発フレームワークは、地域空間戦略を地方レベルで実現するための枠組みを提供する複数の地方開発文書（Local Development Documents）から構成される。概要を示すと表3のようである。

地方開発フレームワークは、地域計画組織等関係主体との協議や市民参加を経て、ディストリクトまたは単一自治体が策定し、独立審議（independent examination）のため大臣に提出される。この案に対して大臣に指名された計画審査官が変更すべき点を勧告し、自治体は計画を見直し、修正、採択するプロセスである。なお、全国的・地域的に重大な問題を引き起こす場合に限り、大臣は強制介入権を行使できる。

策定に当たっては、地域空間戦略、地方自治体が策定する持続可能なコミュニティ戦略（Sustainable Community Strategy）[7]との整合を図ることとされて

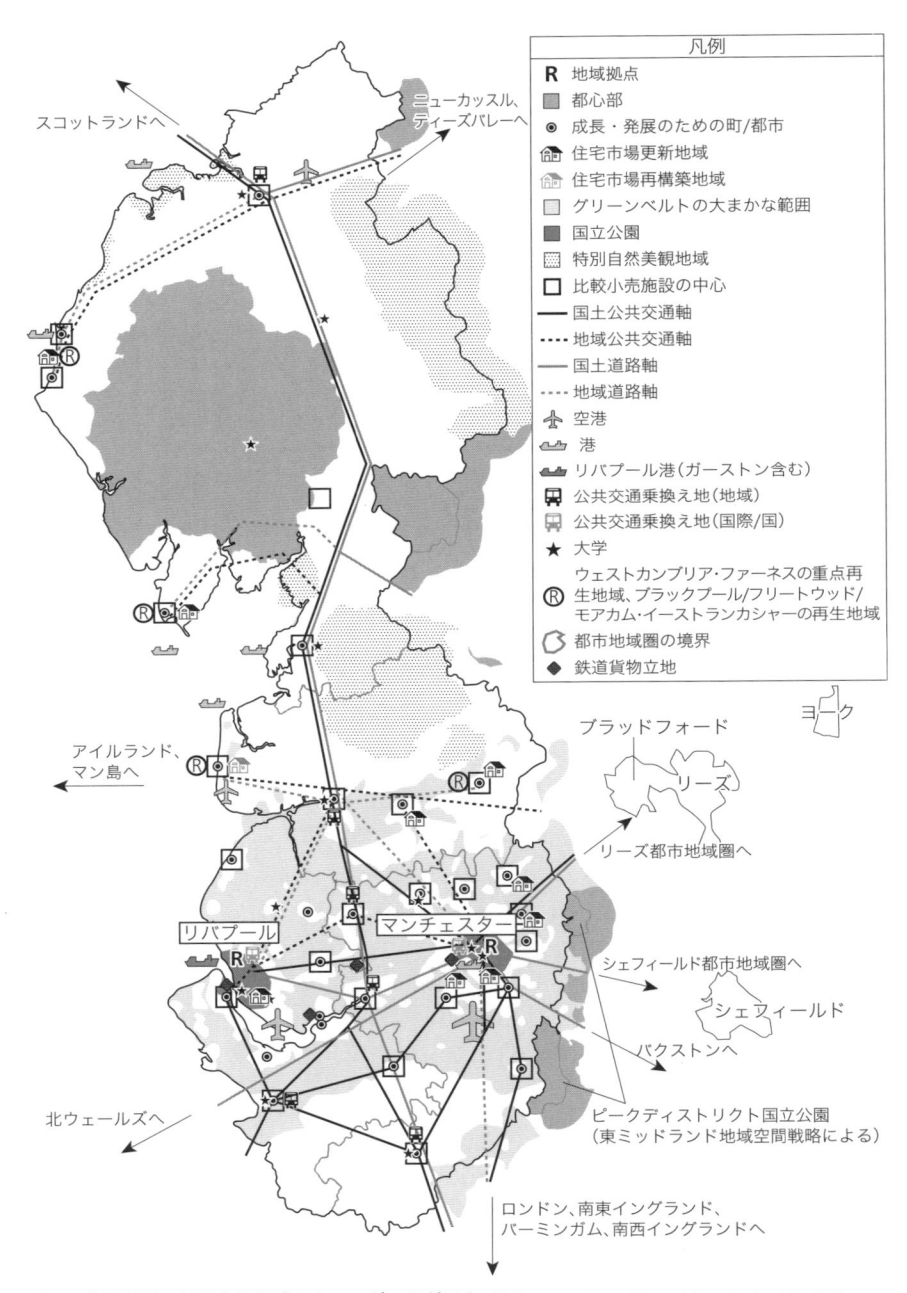

図2 北西地域の地域空間戦略のキー・ダイアグラム （出典：North West of England Plan - Regional Spatial Strategy to 2021）

150　II編　ケーススタディ

表3　地方開発フレームワークの概要

- 地方開発スキーム（Local Development Scheme）：新法施行後6カ月以内に全自治体が示す地方開発フレームワークの作成計画。2005年3月末までに全自治体が大臣に提出済み
- 開発計画文書（Development Plan Documents）：
  - 主要戦略（Core Strategy）：空間ビジョン、戦略目標、実行戦略、管理・モニタリングの枠組みを示す。戦略的空間配置も含めることができる
  - 地区行動計画（Area Action Plans）：大きな変更または保全が必要な土地に対して都市計画の枠組みを提示する。策定は任意
  - 採択された提案マップ（Adopted Proposal Map）：採択された開発計画の政策を地図上で表現したもの
- 住民参加声明書（Statement of Community Involvement）：地方開発文書の策定に際してのコミュニティ参加の方針に関する文書
- 補足計画文書（Supplementary Planning Documents）：開発計画文書の政策により詳細な内容を加えるための文書で、策定は任意
- 年次評価レポート（Annual Monitoring Report）：地方開発文書の実施状況、政策目標の達成度の評価等を報告する文書で、大臣に提出される

いる。

4 ── ロンドン・プラン

　ロンドンは、他の8地域とは制度がやや異なっている。大ロンドン市庁法（GLA Act, 1999）において、ロンドン市長の責務として、市長の空間発展に関する戦略を明確化した空間発展戦略の策定が規定されており、土地の開発・利用に関する一般方針を含めるとされた。これを受けて、2004年にロンドン・プランが策定された。このロンドン・プランは、ロンドンの地域空間戦略に相当し、市長の分野別戦略の包括的上位戦略となるとともに、バラの策定する単一開発計画は整合することが求められる。

4　日本の広域地方計画への示唆

　日本で2005年に導入された国土形成計画は、イングランドの指針による計画体系を参考にしたといわれる。そこで両者を比較することで、イングランドの地域計画制度から示唆を得たい。

　イングランドでは、地域空間戦略が地方自治体の都市計画の上位戦略として位置づけられた。他方、地域空間戦略は国の分野別指針を地域に即して具体化するとともに、同じ地域を対象とする地域経済戦略との調和が求められ、かつ

地域空間戦略それ自体が空間計画として地域開発や環境を含めた内容を有している。すなわち、国土レベルから地方レベルまでが、地域空間戦略を中心として一貫した体系として構成されたといえる。このことと比べると、日本の広域地方計画が全国計画の具体化の役割を持ちながら、集約型都市構造や低炭素都市の実現に向けて必要と思われる都府県の土地利用基本計画や都市計画区域マスタープランなどとの関係が明確でない問題点があらためて浮き彫りとなる。

次に、策定プロセスである。日本の広域地方計画は、協議会で素案をまとめ国土交通大臣が決定するという点で、イングランドの地域空間戦略のプロセスに類似している面がある。しかし、イングランドの場合には、政府地域事務所、地域計画組織が別々の主体として存在し、協議を行いつつも各段階における役割分担が明確であるのに対し、日本の場合は、国の出先機関、都府県知事、経済団体等全てがひとつの協議会メンバーとなり、実質的には事務局である地方整備局が主導的な役割を果たしている。真に「地域が自ら計画を作った」といえるかどうかは判断が分かれるところである。

とはいえ、必ずしもイングランドの計画システムが適当とはいい難い。2007年に商務・企業・規制改革省、コミュニティ・地方自治省、財務省の3省から公表された「地域の経済発展と再生に関するレビュー（Review of Sub-national Economic Development and Regeneration）」では、地域空間戦略と地域経済戦略を統合して統一地域戦略（Single Regional Strategy）とするとともに、地域評議会を廃止し、地域開発庁が地域の関係者と協議しながらその策定を行う仕組みへと再度見直すことが提言されている。2009年11月には、この提言を実現するための法律も制定された[8]。こうした動きは、都市・地域間競争が活発となったグローバル化時代にスピーディに対応するためともいえ、現代における広域計画の役割、地域計画主体のあり方に示唆を投げかけている。

注
[1] 根拠法である地域開発庁法（RDA Act, 1998）ではRegional Chamberとなっているが、各地域ではRegional Assemblyと呼称している。しかし公選の議会ではないので、ここでは区別するために「地域評議会」という訳語を用いている。
[2] 構造計画はカウンティ全域について策定され、住宅、自然環境、地域経済、交通と土地利用の戦略、廃棄物処理、観光・レジャー、エネルギーなどについて全体としての整備の規模や大まかな立地・開発抑制地域を示し、下位の地方計画に対する計画枠組みを提供するものである。戦略方

　　　　針（法定）、補足説明（任意）、キー・ダイアグラムから成り、計画期間は 15 年を標準とした。
* 3　地方計画は詳細な土地利用および変化の方針を示したもので、開発規制の際の判断基準となる。開発規制方針とその理由説明（法定）、プロポーザル・マップから成り、計画期間は 10 年を標準とする。
* 4　Williams はその著書において、英語ではあるが、イギリスの考え方や概念を伝えるものではなく、EU に関する文脈で、また汎ヨーロッパの枠組みで計画について論じる際に用いると定義し、空間計画（spatial planning）は、イギリスの都市農村計画を含むが、それ以上のことも意味する、と述べている（Williams, 1996）。
* 5　コミュニティ・地方自治省の機関（executive agency）。
* 6　計画審査庁に所属する都市計画の専門家で、都市計画の策定過程における公開審査会（public inquiry）の進行や、不服申し立て（appeal）の審査などを行う。
* 7　地方自治法（Local Government Act 2000）にもとづき、全ての地方自治体が、経済・社会・環境面での幸福を促進・向上させ、英国における持続可能な発展に寄与するために策定する戦略。持続可能なコミュニティに関する法（Sustainable Communities Act 2007）で名称がコミュニティ戦略（Community Strategy）から持続可能なコミュニティ戦略へと変更された。
* 8　地方民主制・経済発展・建設法（Local Democracy, Economic Development and Construction Act）（http://www.opsi.gov.uk/acts/acts2009/ukpga_20090020_en_1）

参考文献

・戎能通厚編（2003）『現代イギリス法事典』（新世社）
・片山健介他（2003）「イギリスの国土・地域計画制度の変容と EU による影響」（『都市計画論文集』No.38、pp.817-822）
・片山健介・志摩憲寿（2008）「地域の自立的発展に向けた空間計画の役割と地域ガバナンスの形成に関する研究－欧州の地域空間戦略の事例を通じた広域地方計画の課題－」（『人と国土21』第33巻第 6 号、pp.14-19）
・自治体国際化協会（2003）『英国の地方自治』（http://www.clair.or.jp/）
・中井検裕（2004）「第 2 章　イギリス」（伊藤滋他編著『欧米のまちづくり・都市計画制度－サスティナブル・シティへの途』ぎょうせい、pp.81-126）
・藤岡啓太郎他（2005）「英国（イングランド地方）における都市計画体系の変化」（『都市計画』257、pp.98-101）
・Commission of the European Communities (CEC)(1997) *The EU compendium of spatial planning systems and policies*
・Glasson, J. and Marshall, T. (2007) *Regional Planning* (Routledge)
・Planning Portal Website delivered by Communities and Local Government (http://www.planningportal.gov.uk/)
・The Department for Communities and Local Government (2005) *Planning Policy Statement 1: Delivering Sustainable Development*
・The Department for Communities and Local Government (2004) *Planning Policy Statement 11: Regional Spatial Strategies*
・The Department for Communities and Local Government (2008) *Planning Policy Statement 12: Local Spatial Planning*
・The Department for Communities and Local Government (2008) *North West of England Plan － Regional Spatial Strategy to 2021*
・Williams, R.H. (1996) *European Union Spatial Policy and Planning* (Paul Chapman Publishing)

6-2 フランスの広域計画

岡井 有佳

1 フランスの空間計画システムの動向

　フランスには、空間計画システムとして、土地利用規制を中心とする都市計画システムと、経済・地域開発を中心とする国土整備システムという大きく2つの体系が存在してきた。

　国土整備は、その対象とするエリアが広いことから、国土の地域活動の均衡ある配分を確保することを目的とする経済的秩序に深く関係するものであるのに対し、都市計画はその対象エリアは比較的狭く土地の実質的なコントロールを枠付けるものといえる。その手法についても、都市計画は規制を中心とするのに対し、国土整備は計画やプログラムといったもの、さらには財政措置を備えたものとなる（Jacquot・Priet, 2004）。

　しかし、国土整備システムに属する計画と、都市計画システムに属する計画を区別することは実務的にも難しく、都市計画は、法的にも行政的にも財政的にも国土整備体系の中に従属的に組み込まれているともいわれてきた（鎌田、1983）。加えて、空間計画システムの改正を経るごとに、両者の関係はより密接になるとともに、その境界線は曖昧になり、明確な区分は一層難しくなってきている。

　この傾向は、近年、さらに顕著となっている。欧州化、グローバル化によって国境を越えた都市間競争が激化するなか、その競争に耐えうる力を持つ都市はパリ以外にはほとんどないことが明らかにされた（DATAR, 2003）。それを受けて、フランスのコミューンは、競争力ある都市を構築する手法として、隣接する都市とともに「都市（都市圏）」をつくることを選択した。すなわち、「大きい」ことより、むしろ「協力する」ことを選択したのである。こうして、複

数の基礎自治体が連携した、生活圏、雇用圏といった圏域に着目し、そのような一体となった圏域を「都市圏」と定義し、それを単位として経済開発や国土整備を推し進めているのである。

本稿の主題である広域計画は、この都市圏において策定される計画であり、都市圏を対象とした都市政策の中心となる計画として位置づけられている。その制定の経緯や性質から都市計画システムの1つとして見なされてきたが、都市圏の創設以降、国土整備システムとも密接な関係を持つようになっている。これらを踏まえ、広域計画を中心に主要な空間計画制度を概観したのち、広域計画の先進的事例としてストラスブールをとりあげて、その内容について概説することとする。

2 フランスの行政システム

空間計画制度を概観する前に、計画制度と密接な関係をもつフランスの地方行政制度について整理しておく。

フランスの地方公共団体は、州（Région）、県（Département）、コミューン（Commune）の3層から構成されている。

戦後、経済推進団体として創設された州は、80年代の地方分権化によって地方公共団体となり、経済開発、国土整備を主な権限としている。フランス革命の際に全廃されたプロヴァンス（地方）を基本として区画されており、平均人口は約240万人で、日本の府県の人口とほぼ等しいが、その面積はかなり大きい。

ナポレオンの時代に設置された県は、主に社会福祉・保健、教育の権限をもつ。当時、馬によって48時間以内に往復できる範囲をめどとして人為的に線引きされた区画であり、面積はほぼ等しいが、人口は、ノール県の256万5000人からロゼール県の7万6000人までかなりのばらつきがみられる。

基礎自治体であるコミューンは、中世の教会区を起源とし、都市計画、教育、文化などを権限としている。人口約6500万人に対し、基礎自治体であるコミューンの数が約3万6700も存在することからわかるように、極めて規模の小さいものが多い。実際、コミューンの平均人口は約1800人、人口2000人に満た

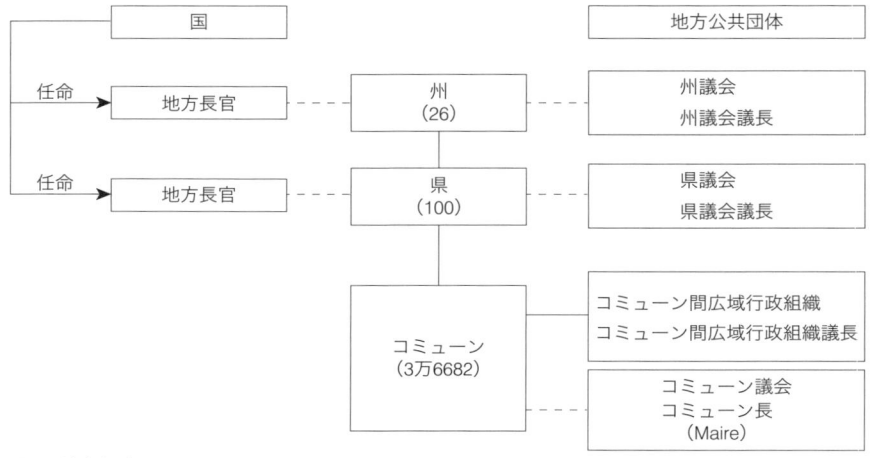

```
                                        地方公共団体
        ┌──── 国 ─────┐
   任命  │            │
   ────→ 地方長官 ----  州  ----  州議会
                      (26)       州議会議長
   任命
   ────→ 地方長官 ----  県  ----  県議会
                     (100)      県議会議長

                       │
                       │        ┌── コミューン間広域行政組織
                       │        │   コミューン間広域行政組織議長
                    コミューン ──┤
                   (3万6682)    │   コミューン議会
                                └── コミューン長
                                    （Maire）
```

図1　地方行政システム

ないコミューンが約9割も存在している。

　小規模コミューンの自治能力の欠如を懸念し、コミューン合併を推し進めた時代もあったが、地域の個性を尊重する思想や伝統・文化的背景から、合併はほとんど進んでいない。そのため、19世紀よりコミューン間の協力体制や連合方式が工夫されてきており、単なる事務組合的なものから連合度の高いものまで、様々な広域行政組織が創設されてきた。特に、複数のコミューンから構成されるコミューン間広域行政組織（EPCI）のうち、経済開発や都市整備などの義務的権限と固有の財源を与えられた大都市圏共同体、都市圏共同体、コミューン共同体は、その重要性が高まっており、今後も都市圏レベルにおいてさらなる役割を担うことが期待されている。

　また、州および県は国の地方行政組織でもあり、そこには中央省庁の地方局が設置されている。以前は、その長である地方長官（Préfet）は、同時に官選知事としての役割も担っていたが、1980年代前半の地方分権化以降は、県（あるいは州）執行部の長としての役割は県（州）議会議員の互選により選出される県（州）議会議長が行うこととなり、現在は地方における国の代表者に過ぎない。そのため、州および県には、国の地方局と地方公共団体が共存し、日本でいうところの知事の役割は、県議会議長および州議会議長が行っている。

3 フランスの空間計画

1 ― 国土整備システム

　フランスの国土整備は、戦後開始された経済五カ年計画によって進められた。しかし、国と州が、事業の内容および財政負担について交渉し複数年にわたる各々の負担割合を定める計画契約制度が 1980 年代に創設され役割を高めるにつれ、五カ年計画は形骸化され消滅することとなる。これに代わるものとして 1995 年のパスクワ法で制定されたのが国土整備開発全国計画であり、法律に規定された初めての国土計画であったが、政権交代を要因として、承認に至ることはなかった。

　1 全国レベルの計画―総合サービス計画（SSC）

　国土整備開発全国計画を引き継いだのが 1999 年のヴォワネ法によって創設された「総合サービス計画（SSC）」である。これは、欧州連合の空間整備計画を考慮して、20 年後を見通して策定される国土整備の戦略的方針である。その内容は、9 つの分野（①高等教育および研究、②文化、③保健衛生、④情報・通信、⑤交通、⑥貨物輸送、⑦エネルギー、⑧自然・農村空間、⑨スポーツ）から構成され、ハード施策だけでなく、ソフト施策までを含めたものとなっている。

　2 州レベルの計画―州整備開発計画（SRADT）

　パスクワ法は、国土整備開発全国計画と同時に州レベルの計画として、州整備開発計画（SRADT）を創設した。その策定権限は州がもち、総合サービス計画が国土整備開発全国計画に取って代わってからも、州整備開発計画は、総合サービス計画を補完する州の計画として位置づけられている。その内容は、州の持続可能な開発発展の中期の基本方針を定める計画である。当該地域の大規模施設、社会資本整備、投資や雇用をもたらす経済プロジェクト、都市開発、経済状態が悪化している地域の再建、および、環境、景観、自然・都市遺産の保護と活性化等に関連する主な目的を決定すると規定されている。このような性質をもつ州整備開発計画は、指針的計画であり、何らかを規制するものではない。しかし、計画契約を引き継いだプロジェクト契約の州側の基本的方針となる計画であり、計画の実効性についてはプロジェクト契約によって実現され

```
                    国土整備体系              都市計画体系

国                  総合サービス計画
                         │
州                  州整備開発計画        イル・ド・フランス基本計画*
                                              │
都市圏              ┄┄┄┄┄┄┄┄→  地域統合計画（SCOT）
                                              │
コミューン                            都市計画ローカルプラン（PLU）
```

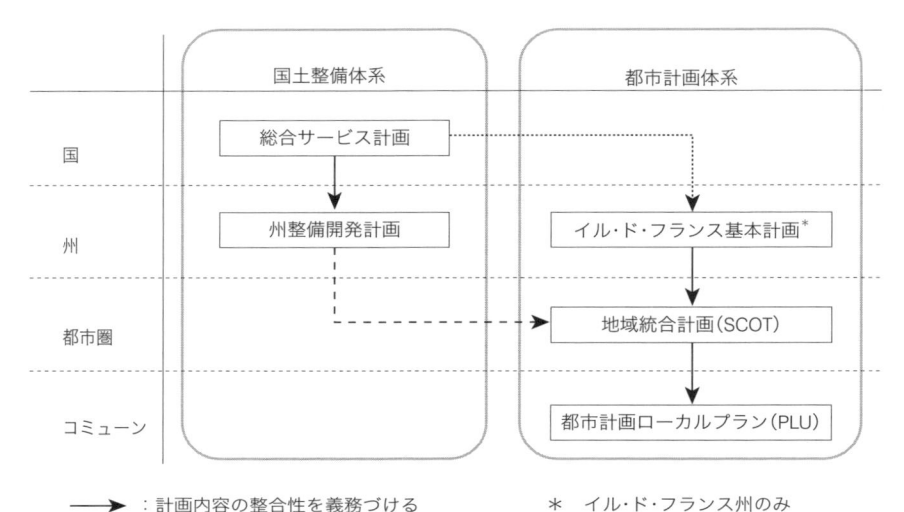

──→ ：計画内容の整合性を義務づける　　＊　イル・ド・フランス州のみ
┄┄→ ：計画内容を考慮させる
- - → ：計画策定を推奨する

図2　計画間の関係

る。

　ただし、イル・ド・フランス州においては、後述するイル・ド・フランス基本計画が適用される。

　その他、ヴォワネ法は新たに都市圏契約を創設している。これは、独自の財源をもつコミューン間広域行政組織が、国や州などと締結する契約であり、都市圏内の政策の基本的方針を定める都市圏プロジェクトを実施するためのツールであり、プロジェクト契約の一部でもある。

2 ── 都市計画システム

　基本計画（SD）と土地占用計画（POS）として知られてきた都市計画システムは、2000年の都市の連帯と再生に関する法律（SRU法）により、各々、地域統合計画（SCOT）と都市計画ローカルプラン（PLU）へ置き換えられ、その内容についても大幅に変更が加えられた。

① **都市圏レベルの計画─地域統合計画（SCOT）**

　地域統合計画は、中長期における区域内の整備方針と都市計画の目的を定め

る計画である。具体的には、都市計画、居住、経済開発、交通、環境等の観点から一体性のある区域において、住居の社会的均衡、ソーシャルミックス、公共交通、商業施設等に配慮し、都市空間と自然・農村空間の間の均衡を保つことを主な目的とする持続可能な発展のための計画である。都市計画の公共政策の諸目標を、「整備と持続可能な開発発展計画（PADD）」として定めることで、地域統合計画を都市圏における将来の都市の整備に関する総合的な方針を定める戦略的計画としたのである。

その主体は、コミューン間広域行政組織、または、それにコミューンが加わった混成事務組合と定められ、計画が効力を持ち続けるためには、策定主体の存続が必要条件とされた。

地域統合計画の区域は、前年に制定されたヴォワネ法の中で定められた都市圏が念頭におかれていた。都市の整備や交通、産業、商業、ソーシャルミックスの推進などについては、都市圏の規模で検討することが適しているとの考えから、ヴォワネ法は、「人口1万5000人以上の中心都市を含む5万人以上の都市地域」を都市圏と定義していた。続いて、その都市圏の主体についても、ヴォワネ法から2週間後に公布されたシュヴェヌマン法の中で定められていた。都市圏共同体の新設と、既存の広域行政組織の整理統合を行い、独自の財源をもつコミューン間広域行政組織を、人口50万人以上の大都市圏共同体、人口1万5000人以上の中心都市を含む人口5万人以上の都市圏共同体、人口要件のないコミューン共同体の3つにまとめた。都市の連帯と再生に関する法律はこれら2つの法律を受けて制定された。すなわち、生活圏や経済圏といった一体となった都市圏において、権限と財源をもつコミューン間広域行政組織が設置され、そこにおいて広域都市計画である地域統合計画が策定されることが理想とされたのである。一方で、この都市圏は、国土整備システムに関係する都市圏契約の圏域でもあることから、地域統合計画の「整備と持続可能な開発発展計画」と都市圏契約の基となる都市圏プロジェクトは類似しているともいわれている（FNAU, 2000）。

また、地域統合計画は、同じ都市圏で策定される住宅計画、交通計画や商業計画より上位に位置づけられるとともに、それらの計画に対して地域統合計画との整合性を確保することを義務付けた。さらに、下位計画である都市計画ロ

```
都市圏レベル
  ┌─────────────────────────────────────────┐
  │                          部門別計画        │
  │                   ┌──────────────────┐   │
  │   地域統合計画  →  │   都市交通計画    │   │
  │    (SCOT)         │  地域居住プログラム │   │
  │                   │   商業開発計画    │   │
  │                   └──────────────────┘等 │
  └─────────────────────────────────────────┘
コミューンレベル ↓              ↓  ※商業開発計画を除く
 ┌──────┐ ┌──────┐ ┌──────┐ ┌──────┐
 │都市計画│ │都市計画│ │都市計画│ │都市計画│
 │ローカル│ │ローカル│ │ローカル│ │ローカル│
 │ プラン │ │ プラン │ │ プラン │ │ プラン │
 │(PLU)│ │(PLU)│ │(PLU)│ │(PLU)│
 └──────┘ └──────┘ └──────┘ └──────┘
 ──→：計画内容の整合性を義務づける
```

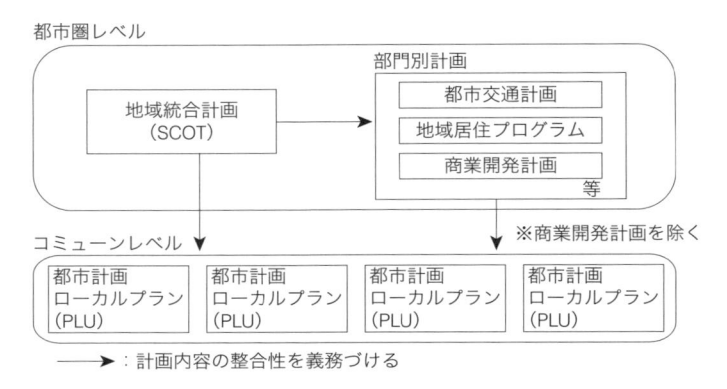

図3　地域統合計画に関係する計画関係図

ーカルプランに対しても地域統合計画と整合していることを義務付けた。こうして、地域統合計画は、計画体系の中心となる計画として位置づけられ、地域統合計画を介して水平的調整と垂直的調整を可能としたのである。

さらに、地域統合計画の策定を奨励するための方策として、都市化の制限の原則が定められた[*1]。これは、人口5万人以上の市街地の境界から15km以内に位置するコミューンは、原則、地域統合計画がない場合には新たな都市化が制限されるというものである[*2]。実際、以前基本計画がなかったコミューンにおいても地域統合計画の策定に取り組んでいるところが多くみられる[*3]。

その他の改正点として、策定手続きの民主化などがあげられる。最終計画案に対して第三者がその公益性を判定する公開意見聴取手続きと、計画案策定中における議論の場であるコンセルタシオン（Concertation）が新たに義務付けられ、住民が計画策定の全期間にわたって計画に関与することが可能となった。

2 コミューンレベルの計画[*4]―都市計画ローカルプラン（PLU）

都市計画ローカルプランは、従前の土地占用計画が拡大する市街地をコントロールするための土地利用を規定する文書であったのに対し、コミューンの将来的な都市の構想を示し、その実現のための規則を定める計画である。地域統合計画同様、「整備と持続可能な開発発展計画（PADD）」が作成文書の1つとされ、これによってコミューンのめざすべき方向性や将来像を市民と共有することが可能となった。こうして、都市計画ローカルプランは、よりグローバル

なビジョンをもった計画となった。その他の改正点としては、土地利用区分の変更、事業的都市計画である協議整備区域（Zone d'aménagement concerté：ZAC）の都市計画ローカルプランへの包含、容積率規制（COS）の超過分担金制度の廃止などがあげられる。

③ イル・ド・フランス州の計画—イル・ド・フランス基本計画（SDRIF）

パリおよびその周辺を含むイル・ド・フランス州（IDF）は、都市化の影響を最初に経験した地域であり、早くから都市計画規制を目的とする計画制度が構築されてきた。現在の計画は、1983年に規定されたイル・ド・フランス基本計画（SDRIF）にもとづくものである。

同計画は、イル・ド・フランス州の国際的名声を保証しつつ、都市と人口の拡大および空間の利用を抑制することを目的としながら、空間的・社会的・経済的不均衡を是正し、交通手段の供給を調整し、農業・自然地域を保全するための実行手段を明確にし、持続可能な発展の条件を確保する計画である。

イル・ド・フランス州が首都圏であるという重要性から、策定権限は長らく国が持ち続けたが、1995年のパスクワ法によって、ようやくイル・ド・フランス州に移譲された。ただし、その承認については州議会での可決に加え、立法・行政の法に関する諮問機関である国務院の議を経た、首相による行政立法の行為形式であるデクレが必要とされた。

2004年、イル・ド・フランス州にとって初めてとなる計画の策定に着手した。多くの関係主体との調整を経て、2008年9月、同議会において新しいイル・ド・フランス基本計画が可決された。しかしながら、政治的な対立[*5]もあり、デクレはいまだ可決されておらず、2009年9月現在、その承認を待っているところである。

4　ストラスブール地域の地域統合計画を事例として

1 ― ストラスブール都市圏の概況

ストラスブール都市圏は、ドイツと国境を接するフランス東部に位置する。人口27万3000人（面積78.26km²）をかかえるフランス第7の大都市であるストラスブール市が、当該「都市圏」の中心都市である。ストラスブール市を中

心に、27 コミューンから構成されるストラスブール大都市圏共同体（人口 46万 7000 人、面積 315.93km²）を中心に、10 のコミューン共同体、6 の単独コミューンの計 139 コミューン（人口約 60 万人、面積約 1100km²）からなるストラスブール地域の地域統合計画（ストラスブール地域統合計画）が策定されており、ストラスブール都市圏のほぼ全域を占めている[*6]。

2 ― 策定主体

ストラスブール地域統合計画の区域内には、コミューン間広域行政組織とコミューンを含んでいるため、それらを構成メンバーとする策定主体として、「ストラスブール地域の地域統合計画のための混成事務組合[*7]（以下、「ストラスブール混成事務組合」）」が 1999 年 3 月 25 日に設立された。

議決機関である組合評議会が、1999 年 6 月 1 日に開催され、議長の選出とともに、組合評議会の議員 50 名が、構成メンバーであるコミューン間広域行政組織およびコミューンの議員から選ばれた。

さらに、事務局長他 2 名からなる事務局が設置されている。その構成員は各コミューンやコミューン間広域行政組織の職員が出向や兼務の形で従事するのではなく、事務組合の職員として雇用されている中立的な職員である。

3 ― 計画内容

ストラスブール地域統合計画は、「地域統合計画の略述」「説明報告書」「整備と持続可能な開発発展計画（PADD）」、「一般方針文書」の 4 つ[*8]の文書から構成されている。開発発展計画には、①ストラスブールをヨーロッパの新たな中心にすること、②都市圏内の均衡ある発展、③資源の保全・開発・活用を大きな 3 つの柱として区域全体の整備方針が掲げられた。一般方針文書においては、その整備方針を具体化するために、以下の 9 つの項目に沿ってまとめられた。

都市化の方針として、優先的に都市化する地

表1　ストラスブール地域統合計画の整備方針の9項目

1. 都市空間の再編成	6. 経済活動の奨励
2. 自然空間と景勝地の保護	7. 景観保護
3. 都市空間と自然空間の均衡	8. 防災
4. 住宅建設	9. 大規模プロジェクト
5. 公共交通網周辺における都市化	

域として 14 の「都市の拠点」が位置づけられた。「都市の拠点」には、周辺のコミューンの中で、すでに中心的役割を果たしており、必要な公共施設やサービスがある程度整備されているコミューンが選定されている。そこでは公共・公益施設などを立地させることで、拠点都市としての役割をさらに強化することが求められた。

住宅建設については、人口増加による住宅不足に対応するため、10 年間で 4 万戸の住宅供給を行うことが決定された。現在、ストラスブールが位置するバ・ラン県（Bas-Rhin）の社会住宅の多くがストラスブールおよびストラスブール大都市圏共同体内に立地するなど、その偏りが指摘されていることから、社会住宅の分散を大きな目標として、ストラスブール内で 9000 戸、ストラスブールを除くストラスブール大都市圏共同体内で 1 万 8000 戸、ストラスブール大都市圏共同体の外側で 1 万 3000 戸が計画された。ストラスブール内においては、既存の住宅の修復や他の用途から住宅への用途転換によって新たに住宅を供給し、ストラスブール大都市圏共同体内では都市の再開発やすでに市街化が進んでいるところにおいて住宅を建設し、また、ストラスブール大都市圏共同体の外側では地方拠点都市や公共交通網によって利便性の高い地域において建設することが定められた。

交通に関しては、車の利用を減少させ、公共交通機関や自転車の利用を促進することが目標とされた。特に、公共交通網がほとんど整備されていないストラスブール大都市圏共同体外からストラスブールへの車の利用を抑制し、通過交通を制御することに格段の配慮が払われた。具体的には、都市の拠点を中心に専用軌道を持つ公共交通網の整備に優先的に取り組むこととされ、これらの整備によって利便性の高い地区とされたところから優先的に都市化することが定められた。また、道路建設に関しては、ストラスブールを通過する車を減少させることを目的として、周辺部にバイパスを設けることが計画された。

大規模商業施設の配置については、6000m² を超える場合には「都市の拠点」でのみ許可され、それ以外においては既存店舗を維持することなどが定められ、都市の拠点以外の地区においては大規模商業施設の建設が不可とされた[*9]。

このように、広域を対象とすることで、都市のスプロール化を引き起こすことなく自然地域を保全しながら、住宅や商業施設などを都市圏内でバランスよ

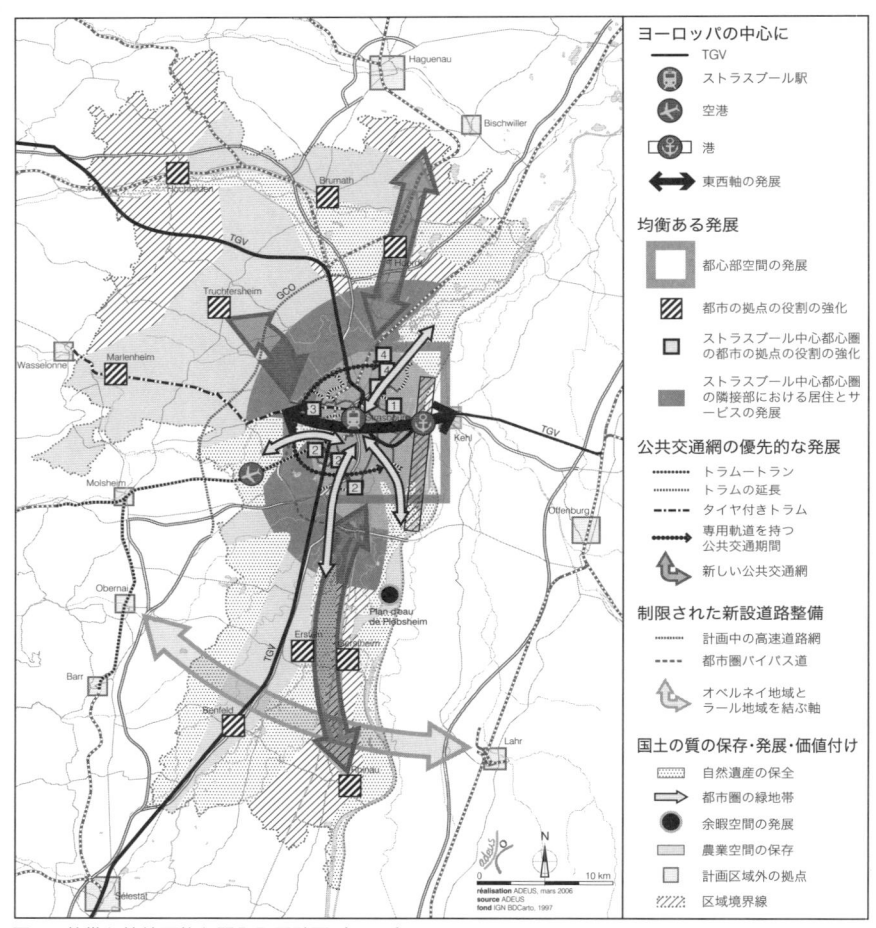

図4 整備と持続可能な開発発展計画（PADD）（出典：ストラスブール地域統合計画より筆者作成）

く配置し、計画的に社会資本を整備することが可能となる。そして、区域の整備方針があり、あらかじめ、都市化が可能な地域と保全する地域が判断できるように定められたことによって、都市圏全体としての土地利用の一貫性が確保されている。

4 ― 計画策定プロセスにみる合意形成手法の実態

　ストラスブール地域統合計画の計画策定には多くの関係主体が参加した。法

の中で規定された国、州、県のほか、区域内のコミューン、専門家、地域で活動するアソシエーションの代表などが早い段階から参加し、計画策定に取り組んだ。たとえば、説明報告書の作成段階においては、ストラスブール混成事務組合の議員やコミューンの長に対してアンケート調査が行われた。加えて、5つの分野別委員会や4つのテーマ別委員会などが、ストラスブール混成事務組合の議員、コミューンの長、関係機関の代表、専門家の参加を得ながら、複数の場所で開催された。整備と持続可能な開発発展計画および一般方針文書の作成段階においては、ストラスブール混成事務組合の議員やコミューンの長、関係機関の代表等によるワークショップが2年にわたり開催された。さらにそれらのメンバーに、住民の代表として地域のアソシエーションや経済界の代表を加えたメンバーによる作業部会が開催された（岡井・大西、2006）。

　不特定多数の住民に対しては、三期にわたって公開討論会や展示会が行われた。第1期（2002年11月〜2003年4月）は、7か所の公開討論会と14か所の展示会が行われた。第2期（2003年9月〜2003年11月）には、ヨーロッパ見本市へのブース出展と、2か所の公開討論会が実施された。第3期（2004年11月〜2005年3月）には、5か所の公開討論会と14か所の展示が行われた。その他、広報誌の発行、ポスターやちらしの配布、計画案への意見を記述できる台帳の設置、ホームページでの情報提供などが行われた。

　こうして、多くの関係機関等の意見を取り入れながら、最終計画案が2005年3月21日の組合評議会で議決された。その後、関係機関への意見聴取や公開意見聴取手続きを経て、2006年6月1日、ついにストラスブール地域統合計画は承認された。第1回組合評議会から数えて、7年以上が経過したことになる。

5 ― ストラスブール地域統合計画のフォローアップと評価

　ストラスブール混成事務組合には、計画の策定以外にも、計画のフォローアップおよび評価の役割が与えられている。地域統合計画の内容は、交通計画、住宅計画、都市計画ローカルプランなどの下位計画の実施を通して実現される。そのため、これらの下位計画の内容を常に把握することを目的に、ストラスブール混成事務組合の議員を中心として、区域内のコミューン、県、州、アソシエーションなどの関係機関から構成される委員会がストラスブール混成事務組

合内に複数設置されている。たとえば都市計画ローカルプランの場合は、その策定主体を委員会に招致し、その内容を説明してもらう機会を設け、ストラスブール地域統合計画と都市計画ローカルプランの関係者間で議論を重ねている。こうして、地域統合計画との整合性を確認するとともに、地域統合計画の内容を確実に実施できる仕組みをつくっている。

また、計画が形骸化されないように、計画の承認から10年以内に地域統合計画の分析評価を行うことが定められた。その結果、計画の維持もしくは改正を決定しなければならず、さもなければ、計画は失効となる。まだ評価がなされるには時間が必要だが、地域統合計画の実効性という観点から、どのような評価が下されるのか興味深いところである。

注
* 1 都市計画ローカルプラン（かつての土地占用計画）がなければ、原則、現に市街化されている部分でしか建築が許可されないという「建築可能性の制限」の原則が参考にされた。
* 2 地域統合計画がない場合には、各コミューンが作成する都市計画ローカルプランの中で、自然区域および市街化予定区域と定められた区域については、都市化に開放するという観点で都市計画ローカルプランの改正もしくは修正を行うことができない。
* 3 2007年1月1日現在、地域統合計画の策定状況は、承認済みが27、策定中が263、承認済み基本計画（SD）が83となっており、人口割合で61％、面積割合で33.5％、コミューン数割合で43.7％である。
* 4 その他、コミューンレベルの計画として、コミューン図（Carte Communale）がある。これは、建築が許可される区域と許可されない区域の範囲を定めるもので、都市計画の規則を定めるものではないが、建築可能性の制限の原則が適用除外されることから、土地占用計画を保持していたコミューンにおいても都市の連帯と再生に関する法（SRU法）以降、コミューン図を選択するところも見られる。
* 5 政府はサルコジ大統領をはじめとする右派政権であるのに対し、イル・ド・フランス州議会は左派政権である。
* 6 人口ベースで95％、面積ベースで79％を占める。
* 7 あらかじめ決められた事務を、各構成員の分担金によって行う団体であり、コミューンのほか、コミューン間広域行政組織、県、州といった異なるレベルの地方公共団体および、商工会議所などその他の公法人から構成される団体。ただし、地域統合計画の策定主体である混成事務組合は、コミューンとコミューン間広域行政組織からのみ構成される。
* 8 都市計画法典においては、「地域統合計画の略述」を除く3つが義務付けられており、「地域統合計画の略述」は任意文書である。
* 9 実際、地方拠点都市に隣接するコミューン（Bernolsheim）が、ストラスブール地域統合計画策定以前から検討していた大規模商業施設の設置を可能とするように求めたが、地方拠点都市でないことを理由に、却下されている。詳細は、岡井・大西（2009）参考。

参考文献

- 岡井有佳・大西隆 (2006)「フランスの広域都市計画手続きにおける合意形成手法に関する研究」(『日本都市計画学会都市計画論文集 No.41-1』社団法人日本都市計画学会、pp.43-48)
- 岡井有佳・大西隆 (2009)「フランスの広域都市計画がもつ調整機能に関する考察」『日本都市計画学会都市計画論文集 No.44-3』(社団法人日本都市計画学会、pp.619-624)
- 鎌田薫 (1983)「都市計画・土地利用規制法制の論理と構造」(『ヨーロッパの土地法 現代土地法の研究下』渡辺洋三・稲本洋之助編、岩波書店、pp.121-149)
- Conseil d'Etat (1992) *L'urbanisme: pour un droit plus efficace*, La Documentation Française
- DATAR (2003) *Les villes européennes*, La Documentation Française
- FNAU (2000) *Après les lois Voynet, Chevènement, SRU: les réflexions de la FNAU sur le nouveau contexte du développement territorial*, Dossier FNAU No.6
- Jacquot, H. et Priet, F. (2004) *Droit de l'urbanisme 5e édition*, Dalloz

6-3
ドイツの広域計画

瀬田 史彦

1　ドイツにおける空間計画の潮流

　ドイツの空間計画制度を他国と比較すると、静的でリジッドな計画体系が特徴となっている。市町村による後述の「計画高権」を中心に、主に州と市町村の間で明確かつ詳細に区分された権限配分をもとに、関連主体の意向を調整し積み上げたものを、文書や即地的な図として計画上に詳細に落としこんでいく。その結果が、地区詳細計画（Bプラン）をはじめとして、明示的で実現性に優れた計画制度として日本の都市計画の専門家の間での高い評価につながっている。すこし大げさにいうなら、あこがれとなっているといってもいいだろう。

　しかしドイツ国内やヨーロッパの中では、日本とは少し違うレベルでドイツの空間計画について様々な議論があるようである。静的でリジッドな計画体系は、近年、世界中を覆うグローバル化とそれに伴う経済・社会構造の再編に対する迅速な対応力に欠けるとされ、より動的でフレキシブルな計画制度を求める意見も聞かれるという。またEUが、加盟各国の地域政策の内容だけでなく地域計画制度自体にも大きな影響力を持ち始め、たとえば戦略的環境影響評価（SEA、ドイツ語ではSUP）の導入を促すなどの働きかけを行っているが、すでに高度に体系化された計画制度を持つドイツにとっては、それほどメリットの見込めない制度改変と映っているようである。また旧東ドイツの5州では、1990年の東西ドイツ統合後に旧西ドイツの制度が適用されたが、急激な人口流出と市場経済化の影響などから、新たな計画制度への順応のために今日に至るまで試行錯誤が続いているようである。

　こうした状況の中で、ドイツの空間計画制度における広域計画の位置づけは、本質的には日本とそれほど大きく変わらない。その目的は、都市圏・生活圏の

拡大への対応、小規模自治体での公共サービスの実現、隣接自治体間の調整といった、国民経済の成長期から成熟期にいたる国がどこでも経験する課題への対応である。

しかし内容的には、ドイツの広域計画は、日本のものよりもはるかにうまく機能しているのではないかと思われる。そもそも日本には広域計画と呼べるようなものがあまり存在しない。都道府県と市町村の間くらいのスケールの、総合的な広域行政は、法律・制度上の位置づけに欠け、時の首長同士の関係性に依拠した不安定なものとなっている。それに対して、ドイツの空間計画制度は、垂直・水平の権限配分と調整手法が明確で、体系も精巧にできているため、広域計画もそれらにしっかり組み込まれ実効性が高いものとなっている。

上記を踏まえ、以下では、広域計画について知る前提として、ドイツの空間計画制度全体を俯瞰し、広域計画制度について説明した後、都市圏レベルでの先進的な例となっているシュトゥットガルト広域連合の事例をもとにその機能や内容について述べる。

2　ドイツの空間計画制度

1 ― 基本的な自治体構造

ドイツにおける地方行政制度は、基本的に、①連邦（Bund）、②州（Land）および都市州（Stadtland）、③郡（Kreis）および都市自治体（Kreisfreie Stadt）、④町村（ゲマインデ（Gemeinde）：郡にのみ存在）といった段階構成になっている。ドイツにおいては、歴史的にナチス時代を除けば連邦制が取られてきたため、州や基礎自治体の決定権限が強く、連邦はそれを調整するという色彩の強い体系となっている。

連邦と州の関係においては、立法権は主として連邦にあるが、土地法、住宅法、交通などは、連邦と州との競合的立法事項と定義されている。一方、行政権は主として州にあり、連邦による行政は外交、国防等に限られている。

州は、州首相（Ministerpräsident）、各行政業務を掌握する州大臣、および州議会を持ち、日本では国全体で定められるような各分野の法律を各州が自ら制定することができ、所得税などの主要な税収も州と連邦が折半する形で得るこ

表1　ドイツの政府・自治体の規模

ドイツ		連邦	州		都市自治体	郡	町村
			州	都市州			
数		1	13	3	112	301	1万2227
人口	最大	8222万人	1793万人	343万人	123.5万人	112.6万人	―
	平均		586万人	195万人	23.5万人	18.6万人	0.46万人
	最小		103万人	66万人	3.6万人	5.2万人	100人以下
面積	最大	35万104km²	7万552km²	891km²	405km²	3058km²	―
	平均		2万311km²	683km²	148km²	1131km²	27.9km²
	最小		2568km²	404km²	36km²	222km²	―

注）2007年末（都市自治体・郡の最大・最小は2002年末）の値（出典："Statistisches Bundesamt Deutschland Statistisch Jahrbuch 2004"、"同2009"より筆者作成）

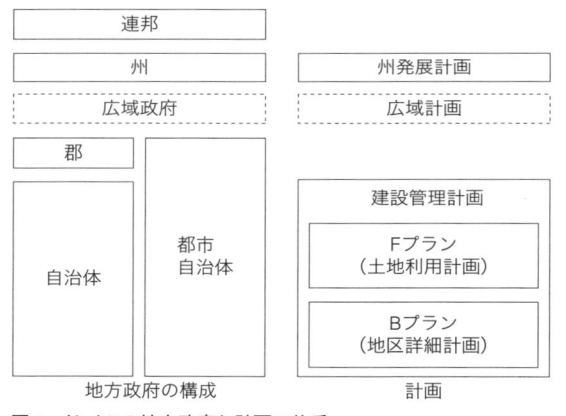

図1　ドイツの地方政府と計画の体系

とから財源も大きい。半ば国家の体系を保持する行政組織である。したがって、州によって計画制度を含めた制度や組織の体系は大きく異なっている。

郡は基本的に、法定事務として社会保障、道路（郡道）、住宅建設促進などを担い、任意事務として上水道、中学校、病院、保育所、老人ホーム、下水道等を担当する。郡には課税権はないが、議会にあたる郡会、郡を代表する郡、郡議員による郡委員会で構成されている（稲沢克祐（1999））。郡長の選任の仕方および郡長と郡会との関係、郡委員会の任務などは州によって大きく異なっている。一方、概して人口規模が大きく郡には属さない都市自治体は、郡と町村の業務を併せ持つ自治体である。

町村はゲマインデ（Gemeinde）と呼ばれるが、ゲマインデと称する場合、上記の都市自治体以外の町村（小規模基礎自治体）のみを指す場合の他に、都市自治体も含めた基礎自治体全体を指すこともある。都市自治体を含めた市町村

は法定事務として社会扶助、道路（市町村道）、小学校、消防、土地利用計画などを、任意事務としてゴミ処理、下水道、公園整備等を担当する。この他に保健所、戸籍、住民票といった州の指示による事務があり、これらが市町村の事務の4分の3を占めているといわれている（稲沢克祐（1999））。市町村の構成については、市長、市議会（評議会）などの構成や権限は、それら市町村が属する州によって大きく異なる。

　この他に、特に学校や消防、上下水道、土地利用計画の作成など小規模町村が単独では行いがたい業務や、公共交通機関の運営、都市圏の産業政策など広域で処理した方がよいと判断された業務については、市町村連合、地域連合などを組織して、自治体が共同で行うことが多い（森川（2005））。これらの制度は各州によって、また各連合によって業務や権限が大きく違ってくる。小規模の町村同士の連合の場合、日本の広域連合やかつての全部事務組合・役場事務組合に似た制度で、実質的に行政業務のかなりの部分を共同で行っている。これに対して、特に近年は大都市も含めた広域にわたる市町村の連合の事例が多く出てきており、共同処理する事務にも様々なバリエーションがある。

2 ── 州計画と中心地・開発軸の設定

　ドイツの州は、日本で国が行うような多くの政策を受け持っている。計画体系において、連邦レベルでのいわゆる「国土計画」は存在しないとする認識が一般的であり、一部の大規模インフラ整備の計画（連邦交通路計画）などを除けば、州の計画が最上位に位置する。

　州計画法は、州発展計画（Landesentwicklungsplan）、州発展プログラム（Landesentwicklungsprogramme）、州計画（Landesplanung）などの名称の1段階または2段階構成で、いずれの場合も、地域開発、土地利用、インフラ整備の具体的な内容まで含まれる総合計画であり、大まかな即地性もある。

　ドイツの各州、またそれ以下のレベルの計画において重要な概念に、中心地と開発軸の設定がある。ドイツの計画概念における「中心地」とは、端的には開発されるべき地域（大抵の場合、市町村などの行政単位）として指定される場所のことをいい、各種基盤施設（学校、病院など）についてどの地域にどの程度の規模のものを立地させるべきかについての重要な指針であり、同時に民

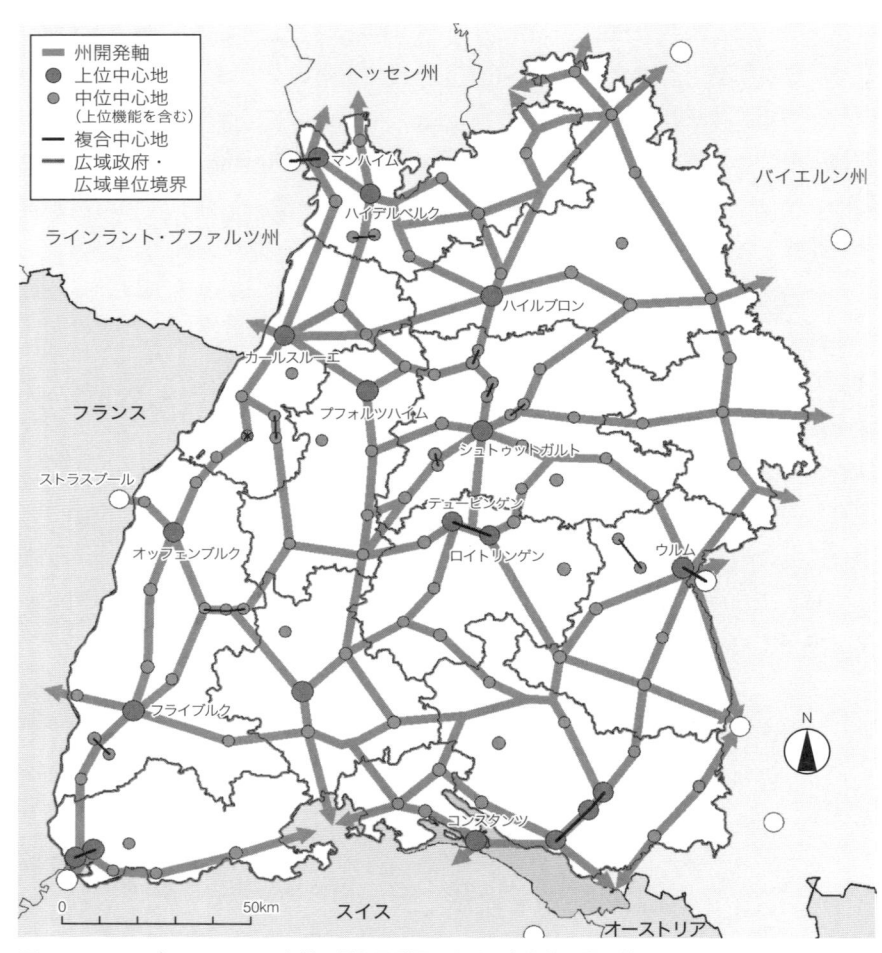

図2 バーデンビュルテンベルク州の州発展計画における中心地と開発軸 (出典：LANDESENTWICKLUNGS PLAN 2002 BADEN-WÜRTTEMBERG より筆者作成)

間等の開発行為についてどの地域にどの程度の規模のものを認めうるかということの重要な指針ともなる。中心地にはその規模に応じて上位・中位・下位といった段階があり、より大きな中心地には大きな基盤施設（広域医療施設など）の設置が計画され、同時に大型の量販店や大規模な住宅開発などが後述の建設管理計画などの即地的な計画で許可されるための重要な基準となる。中心地の設定は基本的に、人口に代表される都市規模と、各基盤施設のサービス供給範

囲などが考慮されるので、地理的条件や州の制度にもよるが、基本的にはかなり均等に分散された形で設定される。一方、開発軸は、端的にいえばこれら中心地を結ぶ線のことを指し、中心地と同様、基盤施設（道路、鉄道など）の敷設の優先順位や、上位政府による補助金の拠出に大きな影響を及ぼす。

　原則的に、より大きな中心地同士を結ぶ軸でより優先的に大規模な基盤整備が行われることになる。この中心地と開発軸の設定によって、ドイツ全土への平等かつ効率的なインフラ供給を保証して農村からの人口流出を防ぐと共に、自治体の負担の増大となる無秩序なスプロールを防ぐといった基本的な狙いがある（ドイツ建築研究所（2001））。

　中心地を設定する権限を持つのは州（および広域政府）である。特に州は、大都市など大きな中心地の指定のほか、中小の中心地を指定するための基準の設定、さらには各中心地が備えるべき条件（基盤整備状況や開発のあり方など）の内容にいたるまで、中心地の指定において大きな権限を持っている。

3 ── 基礎自治体の土地利用計画（Fプラン）と計画高権

　他方、土地利用についての基本的な権限は、基礎自治体が持っている。

　ドイツの基本法では、人事高権、財政高権と並んで、計画高権（Planungshoheit）が市町村の自治の基幹とされ（広渡清吾（1993））、一般には「土地に関する基本的な権限は市町村に属している」と解されている。自治体が計画高権を踏まえて策定するのが、Fプラン（土地利用計画）（Flächennutzungsplan）とBプラン（地区詳細計画）（Bebauungsplan）から構成される、建設管理計画（Bauleitplane）である。

　その中で、市域全域の土地利用を定めるFプランは、土地利用の概略を示す行政計画であり、原則としてこの計画をもって個々の建設活動を規制することにはならないが、土地利用を直接規制するBプランと大局から都市圏構造を定める州計画・広域計画をつなぐ、重要な役割を担う。Fプランは自治体全土を対象に詳細なゾーンわけを行うことによって、開発が許される地域やその程度を明示し、各自治体の都市構造を規定していく。Fプランは、基本的には土地利用に関わる計画内容を示すに過ぎないが、日本の市町村では策定が義務付けられている基本構想や、それにもとづく総合計画が、現在のドイツの市町村では

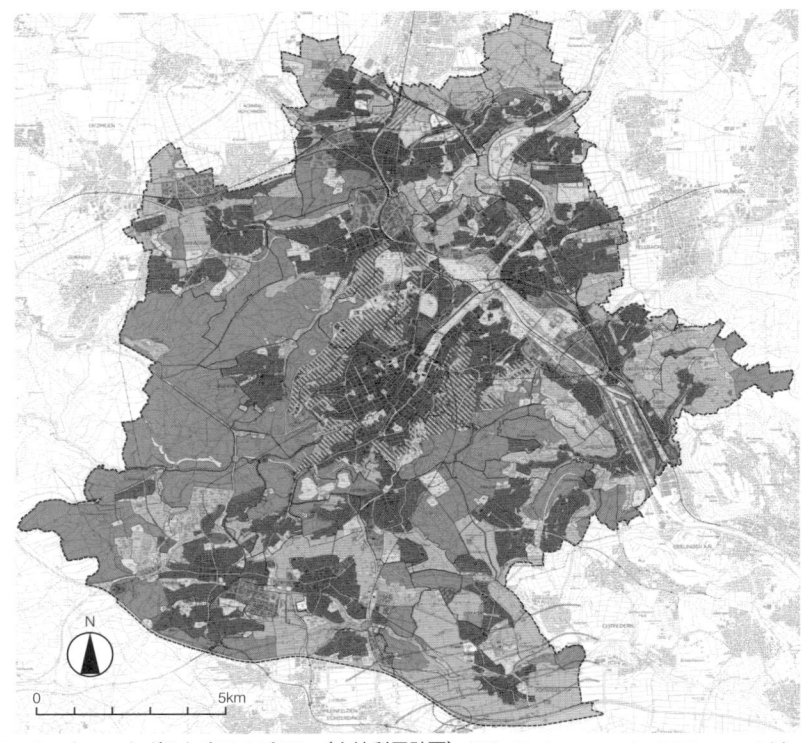

図3　シュトゥットガルト市のFプラン（土地利用計画）（出典：Flächennutzungsplan 2010 Stuttgart より）

あまり策定されないため、市町村の行政全体にとっても実質的に最も総合的な計画となっている場合も多いといわれる。小規模町村の場合は複数共同で、また郡単位でFプランを策定することも多い。

　他方、上位計画のレベルで策定され建設される高速道路、州道、鉄道や発電所などの社会基盤施設の配置については、その決定権限を持つ連邦や州の意図が優先される。また隣接市町村やその他の関係主体に影響を与える可能性のある計画については、それらの主体と計画の調整を行わなければならない。

4 ─ 広域連合の枠組みと広域計画

　上記のように、ドイツの空間計画体系は、その権限のありかにしたがって、州による州計画と、基礎自治体による建設管理計画が基本となっている。その

間にあって、最も柔軟で多様な体系を持つのが、広域計画（広域地方計画、地域計画といった様々な呼び方がある）である。連邦地域計画法（ROG）には、国土整備の目標の規定に即すること以上の制限はなく、広域計画の名称、策定主体、計画の権限、手続きなど、すべての面で各州の計画法が規定することになる。

　一般的な策定主体は州によって、州政府自身が州発展計画を詳細化したものとして策定する場合と、自治体（町村、都市自治体）や郡などが連合した組織が策定する場合とに分けられる。どちらの場合も広域的な計画策定の基本的な権限を有する州と、計画高権を持つ市町村が策定に関与する。前者の場合は、州が自治体（やその他の関連組織）の参加の下で州発展計画をブレークダウンする形で策定するのに対し、後者の場合は、自治体連合が各自治体（やその他の関連組織）の意見を集約し、かつ州発展計画との整合性を見極めながら策定し、その内容や手続きについて州の認可を得ることによって発効するのが通常である。

　広域計画は、内容的には州発展計画の小型版、地域版と考えることができ、文章と図面によって中心地、発展軸、土地利用の概要などが示される。連邦や州の各部門別計画については、前述の州発展計画と同様、計画済みのものはそのまま記載されることが一般的である。面積が広い州においては州全体の計画は大雑把なものにならざるを得ないことから、広域計画によってより具体化された計画が示され、小規模の中心地・開発軸などとともに規定される。それが各市町村のFプランなどとの整合性の調整を経ることによって、州や広域レベルの組織の土地利用に関する意図が反映されることになる。

　また開発活動の制限に関連して、広域的な見地から各市町村に開発量（住宅の戸数や商業床面積など）を割り当てるといった試みも行われる。この場合、各州の州法が広域計画にどの程度の権限を与えているかによって、広域計画が市町村の計画（Fプランなど）に与える拘束力の程度は異なってくる。

写真1　都心の目抜き通り　　　　写真2　中心商店街

3 シュトゥットガルトにおける事例

1―シュトゥットガルトの特徴的な地域づくり

　ここではドイツ南西部、バーデンビュルテンベルク州の州都シュトゥットガルトの大都市圏を具体事例として、各レベルの政府や計画が地域づくりに果たしている役割について概説する。前述のように、ドイツの広域計画制度は重層的でかつ州による違いが大きいのが特徴であるが、この事例はその質的な側面を典型的に表すわかりやすい事例であると考えられる。

　シュトゥットガルトは、市域の人口約60万人、ベンツやポルシェといった自動車産業、ボッシュなどの家電・ハイテク産業など製造業で栄える都市であり、日本でいうと浜松が最も近いイメージといえる。東西ドイツの統一やEUの統合など、内外の状況が激変する中で、シュトゥットガルトを中心とするバーデンビュルテンベルク州は、ミュンヘンを擁するバイエルン州とともに、ドイツの中でも地域経済の安定を保ってきた州であり、現在でも経済成長率が高く、ドイツの中でも最も豊かな地域となっている。

　地域づくりにおいても、特徴的な政策や事業が多く見られる。

　日本でも以前から知られている「風の道」は、盆地に囲まれ風が弱く、工場

写真3　現在の中央駅　　　　　　　　写真4　シュトゥットガルト21の模型展示

や自動車の排ガス等で空気が汚れやすいシュトゥットガルト市中心部の都市環境の快適さを保つ建築・土地利用政策であり、今日でも後述の新中央駅建設などにおいて活かされている。また傾斜が多く開発適地が少ない都心に、グリューネウー（Grüne U））（U字の緑の意）と呼ばれる巨大な公園を配置し、良好な環境を保っている。

　シュトゥットガルトの都市内公共交通は、他のドイツの都市同様、Sバーン（近郊電車）、Uバーン（地下鉄・路面電車）、路線バスを中心とした構成となっている。自動車の町、シュトゥットガルトは、モータリゼーションの進展が日本の地方都市同様かなり進んでいるものの、後述のシュトゥットガルト交通連合が結成されてからの都市内交通は、財務的にも、また運営上も大きな改善がなされ、ドイツでも先進事例と捉えられている。

　こうした都市政策もあって、シュトゥットガルト市の中心市街地は日本の同規模の都市に比べてはるかに賑わいがあると感じられる。ドイツでは閉店法により土日の小売業の営業が厳しく制限されているにも関わらず、休日のまちなかは、ウィンドウショッピングを楽しみながら、イベント会場、美術館、オペラ・バレー劇場へと向かう人々でごった返すことも多い。

　他方、都市間交通においては、ドイツ全土はもとよりヨーロッパにおける地勢的な状況を踏まえる必要がある。ドイツにおいてシュトゥットガルトは、フランクフルトとミュンヘンを結ぶ国土の軸線上に位置し、新幹線、アウトバーン（高速道路）が都市間を結び、飛行機も多く飛んでいる。ヨーロッパ全土を見ると、シュトゥットガルトはフランスのパリからイタリアのミラノを経て地

6章　諸外国における広域計画の経験　　177

中海諸国、またオーストリアのウィーンを経て東欧諸国を結ぶ線上に位置し、地勢的な重要度が高い。EU 全体の交通政策（1996 年欧州交通鉄道網整備構想など）を踏まえて高速化や各国の新幹線（ドイツ ICE、フランス TGV など）の相互乗り入れが計画されている。シュトゥットガルトはこうした欧州全体の交通網の発展に対応すべく、新駅建設、鉄道幹線の高速化、空港との接続線の建設を含む「シュトゥットガルト 21」と称したプロジェクト群を進め、圏域中心としての地位を高めようとしている。

　また、シュトゥットガルト大都市圏を中心とする産業集積の進展を支えているのが、日本でもよく知られるシュタインバイス財団（Steinbeis Stiftung）である。同財団は、自動車や家電などの大手企業の部品生産を支える中小企業の技術開発やイノベーションを、大学や研究所の持つ人材、知識の蓄積や機器などの設備によってサポートしようとする技術移転機関である。技術センター（Steinbeis Technology Center）を窓口として、大学の教授などの研究者に技術開発などのサポートを求める企業が一定の経費を支払い、研究開発を委託したりコンサルティングを依頼して、大学や研究所の知識や経験を有効に活用する。この財団のスキームは、現在までに世界的な広がりを見せており、日本にも支所がある。

2 ― 地域づくりの役割分担

　ドイツの地域づくりにおける特徴は、枠組みを決める権限と大きな予算を持つ州と、地域づくりにおいて主体的・排他的な権限を持つ基礎自治体を中心にしながら、それらが単独で、あるいは連合して様々な取り組みを行う仕組みにある。

　上述の例では、土地利用計画・規制の権限は基礎自治体であるシュトゥットガルト市が有している。グリューネウーの保全や風の道に配慮した建築規制などは、市が主体的な役割を担って土地利用計画（F プランなど）の計画づくりを行い、それにしたがって各種の規制や誘導が行われる。市役所の担当部局は、都心を中心とする盆地全体の模型や近年ではコンピューターシミュレーションによって実験を行い計画策定に役立てている。「シュトゥットガルト 21」のような大規模開発においても、開発の是非自体だけでなく、具体的な開発計画の

詳細において、土地利用・建築規制の権限を持つ同市の同意が欠かせない。このことは、広域的な計画づくりを行う州や、実際に開発を行う民間企業からも基本的なルールとして強く意識されている。

　他方、地域づくりにおける大きな枠組みの設定、そして産業振興や大規模プロジェクトのように広域に影響を与える事業・政策においては、バーデン・ビュルテンベルク州に強いイニシアチブがある。シュタインバイス財団の設立・運営においては、財団自体の運営だけでなく、大学側の協力体制においても州が大きな権限を持ち、兼業規定の緩和などの調整を行い、産学連携の発展を促した。世界的に成功と認知される現在の仕組みができた1980年代後半には、同財団の理事長が州技術移転大臣として州の政策に深く関与し、そうした調整が円滑に行われるようにした。

　また土地利用規制の即地的な権限が基礎自治体にあるのに対し、州は州計画などによって広域的な見地から、開発や保全を間接的にコントロールしている。都市圏が拡大しても、郊外の小さな自治体がその規模に見合わない開発を許可することは、州計画のもとで定められる中心地の設定によって阻まれる。これによって、都市圏全体としてバランスのよい都市構造を保つとともに、コンパクトで持続可能なまちづくりを各自治体で可能としている。

3 ─ シュトゥットガルト広域連合と広域計画

　このように、地域づくりの基本的な方針は、州と基礎自治体を中心に展開されている。しかし郊外自治体が小規模であることもあり、実際の行政運営は、都市自治体以外の町村を束ねて多くの行政事務を担う郡や、日本の一部・全部事務組合に似た制度による共同事務が多く行われている。

　シュトゥットガルト大都市圏では、それらに加えて、拡大した大都市圏全体の地域のあり方を定めるために、シュトゥットガルト市とその周辺の5郡に属する178自治体（人口267万人、面積3700km^2）が参加するシュトゥットガルト広域連合（Verband Region Stuttgart（VRS））が、広域的な配慮が必要ないくつかの政策を行っている。

　まずVRSは、連邦地方計画法に規定され、州に基本的な枠組みを設定する権限がある中心地の設定を都市圏レベルでより具体的に示す「広域計画」（Region-

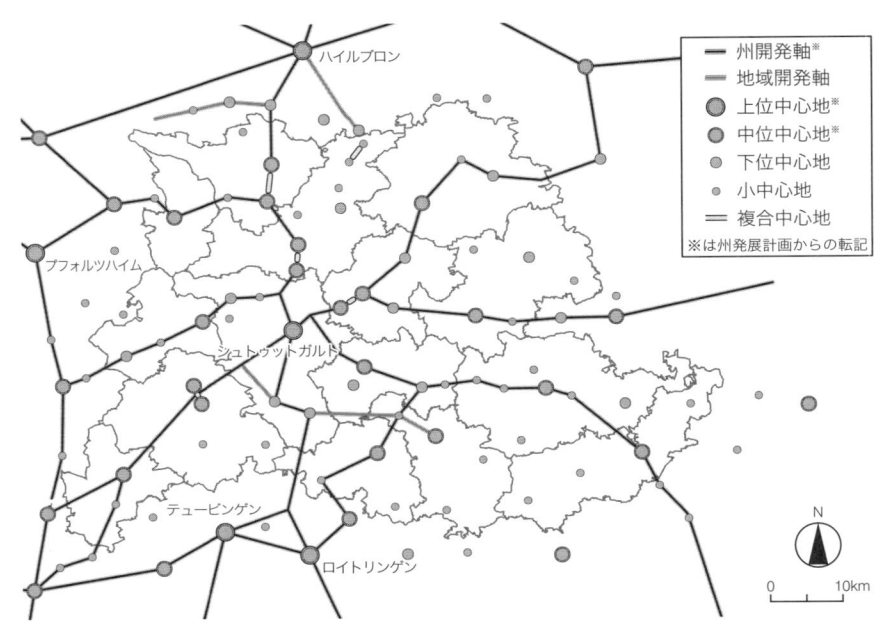

図4 シュトゥットガルト広域連合の構造計画（中心地など）（出典：Verband Region Stuttgart, REGIONALPLAN, 22.07.2009 より筆者作成）

alplan）を策定している。具体的には、対象地域全体に州が定める中位中心地よりも小さい「下位中心地」「小中心地」を配置し、そうした都市構造を誘導するような土地利用規制を構成市町村に促している。また広域計画の中には、オープンスペースの広域的なネットワークの形成に関する計画も含まれ、自然保護や景観保全の全体的なガイドラインを示す。

また都市内の交通政策については、広域連合が、都市圏全体の交通計画を策定するだけでなく、遠方の1郡を除く管轄エリアの公共交通運営を総合的に担うシュトゥットガルト交通連合（Verkehrs- und Tarifverbund Stuttgart GmbH（VVS））に出資することによって運営にも関わる。同交通連合は、州、市郡などの行政とドイツ国鉄、シュトゥットガルト軌道会社（Stuttgarter Strasenbahnen AG（SSB））など各公共交通を運営する企業が共同出資する企業体であり、広域連合が2割程度の出資をもって、運営に対しても強い発言権を有している。実際、各交通機関同士の連絡の円滑化や、ダイヤの再編成による定時性の強化によって公共交通の利用が増えるとともに財務が改善したといわれる。

さらに広域連合は、廃棄物管理において域内共通の規制を設けることによって圏域全体の環境保全をめざしているほか、観光や企業支援においても圏域内で共同の活動を行う。

　この広域連合の最高意思決定機関は広域連合議会であるが、100名弱の議員は、選挙区をシュトゥットガルト市と5郡に分けた直接選挙によって、統一地方選と同じ5年ごとに選出される。また行政の運営は、議員から互選される広域連合長（議長）と、議会に指名され8年の任期で実際の運営を担う特別公務員となる広域連合理事（行政庁）の双頭体制となっており、約50人程度の専任職員が働いている。

参考文献
- 稲沢克祐（1999）「ドイツ編」（竹下譲監修『世界の地方自治制度』イマジン出版）
- 広渡清吾（1993）「都市計画と土地所有権－「建築の自由」の検討（第一部　ドイツ）」（原田純孝他編『現代の都市法　ドイツ・フランス・イギリス・アメリカ』東京大学出版会、pp.54-76）
- ドイツ建設地域整備局（Bundesamt fur Bauwesen und Raumordnung）(2001)"Spatial Development and Spatial Planning in Germany"
- 森川洋（2005）『ドイツ市町村の地域改革と現状』（古今書院）
- 瀬田史彦（2005）「概説：ドイツの土地利用計画体系　テューリンゲン州マイニンゲン町の事例」(『都市計画報告集』No.4-2、pp.13-18)
- 廣田良輔（2008）「シュトットガルトに学ぶ公共交通を中心とした都市発展施策」(『運輸と経済』68(1))
- 三村・床尾（2009）「EU環境政策による総合的な交通まちづくりの実際（シュトゥットガルト）」(『コミュニティ政策研究』11)
- シュトゥットガルト広域連合（Verband Region Stuttgart）ホームページ（http://www.region-stuttgart.org/（2009年10月閲覧））
- シュタインバイス財団（Steinbeis Stiftung）ホームページ（http://www.stw.de/（2009年10月閲覧））
- シュトゥットガルト市土地利用計画（Aktueller Flachennutzungsplan 2010 der Landeshauptstadt Stuttgart）ホームページ（http://www.stuttgart.de/item/show/146000（2009年10月閲覧））
- バーデンビュルテンベルク州発展計画（Landesentwicklungsplan 2002 Baden-Wurttemberg）ホームページ（PDF）（http://www2.landtag-bw.de/dokumente/lep-2002.pdf（2009年10月閲覧））

6-4 アメリカの広域計画

西浦 定継

1 アメリカの計画行政のしくみ

　米国の人口は約3億人、面積は約930万 km² である。行政機構としては、連邦、州（50州）、地方政府からなる。地方政府は、郡（カウンティ、約3000）、市（ミュニシパリティ、約2万）、郡区（タウンなど、約1万7000））、特別区（約3万5000）、教育区（約1万5000）で構成される。州によって差異があるが、首長、議会など行政機構をもっているのはカウンティ、ミュニシパリティ、タウンなどである。

　州政府は、州憲法にもとづき主権を持つ。地方政府は、基本的には州憲法により規定された権限を持つことから「州の創造物」と称され、州議会の承認により設立される。一方で、それに対抗するかたちで、自治体の独自性を確保する目的でホームルール（home rule、自治憲章）を活用してきている。ホームルールにより、自治体運営に関するかなりの部分に裁量が認められるものの、課税権など財政面については州法により細かく規定されている。ただ、住民提案や住民投票により税のコントロールを実施した例などもある。

　基本的には地方政府が公共サービスを提供する主体となっている。ただし、各州により地方政府の形態が異なるため、その業務形態を一概に述べることは難しい。一般的な業務としては、カウンティが司法機関、一般福祉、道路、教育、保険、レクリエーション、都市計画など、ミュニシパリティが上・下水道、保健衛生、道路、警察、消防、教育、福祉、都市計画など、特別区が下水処理、上・下水道、港湾、空港などとなっている。

　地方財政についてみると、公共サービスの実施主体である地方政府は、その税収の70％から80％が財産税（いわゆる固定資産税）であり、続いて割合の

大きいのが小売売上税の 10％程度などとなっている。その他は、個人所得税、法人税などがある。ただし、これも各州により歴史、政治・経済、社会状況などが異なるため一般的には決定付けられない。

　上記の業務形態と財政状況からみると、財産税からの税収を基に公共サービスを提供するといったかたちとなっている。そのため、受益と負担という観点から都市経営や都市計画のあり方が、住民サイドからの厳しい目でチェックされる仕組みとなっている。

2　アメリカの都市計画の流れと広域計画

　米国のプランニングはゾーニングに始まる。1908 年のロサンジェルス市のゾーニング条例が最初といわれ、1916 年のニューヨーク市、1922 年のオハイオ州ユークリッド市の例が続く。最も知られているのが、市域全体に対してゾーニングをかけたユークリッド市の条例である。連邦最高裁まで争われ、最終的にゾーニング条例は合憲と判断された。ゾーニングの根拠は、相反する土地利用が近接して存在した場合に生じるであろう悪害排除であり、健康、安全など一般の福祉を保護向上させるための行政権であるポリスパワー（規制権限）の行使である。特に、ゾーニングが実施された当初は、健全な住宅地に商工業用用途が入り込むことを排除する目的があり、ゾーニングによって健全なコミュニティーを守るという考え方があった。

　その後、ニューディール政策を皮切りに、経済開発、経済的規制、社会資本整備、公共住宅政策などの分野で政府の役割が増していき、今度は、ゾーニングに加えて土地収用が登場してくる。これまでのゾーニングのように土地利用用途ごとにコントロールするだけでなく、開発計画を実行に移すためには私有地を公共の用に供することが必要であり、公共の利益の観点から強制的に土地を確保する手法が用いられることとなった。この場合、私有財産権にもとづく私益と開発による公益とをどのようにバランスさせるかという課題がでてくる。いわゆるテイキング問題（taking）と称され、どのような根拠にもとづく収用または規制であれば合憲と判断されるかということである。テイキングの直接的な意味は、収用することである。米国の場合、合衆国憲法第五修正で財産権

の補償が規定されており、正当な補償なしで公共の用途のために私有財産を徴収されることはないとされている。しかし、公的規制の場合、公共性確保のための社会秩序の維持を目的としているとして損失補償を伴わないことがあり、公的規制の本質が裁判で争われるケースが多々ある。今日においても米国プランニングの根幹に関わる課題であり、訴訟社会の米国では常に意識される。

1970年代初頭、都市法学者のボッセルマン（Bosselman）とキャーリーズ（Callies）（Bosselman、1971）が、「私有財産権の問題に対処するためには、土地の持つ社会的価値を計画の中で考慮すること」を提唱した。私有財産権の保護は市場経済のあり方と深く関わるため、大都市圏郊外部の開発コントロールに十分踏み込めなかったという事実がある。高速道路の建設や住宅政策が郊外化を後押ししたということもあるが、開発を規制しようとしても根本的には私有財産権の壁を越えられなかったということであろう。

ボッセルマンらは、「時代の変化とともに土地の持つ社会的意味が変わってきた。単なる生産手段としてではなく、公共の利益に結びつくものとしての土地のあり方が問われてきている。そうなると、単なるゾーニングだけでは無理であり、上位レベルの政府組織による広域計画にもとづく適切な土地管理が必要になってきている」と論じている。これは、ゾーニングが初めて導入された時代においては、個々の土地所有者が利益最大化に向けて効率的に土地活用を行っていれば問題なかったが、土地と土地の空間的関係が密接になるにしたがい、個々の利益最大化が結果として全体的に不利益を生むこととなる。いわゆる、合成の誤謬が起こるわけであり、これを避けるためには広域計画、広域土地利用計画にもとづく秩序あるコントロールが必要になっている。広域計画の中で私益と公益をきちっと位置付け、計画導入によるコストとベネフィットを明示することが重要である。彼らの提唱から30年以上経つが、まだテイキングにかかわる訴訟が最高裁で争われ、しばしば話題となっている。一方で、先進的な広域計画づくりの事例もみられ、徐々にではあるが広域レベルでの土地利用管理が広がりつつある。

3 訴えられたレイク・タホの環境保全型広域計画

本節では、米国のレイク・タホ（Lake Tahoe）判例から私有財産権と計画システムのあり方をみていく。

1 ― レイク・タホ（Lake Tahoe）の位置

計画の対象となったのは、カリフォルニア州とネバダ州の州境にあるタホ湖（Lake Tahoe）周辺4つの郡（county）にまたがる地域である（図1）。中心となるタホ湖は、2500万年前の地殻変動によってできた湖で、最大水深が約2000m、周囲が約120kmの大きさである。米国の作家マーク・トウェイン（Mark Twain）が"地球上で最も清らかなところ"と賞したほど透明度の高い湖と、周辺の豊かな自然環境があり、一度汚染されたら回復するまでに700年以上の年月を要するとすらいわれている。しかし、1960年代のリゾート開発や住宅開発の急増により水質汚染が進み、早急な保全対策が求められ、2つの州をまたぐ4つの郡を計画区域とするタホ広域計画局（Tahoe Regional Planning Agency：TRPA）が連邦機関として設立された。タホ広域計画局が、開発一時停止措置、いわゆるモラトリアムを施行し、広域計画策定による抜本的な地域環境保全に乗り出したのである。

2 ― レイク・タホ判決の経緯

タホ地域（Lake Tahoe Region）の広域計画（regional plan）をめぐる一連の訴訟は、1980年

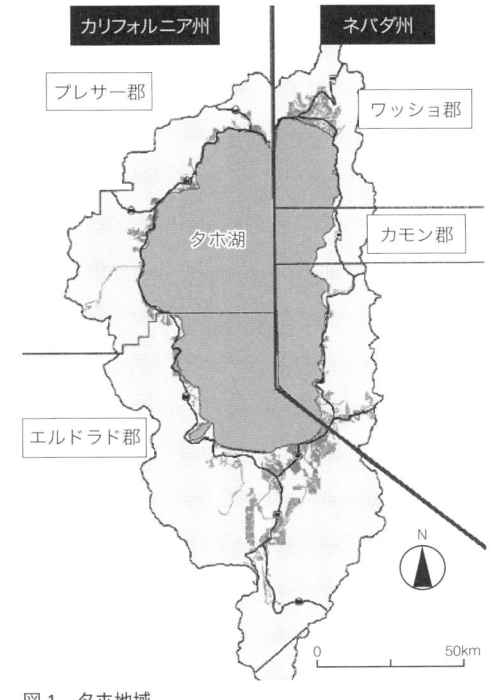

図1　タホ地域

協定（compact）を制定する際に導入されたモラトリアムが発端となっている。開発許可を一旦停止し、その間に広域計画を策定し、適切に開発コントロールしていこうというものである。1984年に最初の広域計画が策定されたが、その1984年までの間のモラトリアムが私有財産権の不当な侵害にあたるとして訴えられ、テイキング訴訟が始まった。さらに、この1984年の計画についても環境保全の目的を十分に達しえる機能を備えていないとして訴えられ、連邦控訴裁判所によって84年広域計画の差し止め命令が下された。これを受けて1987年に新たな計画が策定されたが、この87年計画に対してもテイキングにあたるとして訴えられている。つまり、乱開発によりタホ湖を含む地域の自然環境の保護、保全を目的として導入されたモラトリアムがテイキングにあたるかどうかが争われたのである。

　このレイク・タホ判例の争点は幾つかあるが、計画の観点からは以下の3つにまとめられる。1つは、導入されたモラトリアムの実施期間が妥当かどうかである。約3年にわたるモラトリアムの期間中は開発行為が制限されるわけであり、当然、経済的損失も発生する。2つには、環境の価値を保全するための負担を誰が負うかということである。環境という人類未来永劫にわたる価値を保全するのであれば、公共（public）の負担によって行うべきであり、それを土地所有者に対する開発行為の制限というかたちで一方的に個人（private）に負わせるべきでないという意見である。環境の価値を守るコストは誰が負担するべきかという判断が求められた。3つには、広域計画の仕組みについてである。これは、判決の中では直接的に取り上げられていないが、先の2つの観点と密接に関連し、モラトリアムの期間にどのような広域計画の仕組みが策定されたかに関連すると考えられる。財産権を保護する仕組みが盛り込まれているか、または環境保全に十分な機能を備えているかなど、計画の質が問われた。

　表1に判決をまとめる。タホ・シエラ保全協会（Tahoe Sierra Preservation Council：TSPC、以下、保全協会）はタホ地域の土地所有者によって組織された団体であり、モラトリアムがテイキングにあたるとしてタホ広域計画局（Tahoe Regional Planning Agency：TRPA、以下、広域計画局）を訴えた。表中には、一審のネバダ州の連邦地裁（the U.S. District Court of Nevada）、二審の第9控訴裁判所（the U.S. Court of Appeals for the Ninth Circuit）、そして連邦最高裁

表1 レイク・タホ判決の経緯

	地裁（1999）	控訴（2000）	最高裁（2002）
期間Ⅰ (1981.8.24 - 1983.8.26)	保全協会	広域計画局	広域計画局
期間Ⅱ (1983.8.27 - 1984.8.25)	保全協会	広域計画局	広域計画局
期間Ⅲ (1984.8.26 - 1987.7.1)	広域計画局	広域計画局	―
期間Ⅳ (1987.7.2 以降)	広域計画局	広域計画局	―

注① 期間Ⅰ：第81-5法令の施行期間、期間Ⅱ：第83-21法令の施行期間、期間Ⅲ：第84-1法令の施行期間、期間Ⅳ：87年計画に関する訴訟期間
注② 地裁：連邦地裁、控訴：第9控訴裁判所、最高裁：連邦最高裁、保全協会：タホ・シエラ保全協会、広域計画局：タホ広域計画局
注③ （　）内の数字は判決時期を示す

(the Supreme Court of the U.S.)において、勝訴した方が記してある。（　）内の数字は、判決時期である。

　レイク・タホ判決は4つの期間の法令、計画が争点となっている（Tahoe, 2002）。期間Ⅰは、住宅および商業開発の一部禁止を行ったタホ条例第81-5法令の施行期間である。これは、1984年の広域計画策定までの間にかけられたモラトリアムである。期間Ⅱは、広域計画策定が遅れたためにモラトリアム期間を延長したタホ条例第83-21法令の施行期間である。期間Ⅲは、1984年の広域計画を差し止めた第84-1法令の施行期間である。先に述べたように、遅れて策定された1984年計画は、環境保全の機能を十分に果たしえないとして差止められた期間である。期間Ⅳは、1987年の広域計画がテイキングにあたるとして訴えられた期間である。

　この一連の判決を計画の観点からみると、期間Ⅰ、Ⅱの判決が重要である。広域計画策定を前提に約3年にわたってかけられたモラトリアムが、私有財産権を不当に侵害し損失補償の対象となるかという点である。一審ではタホ・シエラ保全協会の訴えが認められたものの、二審および最高裁ではテイキングにあたらないと判断された。

3 ― 判決の考え方

　判決では、テイキングにあたるかどうかの判断においてペンセントラル

(Penn Central) 判例 (Penn Central, 1978) の3つのコンセプトが引用されている：①規制の経済的インパクト (the economic impact of the regulation)、②合理的収益への期待 (the extent of interference with reasonable, investment-backed expectations)、③行政行為の特質 (the character of government actions) である。①、②については、規制により私有財産権の経済的価値が減じられたかということである。規制により物理的損失を被った場合は明らかにテイキングが発生したとして損失補償の対象となる。しかし、それが物理的損失でなく経済的損失の場合にその判断がゆれることになる。規制により多少経済的損失を被ったとしても、その財産の利用は継続されるわけであり、経済的損失のみを取り上げてテイキングにあたると判断するのは難しい。レイク・タホのケースでは第81-5法令と第83-21法令が審理の対象となった。この2つの法令が通常の場合に比べて特殊な点は、約3年間のモラトリアムということである。開発行為の制限ということで明らかに経済的損失は発生する。しかし、その間にも財産の利用は継続されるわけであり、加えて広域計画が施行された後には計画で定められたルールにそって開発行為は許可されることになる。また、期限付きのため、土地所有者の将来における収益の期待も損なわれない。判決では、法令の施行によって全ての財産的価値が損なわれたとは判断できないとされた。

　③の行政行為の特質は、規制によりどのような価値を守ろうとするのかということである。それが一般の福祉 (general welfare) の場合、その価値を享受するのは一般市民ということになり公共性が強くなる。であれば、守るためのコストは公共負担が妥当であり、規制を通じて特定の個人に負わせるべきではないということなる。判決文の中では、モラトリアムがかけられなかった場合を想定して規制の必要性が論じられた。もしモラトリアムがかけられなかったとしたら、広域計画が施行されるまで、つまり策定期間中に開発許可申請が殺到し、十分な審査が行われない状況で許可となり、無秩序な開発が一層広がり環境破壊が進行することが考えられる。それを考えると、土地所有者の開発行為がその期間中だけ制限されるという措置は伴うものの、モラトリアムによって公共の利益が守られることにつながる。つまり判決では、モラトリアムをかけるという行政行為の妥当性を公共の利益を守ることの意味において認めている。

　となると、"モラトリアムは合憲である"ということが一般化できるかという

疑問がでてくる。判決の中では、1年以上にわたるモラトリアムは慎重な審理が必要であると述べられている（Tahoe, 2002）。つまり、レイク・タホのケースは特殊解という位置付けと考えられる。この特殊ということは、レイク・タホのどのような部分をもって特殊と受け止められ、モラトリアムの合憲性につながったのであろうか。

　先に述べたように、モラトリアムの実施は広域計画が策定されるまでの期間であり、広域計画に支えられたモラトリアムという構図は時系列的には矛盾する。しかし、判決文からモラトリアムの合憲性判断を考察すると、その判断の背後にはモラトリアムの間に策定された広域計画の仕組み、つまり計画全体のフレームワークの合理性にあると考えられる。当然であるが、モラトリアムをかける場合は目的をもって行われる。レイク・タホの場合は、環境破壊を抑える目的で施行されたが、最終的にめざすところは広域計画にもとづき環境保全を継続的に実施していくことである。つまり、ただ単に規制をかけるだけでなく、その後にどういう地域を形成していくかという将来ビジョン、そのための合理的で公正なルールづくりがあるというのがレイク・タホの特殊性と考えられる。

4 ― 広域計画のフレームワーク

　図2に広域計画のフレームワークを示す（TRPA, 1987a）。構造としては協定（Compact）（TRPA, 1980）を頂点として環境保全のための閾値の設定（Environmental Threshold Carrying Capacities：ETCC）（TRPA, 1982）、広域計画の目標および政策計画（Regional Goals and Policies Plan）（TRPA, 1987a）、その目標達成のための手段としての様々な規制が規制法令集（Regulatory Code）（TRPA, 1987b）として位置付けられている。さらに、その規制法令集に整合するかたちでタホ地域を175に分けた地区別計画、マスタープラン、コミュニティープランがある。これは、1980年協定を根拠とし、1987年の広域計画フレームワークを示している。先の訴訟の経緯でも述べたように、1984年の広域計画に差止め命令が下されたのは、環境保全機能が十分でないという理由であった。このことが1987年の計画のどこに活かされたかというと、以下の2点において環境保全の知恵が見い出せる。

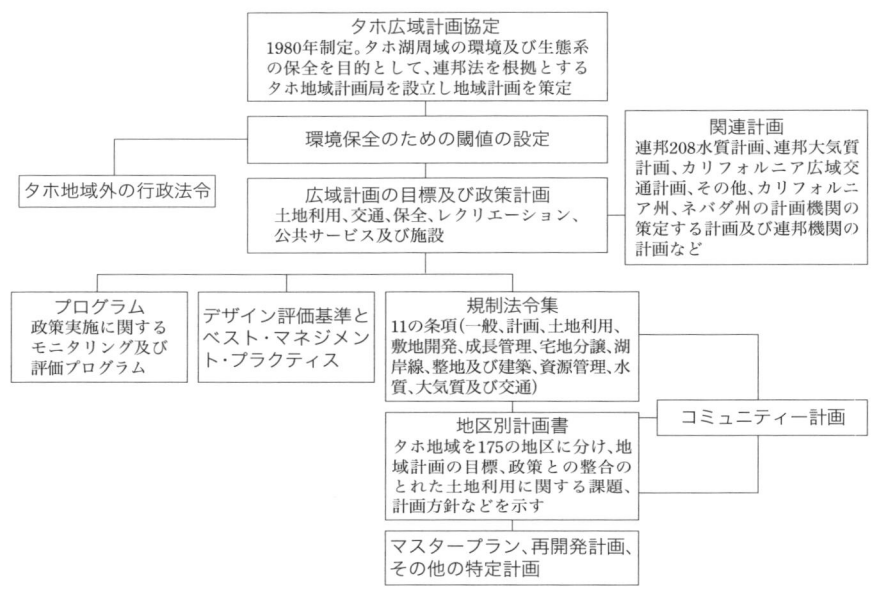

```
                    ┌─────────────────────────┐
                    │   タホ広域計画協定      │
                    │ 1980年制定。タホ湖周域の環境及び生態系
                    │ の保全を目的として、連邦法を根拠とする
                    │ タホ地域計画局を設立し地域計画を策定
                    └────────────┬────────────┘
                                 │
                    ┌────────────┴────────────┐      ┌──────────────────┐
                    │ 環境保全のための閾値の設定 │      │    関連計画      │
                    └────────────┬────────────┘      │ 連邦208水質計画、連邦大気質
┌──────────────┐                 │                    │ 計画、カリフォルニア広域交
│タホ地域外の行政法令├─────┤ 広域計画の目標及び政策計画 │      │ 通計画、その他、カリフォル
└──────────────┘     │ 土地利用、交通、保全、レクリエーション、│      │ ニア州、ネバダ州の計画機関の
                    │ 公共サービス及び施設         │      │ 策定する計画及び連邦機関の
                    └──┬──────┬──────┬───────┘      │ 計画など         │
                       │      │      │              └──────────────────┘
```

図2　広域計画のフレームワーク

　まず第1に、環境保全のための閾値（いきち）の設定である。表2に示すとおり、10の分野ごとに細かい項目が設けられており、最もその環境影響を与える項目を抽出し、具体的数値ないしは特性を閾値として設定している。一般的な計画においては、環境保全目標は定性的、抽象的な記述に留まるものが多いが、ここでは具体的指標として設定されている。環境全体を把握するに十分な指標かどうかという疑念はあるものの、このような具体的項目に分けて示すことにより、タホ地域内の関係する行政機関やNPO、住民にとっては広域計画で何を、どのように保全していこうとするのかが明確に理解できるという利点がある。さらに、物理的、生物的、社会的、経済的側面から評価している。この四つの側面からの評価については定性的な記述に留まっているものの、これらを数値的、科学的手法で十分に評価する困難さは明らかであり、その限界を踏まえたうえで守るべき環境についてプラス、マイナスの評価を下したことの意義は大きい。

　第2に、規制法令集の成長管理（growth management）（TRPA, 1987a）についてである。最初に述べたように、規制法令集は広域計画のフレームワークにおいて環境保全のための閾値の設定を受けて定められた目標と政策計画を実現

表2 環境保全のための閾値の設定

対象		閾値の概略	物理的	生物的	社会的	経済的
水質	沖合部	年間平均透明度 28.7m、セッキ円板による冬期透明度 32.4m	+	+	=	−
	沿岸部	藻類による炭素吸収量 1968年から71年レベル				
	河川支流	窒素、リン、鉄、浮遊沈殿物に関する州基準（ネバダ州）				
	表面流去	現行の広域基準				
	地下水	具体的数値の設定はない。目的として、1) 飲料水供給の確保、2) 環境保護地域での地下水位低下の監視、3) 表面流去水による汚濁の防止、4) 監視の強化、が挙げられている				
水量	水利	年間利用制限 約4100万m³。これをカリフォルニアとネバダ州の州間盟約により、カリフォルニアに約2800万m³、ネバダに約1300万m³の配分量	+	+	+	=
	流水	現行の流水量を基本とする。急激な水量変化を回避する。漁業に配慮する				
土壌保全	不浸透性カバレッジ	the Lake Capability Classification of the Lake Tahoe Basin（Bailey, 1974）を基に設定する	+	+	=	−
	土壌生産性	植生を維持するために最低限流失可能な量を設定する				
	表層保全	土地利用法令、実施による現状保全				
	河川環境保全ゾーン	環境保全を目的として開発の制限、規制を行う。ハイキング、放牧、オフロード車の利用なども制限に含まれる				
大気質	一酸化炭素	8時間平均値 6ppm以下	+	+	=	−
	オゾン	一時間平均 0.08ppm以下				
	酸性雨	タホ湖周辺では問題となっていない				
	遠視性	50%の確率で171km先が可視				
	中近視性	50%の確率で87km先が可視				
	臭気	ディーゼル車などからの排ガスによる臭気を抑制する				
騒音	発生源	航空機、ボート、乗用車、バイク、オフロード車、スノーモービルを対象とする基準値の設定	+	+	+	=
	累積的発生源	集団的、累積的発生源として、以下の土地利用に規制基準値を設定：高密度住宅地、低密度住宅地、ホテル・モーテル、商業地、都市的レクリエーション利用、田園的レクリエーション利用				
植生保全	一般植生	草地、湿地、河川流域の植生を保全または増殖させる	+	+	=	−
	貴重植物	貴重植物に対する保全管理計画を立てる				
	絶滅危機品種	管理計画の基で保護する				
野生生物		大鷹、ミサゴ、ハクトウワシ、イヌワシ、流浪性のタカ、水鳥、鹿および重要な生息地の管理、保護	+	+	=	−
漁業		地域内河川流域の生息地、ラオンタン・ニジマス、湖生息地などの管理、保護	+	+	+	=
屋外レクリエーション	未開発地	低密度なレクリエーション利用により質の高い環境を保つ	=	=	+	+
	湖岸ゾーン	地域計画の中で保護地域として位置付け開発制限対象とする				
	アクセス、利用密度、キャパシティ	環境の質の高い未利用地への適切な公共アクセスを確保する				
	レクリエーション利用地	既存利用施設の最大限の利用を図り、田園地域の質を保全する				
景観	道路景観	46の地域内道路に対して、ランク付けされた景観指標の設定	+	+	+	−
	湖岸線	33の湖岸線に対して、ランク付けされた景観指標の設定				

する手段として位置付けられている。11の規定（provision）に分けられており、その1つに成長管理がある。成長管理は、さらに9つの項目からなる。先に述べたように、広域計画に係わる訴訟の争点は環境保全の目的で導入されたモラトリアムにより私有財産権が不当に侵害されたかどうかということである。成長管理では、規制を受ける土地にも開発権を付与し、それを他の土地に売買できる仕組みを規定している。いわゆる開発権の移転(transfer of development)によって、開発制限を受けている側の権利も補償している。開発権の移転のしくみを簡単にいえば、域内の全ての土地に少なくとも一住戸の開発権を与え、それをトレードする仕組みである。この仕組みを支えるのが土地容量区域（land capacity district）、一筆ごとの評価システム（independent parcel evaluation system: IPES）、土地造成（land coverage）という3つの土地マネジメント・システムである。土地容量区域は、非住宅用途の土地全てを対象として、土質、傾斜などの条件により7つのランクに分類するシステムである。一筆ごとの評価システムも同様に土地を評価するが、この場合には住宅用途に指定されている空地のみについて0から1440までのスコアーをつけるシステムである。土地造成は、土地の造成権に関するものである。先の2つは土地そのものを評価し、開発をコントロールするシステムであるが、これは開発行為に伴う排水が直接タホ湖に流入したり、土壌に直接浸透するのを防ぐための措置を行使する権利に関するものである。開発権の移転との関連でいえば、環境保護地から開発権を得たとしても、この土地造成に関する権利がないと開発行為は行えないしくみとなっている。

4　広域計画と私有財産権

　1つは、合理的なアプローチで計画システムを構築すること。モラトリアムの合憲性は、科学的調査やモニタリングなどを基につくられた広域計画全体のフレームワークが屋台骨としてあり、それが判決として現れたと考えられる。モラトリアムそのものは一時的なものであるが、期間終了後に各々の土地、各々の地区、ひいては地域全体がどういう方向に進んでいくかを示すルールとビジョンが示せれば、規制の恣意性は回避できる。2つには、私有財産権をで

きるだけ認めるようなメカニズムを計画システムの中に盛り込むこと。先に述べたように、開発権の移転を中心とする成長管理規定を設けて規制対象となる土地の財産権の損失を補う仕組みがある。3つには、環境保全のためには広域土地利用計画が基本となること。環境保全は行政区域を超えて実施する必要性が高い。その場合、やはり国や州のイニシアティブが不可欠であり、広域土地利用計画の策定を通じて下位自治体の合意形成や科学的情報の収集に努める必要がある。

参考文献

- 西浦定継、大西隆（2004）「広域計画システムにおける私有財産権の保護に関する研究：計画論からみる米国最高裁レイク・タホ判決の意義」（『日本都市計画学会都市計画論文集』No. 40-1）
- Bosselman, F., and Callies D.（1971）*The quiet revolution in land use control*, Washington, DC., U. S. Government Printing Office
- Echeverria, John（2002）"The Once and Future Penn Central Test", *Land Use Law and Zoning Digest*, June 2002, American Planning Association, 8-10
- *Penn Central Transportation Co., v. New York*, 438 U.S.104（1978）
- Roberts, Thomas（2002）"A Takings Blockbuster and a Triumph for Planning", *Land Use Law and Zoning Digest*, June 2002, American Planning Association, 4-6
- Tahoe Regional Planning Agency（1987）*TRPA's Land Coverage Systems*, TRPA
- Tahoe Regional Planning Agency（TRPA）(1980) *Compact*, TRPA
- Tahoe Regional Planning Agency（TRPA）(1982) *Environmental Impact Statement for the Establishment of Environmental Threshold Carrying Capacities*, TRPA
- Tahoe Regional Planning Agency（TRPA）(1987a) *Regional Plan for the Lake Tahoe Basin: Goals and Policies*, TRPA
- Tahoe Regional Planning Agency（TRPA）(1987b) *Regional Plan for the Lake Tahoe Basin: Code of Ordinances, Rules of Procedure*, TRPA
- Tahoe-Sierra Preservation Council v. Tahoe Regional Planning Agency, 535 U.S.302,122 S. Ct. 1465（2002）

6-5 カナダの広域計画

福島 茂

　地方分権化や環境意識の高まりのもとで、基礎自治体間の水平的なパートナーシップや広域自治政府による持続可能な広域空間管理が求められている。カナダ・ブリティッシュコロンビア州では、基礎自治体による水平的な広域ガバナンスのもとで成長管理を行ってきた。同州は広域行政機構（Regional District）による成長管理戦略の策定手続きを制度化している。本節では、その広域ガバナンスと成長管理制度の特徴を示したうえで、メトロバンクーバーの成長管理の政策経験を概観したい[*1]。メトロバンクーバーにおいては、広域行政機構と広域交通公社がパートナーシップを組み、広域計画の実現をめざしているところが注目される。

1 ブリティッシュコロンビア州における広域ガバナンスと成長管理制度

1 ― ブリティッシュコロンビア州における広域ガバナンス

　ブリティッシュコロンビア州における広域行政は広域行政機構を通じて行われる。広域行政機構は1965年の地方自治法改正のもとで制度化され、同州では29の広域行政機構が結成されている。広域行政機構は地理的に近接する基礎自治体によって設立される。その役割は、①広域行政に関する協議・計画・実施、②広域サービスの提供、③成長管理という3つの役割をもつ（Province of B.C., 2000a）。広域行政機構は独自の行政組織をもつが、直接選挙で選ばれる首長・議員はもたない。その意思決定は基礎自治体等からの代表者からなる評議会（Board of Directors）でなされる。こうした組織上の性格から基礎自治体の権限を超えて広域自治を行うものではなく、その意思決定も基礎自治体の総意にもとづいてなされることが一般的である。

2 ― ブリティッシュコロンビア州における広域成長管理

　ブリティッシュコロンビア州の広域成長管理政策は、広域行政機構が基礎自治体や関連機関との協議を通じて将来の地域ビジョンを策定し、コミュニティ計画や州政府の開発計画に反映させ、その実現を図るものである。広域成長管理戦略（Regional Growth Strategy）は州の広域成長管理法（州・地方自治法第25部）により規定される。この法律は広域行政機構が成長管理戦略を策定する際に、その立案・承認・実施について法的な枠組みを提供するものである。

　ブリティッシュコロンビア州が定める広域成長管理の目的は、環境保全・資源管理、防災、効率的な公共サービス、公平な住宅供給などの観点から、合理的に圏域の成長を誘導することにある（表1）。広域成長管理戦略では、①中長期における広域圏の成長・変化の見通し、②地域の将来ビジョン、③将来の都市成長に伴う広域政策指針を示すことが求められる。また、計画対象地域は、

表1　広域成長管理戦略の目的と地域計画の規定内容

目的	成長管理	・都市スプロールの抑制と合理的な開発誘導 ・将来見込まれる都市成長に必要な用地・資源の登録と確保
	環境・資源・エネルギー	・自然環境などの環境保全 ・都市と農村のオープンスペースの保全・創出・ネットワーク化 ・文化遺産的価値を有する地区・地域構造の適切な管理 ・農林地など生産資源の持続可能な管理 ・大気・土壌・水質汚染の防止・抑制 ・地表水・地下水の水質と水量の保全 ・エネルギー供給・利用計画：省エネルギー・代替エネルギー
	経済	・コミュニティの独自性を担保する経済開発
	交通	・公共交通網の整備と徒歩・自転車・公共交通を利用しやすい市街地構造の形成を通じて、自動車交通への依存度を低減 ・効率的な交通ネットワークの形成
	防災	・自然災害リスクの少ない居住パターンの形成
	住宅	・負担可能な住宅の適切な供給
内容		・中長期（少なくとも20年間）の広域圏内の成長・変化に対応する開発・事業方針の決定 ・具体的な内容としては以下の事項を含む 　①地域の将来像に関する総合的な記述 　②計画対象地域の人口・雇用予測 　③将来都市成長に伴う広域圏での政策策定 　　（住宅／交通／広域公共サービス／公園・自然保全／経済開発／その他） ・要求される図書等：関連情報／地図／図版／その他 ・対象範囲：1つもしくは複数の広域行政機構、あるいは広域行政機構の一部分を対象とすることも可

（出典：Province of British Columbia, Municipal Act, Part 25 をもとに筆者作成）

複数の広域行政機構にまたがる地域や広域行政機構の所轄地域の一部を対象とすることも認めており、地域条件や基礎自治体の意向に柔軟に対応できる仕組みになっている（Province of B.C.2000b）。

　具体の広域成長管理戦略は州条例によって定められ、対象区域の広域行政機構や基礎自治体はそれに従う義務を負う。地方自治法は、広域成長管理戦略を実現するために、①調整諮問委員会による州政府－広域行政機構－基礎自治体間の政策調整、②法定コミュニティ計画における「広域成長管理との整合性に関する文書（Regional Context Statements）」の記載義務付け、③関連機関との協定締結（Implementation Agreement）、④計画実施のモニタリングと定期的な見直し、という4つの制度を規定している。「広域成長管理との整合性に関する文書」は、基礎自治体の法定コミュニティ計画が広域成長管理計画に準ずることを示すものであり、広域行政機構・評議会の承認を受けることが義務付けられる。拘束的な土地利用計画権限を持たない広域行政機構にとって、成長管理の実現を担保する手段と位置付けられている。

2　メトロバンクーバーと広域ガバナンス

　カナダ西海岸の中心都市バンクーバーはアジア太平洋地域の経済拠点として発展してきた。メトロバンクーバー（Metro Vancouver）は、バンクーバーを中心とする広域行政機構であり、21の基礎自治体（Municipalities）と選挙地区（Electoral Area：基礎自治体として未成立地域）から構成される[*2]。その圏域面積は4664km^{2}である。都市圏構造は、バンクーバー（60万7000人）を中心に、サレー（41万5000人）、バーナビー（21万2000人）、リッチモンド（18万3000人）などの主要都市があり、多極構造を形成している。1961年に82万人であった圏域人口は1999年に200万人を上回り、2006年現在222万人に達している。ブリティッシュコロンビア州の約半数がメトロバンクーバーに居住する。将来圏域人口は、2021年に280万人、2031年には315万人に増加すると予測されている。近年の人口増加の背景にはアジアを中心に海外から多くの移民を受け入れていることがある。市街化圧力のもと広域的な成長管理が重要になっている（GVRD1997, Metro Vancouver 2009）。

メトロバンクーバーの発足は1965年の地方自治法改正による広域行政機構の制度化をうけたもので、1967年に遡る。その主な業務は、①広域成長管理戦略を策定・管理すること、②大気汚染管理、広域病院、公営住宅、下水・排水、ゴミ処理、広域公園、水源管理の7つの広域サービスを提供することである。メトロバンクーバーは課税権をもたない。歳入の大半は広域公共サービスの利用料金と基礎自治体からの拠出金である。メトロバンクーバーの組織は、意思決定機関である評議会（Board of Directors）、政策立案を行う委員会（Committee）、広域公共サービス事業を実施する部局（Departments）からなる。評議会は基礎自治体等の首長と議員をメンバーとする。各基礎自治体の投票権数と委員選出数はそれぞれの人口規模によって決定されている。広域成長管理戦略を立案する計画・環境委員会には基礎自治体の首長が選任されており、計画策定プロセスにおける意見調整の場としても機能している。

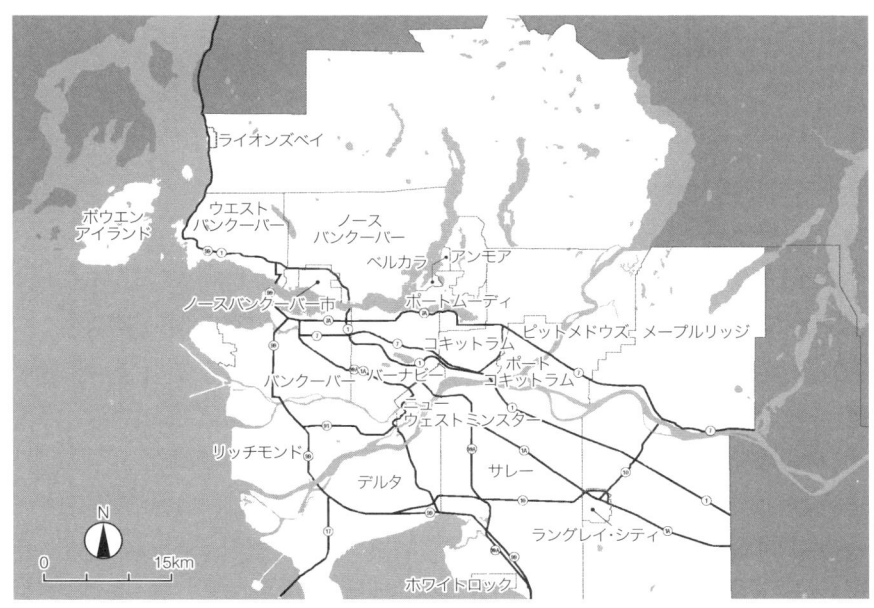

図1　メトロバンクーバー（出典：GVRD（1999a）, p.2 より作成）

3 住みよい広域圏戦略計画（1996-2009）

1 ― 計画の基本方針

　現行の広域成長管理計画「住みよい広域圏戦略計画（Livable Region Strategic Plan：以下、現行計画）」は、1995年の州成長管理法を根拠として1996年に施行されたものである。この計画は、豊かな自然環境を維持しつつ生活の質を高めることを目的とし、①自然・緑地等の保全、②自立的なコミュニティの形成、③コンパクトな広域圏の形成、④交通選択の向上という4つの計画方針を提示している。

　都市スプロールを抑制してコンパクトで中高密度の都市圏構造を形成させることで自然・農地・公園などの緑空間を保全し、公共交通や公共サービスを効率的に提供する。実際の計画策定過程においても、貯水源・遊水地、生態的に重要な地区、野外レクリエーション区域、農林地など保全すべき緑空間を決定し、残りの地域でどのように都市成長を受け入れるかを検討している。また、成長集中地域（Growth Concentration Area）を設定し、開発誘導地域の大枠を示した。圏域人口に占める成長集中地区の人口比率を1991年の65％から2021年には70％に高める目標を掲げた（GVRD, 1999a）。

　都市圏の構造としては多極分散型を志向する。グローバル経済との結節点であるバンクーバー都心部、8つの広域センター、13のローカルセンターという階層的・相互補完的なセンター構造の形成をめざしている。基礎自治体はそれぞれのセンター地区で住宅・就業・文化・レクリエーション機能を拡充し、職住近接の自立的なコミュニティを形成する。バンクーバー都心部と広域センターやローカルセンターは、LRT、スカイトレイン、基幹バスなど多様な公共交通ネットワークで結ばれる計画となっている（GVRD, 1999a）。

　一方、経済開発分野は自治体間の調整が難しいと判断され、広域成長管理とは別の枠組みで産業振興策がとられることになった。メトロバンクーバーは地元経済界との共同出資によって、広域バンクーバー経済協力機構（Greater Vancouver Economic Partnership）を設立し、広域圏として産業振興を推進している。

2 ── 広域計画策定と実現に向けたアプローチ

　権限や財源に乏しいメトロバンクーバーが基礎自治体の利害を調整し、広域成長管理を行うことは容易ではない。この点を踏まえたうえで、ブリティッシュコロンビア州やメトロバンクーバーのアプローチは、以下の3つの意味で興味深い。

　第1は、広域成長管理法のもとで、成長管理のあり方に関する調査や知見の普及を図り、基礎自治体が協議する場と調停・裁定のシステムをつくったことにある。第2は、メトロバンクーバーと姉妹機関である広域バンクーバー交通公社（the Greater Vancouver Transportation Authority（GVTA）：以下、広域交通公社）とのパートナーシップによって広域計画を実現しようとする点である[*3]。広域交通公社は成長管理戦略に連動して地域交通を整備している。地域の公共交通・道路・交通需要管理を一元的に所轄しており、地域ビジョンを実現するうえでその果たす役割は大きい。第3は、基礎自治体のコンセンサスを得るた

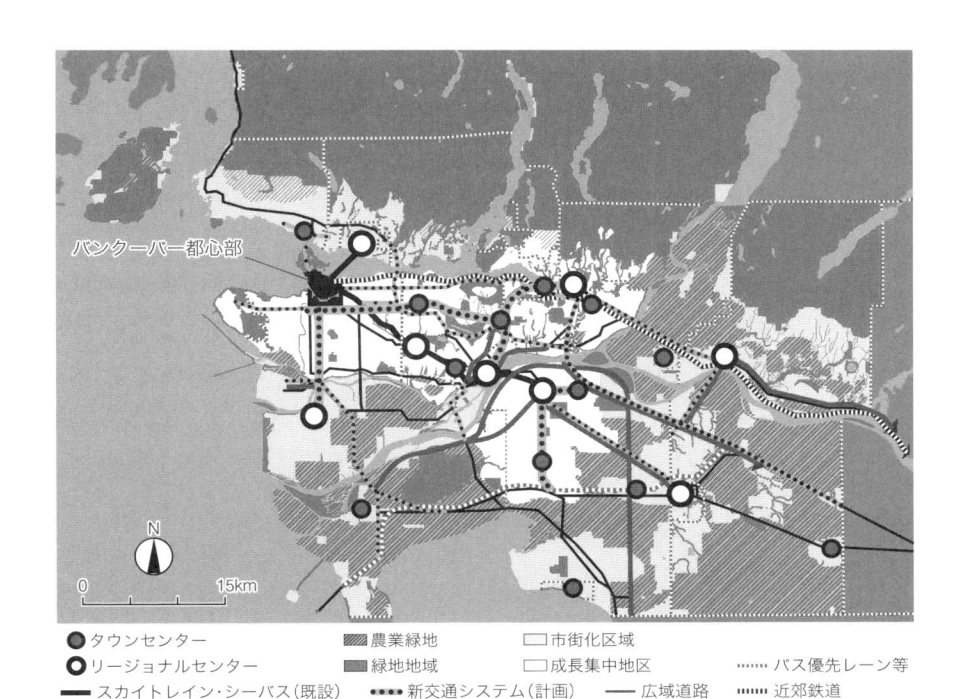

図2　「住みよい広域圏戦略計画（メトロバンクーバー）」（出典：GVRD（1999a）、32 より作成）

めの計画上の工夫と柔軟な取り決めである。それは多極分散型の都市構造づくり、センター機能の整備に関する基礎自治体の裁量、成長集中地区への開発誘導（地区外の開発規制ではなく）、産業政策の取り扱いなどにみてとれる。地域目標について全体的なコンセンサスを形成したうえで、その達成度を毎年（指標によっては5年に一度）モニタリングし、評議会で協議するスタイルをとる。これらは、権限に乏しい広域ガバナンスのもとで成長管理を行う現実的なアプローチとみることができる（福島、2002）。

3 ── 成果と課題

　メトロバンクーバーの2005年報告書「さらなるサステイナブルな都市圏を目指して（GVRD, 2005）」をもとに、これまでの成果と課題について検討したい。
　4つの計画方針のうち、自然・緑地・農地の保全や整備が目標をもっともよく達成している。これは、法律により自然保護区域や農地保全区域が決められることや、メトロバンクーバーが広域公園等の整備を委任されているためである。総合的にみて、現行計画は圏域の自然・緑地公園・農用地の保全や整備に有効に機能してきたといえる。
　「コンパクトな広域圏の形成」と「自立的コミュニティの形成」に関してはそれぞれに課題を残した。「コンパクトな広域圏の形成」は、基礎自治体との調整が難しい。基礎自治体がコミュニティ計画で設定した人口フレームの総計は将来圏域人口予測値を超過している。成長集中地区への人口配分も目標値より拡散的である。こうした問題は、計画策定過程で合意形成を容易にするために、基礎自治体ごとには人口フレームを設定しなかったことに起因する。
　「自立的なコミュニティの形成」については、評議会で承認を得やすいコンセプトではあったが、住民は基礎自治体の枠を超えて通勤や消費を行っており、策定当初からその実現は容易でないといわれていた。アフォーダブル住宅を含む多様な住宅機会や就業機会を創出する基本コンセプトは「広域成長管理との整合性に関する文書」に盛り込まれているものの、就業機会をどのように創出するか、その具体的な方策や数値目標は示されていない。都心や郊外センター地区における商業開発や高密住宅開発は成果を収めているが、オフィス立地の都心集中と郊外ビジネスパーク開発による拡散という二極化のもとで、広域セ

ンターやローカルセンターは低成長にとどまっている。

　1999年の広域交通公社の設立は、成長管理政策、とりわけ、「交通選択の改善」において重要なステップとなった。2002年のミレニアムLRT線の開通（延長22km：バンクーバー都心、クラーク、コロンビア間が開通して環状網を形成）、2009年のカナダ線とエバーグリーン線の開通により、軌道系公共交通のネットワークは大幅に拡充された。タウンセンターから周辺へのシャトルバス運行を強化するなど、バスサービスも改善されつつある。2002年に広域交通公社の財源強化策（運賃改定、ガソリン税・不動産税値上げ）が承認され、着実な計画実施のための財源的裏付けがとれた。公共交通の機関分担率も徐々に高まることが見込まれる。

　一方、広域交通整備の財源と負担を巡る議論（1999～2000年）の混迷は、現行計画へのコンセンサスや求心力の低下をもたらした（GVRD, 2002）。成長集中地域の指定と広域交通整備は連動しており、整備便益には域内に格差が生じる。しかし、ガソリン税などの負担は地域間に差はなく、この矛盾が基礎自治体の一部から反発を生み出すことになった。成長管理に伴う利害関係に費用負担問題が加わるとその調整は容易でない。これは、広域交通整備を成長管理の手段として用いる場合の留意点である。

4　次期広域計画：メトロ・バンクーバー2040

　現在、メトロ・バンクーバーは2040年にむけた次期広域計画（メトロバンクーバー2040計画）の策定作業に取り掛かっている。2009年1月に仮草案が策定され、関連機関・基礎自治体間で政策調整が行われている。メトロバンクーバーの人口は2006年の222万人から2040年には340万人へと引き続き増加することが予測されている。次期広域計画の目標はこうした都市圏の成長を適切に受け入れ、住みよく、持続可能な地域を構築することにある。この仮草案では、①コンパクトな都市圏の形成、②持続可能な経済の支援、③自然環境・資源の保全、④自立的で生きいきとしたコミュニティ、⑤持続可能な交通選択、という5つの計画目標を設定している（Metro Vancouver, 2009）。

　これらのうち、多極分散型のコンパクトな市街地形成、公共交通主導による

省エネルギー・低炭素型の都市圏構造の構築、自然環境・農地・レクリエーション空間の保全、自立的なコミュニティ形成という観点は、現行計画を踏襲するものである。これらに対して、持続可能な経済の支援は現行計画から一歩踏み込んだ提案となっている。従来からの農地保全と商業・業務開発の都心・地域センター地区への誘導に加えて、多様な産業用地の確保をめざしている。この背景には、郊外における住宅・商業・業務開発が進み、製造加工、物流・交通、建設などの産業用地が十分に確保できないとの判断がある。また、バイオ医薬品など特定産業用途地区の指定などにも触れている。

　一方、現行広域計画の実施過程において表面化した広域ガバナンスの内部対立への配慮もみられる。広域計画の求心力を再構築するために、「持続可能な広域圏イニシアティブ（Sustainable Region Initiative）」が2002年に導入され、それがメトロバンクーバー2040計画の基礎となっている。環境面では省エネルギーや地球温暖化ガス排出の削減が強く打ち出され、地域経済の持続的な発展が新しく計画目標に組み入れられている。温暖化ガスの削減量は2007年比で2020年に33％、2050年には80％の削減目標が設定されている（Metro Vancouver, 2009）。社会・コミュニティ面ではアフォーダブル住宅の供給に重点が置かれる。計画自体も基礎自治体の裁量権を柔軟に認めている。現行計画では成長集中地域を広域計画に明示していたが、次期広域計画の仮草案では市街化の許容範囲（Urban Containment Boundary）を示すにとどめた。広域的な成長管理政策として成長集中地区を定めるのではなく、都心・副都心・広域センターと公共交通整備軸沿いにおいて成長を優先的に受け入ることや災害リスクの高い区域への市街化誘導の抑制などの方針を示し、具体的なゾーニングは基礎自治体に委ねている。そこには、成長集中地区に指定されない基礎自治体からの反発を抑制すること、2040年までに126万人の人口増加が見込まれていることから成長集中地区を維持しなくても市街化区域を拡大しないことで対応できるとの政策判断がある。

5　メトロバンクーバーによる広域成長管理の経験

　広域的な地域ビジョンを民主的に策定し、それを確実に実現していくために

は、選挙で選出された首長と議会を有し、独自の財源と行政機構を有する広域政府の確立が期待される。広域政府と基礎自治体が対等な立場で協議し、広域成長管理にあたることが望ましい。メトロバンクーバーのように基礎自治体の首長らをメンバーとする評議会方式では、各基礎自治体の計画権に介入する意思決定には消極的となる。地域ビジョンとして合意されたことでも、各論では利害関係が表面化する。合意形成のためにとられた成長管理計画の曖昧さは、基礎自治体に幅広い解釈を許容し、コミュニティ計画を適切に誘導できない。

しかし、広域政府制度の導入は政治的に難しいことが多い。こうした現実を直視すれば、ブリティッシュコロンビア州の広域成長管理制度やメトロバンクーバーのアプローチはその限界を示しながらも、広域交通公社との連携など、評議会方式による広域成長管理アプローチの1つとして評価すべき点は少なくない。広域成長管理政策上の貴重な経験と政策的含意を示している。

注

*1 カナダの大都市圏には、本稿が対象とするメトロバンクーバーのほかに、トロント大都市圏、モントリオール大都市圏、オタワ大都市圏があるが、それぞれに広域ガバナンス制度は異なる。モントリオールでは2002年に28基礎自治体が合併し、広域行政を担う大都市が成立している。また、トロントではメトロ・トロントの基礎自治体が合併して新トロント市となったが、実態としての大都市圏は新市を上回る圏域をもち、大都市圏管理が課題として残っている（林上、2004）。ブリティッシュコロンビア州は基礎自治体の連合組織である広域行政機構をベースとする広域ガバナンスを施行しており、本稿はその政策経験を検討したものである。
*2 従来は広域バンクーバー行政機構（the Grater Vancouver Regional District：GVRD）と呼称されていたが、2007年に国際的に認知され易いとの理由からメトロバンクーバーに名称を変更した。
*3 広域バンクーバー交通公社は広域バンクーバー交通公社法（1998）のもとで、ブリティッシュコロンビア州交通公社（B. C. Transit）の公共交通業務を引き継ぎ設立された（GVTA, 1999）。通称トランスリンク TransLink。同法では「効率的な人・物資の移動を保障し、広域成長管理を支持する地域交通システムを確立すること」を公社の設立目的としている。具体的には、公共交通網（スカイトレイン、LRT、バス、海上バス）の整備・運営、広域幹線道路の整備・維持管理、交通需要管理、大気保全の役割を担う。その意思決定機関である評議会に関しては、定員15名うち12名はメトロバンクーバー評議会による任命である。任命理事もメトロバンクーバー理事もしくは基礎自治体の首長であることが規定されており、広域交通公社とメトロバンクーバーはほぼ一体的な意思決定機構を有している（GVTA, 2004）

参考文献
・林 上（2004）「現代カナダの都市地域構造」原書房
・福島 茂（2002）「カナダにおける広域ガバナンスと成長管理政策の経験」（『都市情報学研究』No.7、pp.53-61）
・GVRD（1999）*Livable Region Strategic Plan*, Policy and Planning Department

- GVRD (2002) *GVRD 2002 Sustainability Report: Building a Sustainable Region*
- GVRD (2005) *Advancing the Sustainable Region: Issues for the Livable Region Strategic Plan Review*
- Metro Vancouver (2009) *Metro Vancouver 2040, Shaping our future*, DRAFT, February 2009
- Province of British Columbia (1995) "Provincial Growth Strategies Statutes Amendment Act 1995", Municipal Act, Part 25
- Province of British Columbia (1999) "Greater Vancouver Transportation Act"
- Province of British Columbia (2000a) "A Primer on Regional District in British Columbia" (http://www.marh.gov.bc.ca/LGPOLICY/MAR/content.html)
- Province of British Columbia (2000b) "About Growth Strategy", Growth Strategy Office, Ministry of Municipal Affairs (http://www. marh. gov. bc. ca/GROWTH)
- GVTA (1999) "Background Paper: The Origins of TransLink and the Strategic Transportation Plan" (unpublished)
- GVTA (2004) *2005-2007 Three-Year Plan & Ten-Year Outlook*

6-6 韓国・中国の都市・広域計画

大西 隆

1　韓国の都市・広域計画

　本節で取り上げる韓国と中国は、日本にとって近隣諸国であるとともに、とくに韓国は日本の都市計画制度が影響を及ぼしてきた国でもある。これまでは、あたかも日本での制度の使われ方をウオッチして導入を検討するといったように、同種の制度を日本より少し後に導入するケースが多かった。しかし、急激な社会変化によって、制度の変化も早くなり、都市・広域計画の分野でもすでに日本の先を行くようになっているという感がある。中でも、ここで焦点を当てる 2003 年における制度改正は、全国土に都市計画制度を適用して、乱開発を防ごうとしているもので、2 項で述べる中国における 2008 年からの新法と同様、日本では長年議論を重ねるだけで実現できていない土地利用計画の理想を実現する改革として評価されるものといえよう。

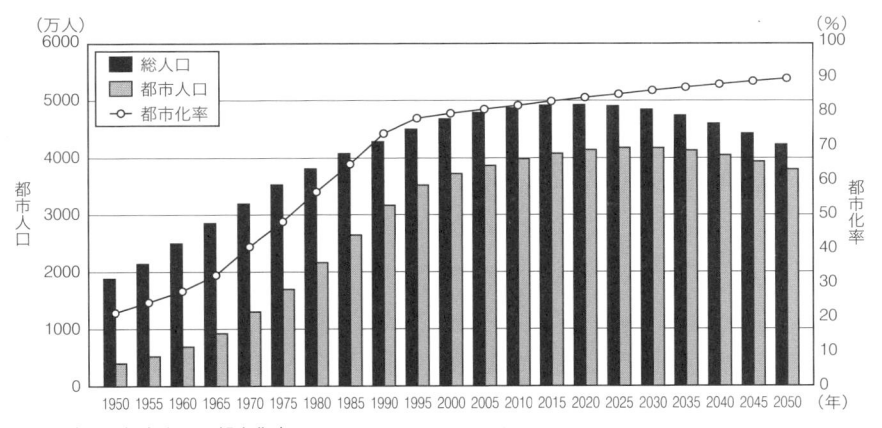

図 1　韓国の都市人口と都市化率（出典：国連人口予測より作成）

6 章　諸外国における広域計画の経験

韓国は、日本以上に合計特殊出生率の低い国として知られ、人口総数も2020年をピークに（4920万人）、減少に転じると予測されている（図1）。第2次大戦直後は、1880万人（1950年）であった全国人口が、ピーク時には2.6倍になろうとしているから、日本の1.5倍等と比べても急速な人口増を経験したのであるが、一転して急減していくことになる。都市化についても、戦後間もなくは21.4％（都市化人口比率）であったものが、2005年には80.8％となるほど急速に進んだ。人口や都市人口の増加、あるいは合計特殊出生率の低下においても、そのスピードが速いことに驚かされるとともに、そのことが様々な都市政策を促してきたことを想像させる。

　韓国主要都市の都市化の動向をみると、これまで、とくにソウルで都市人口の伸びが著しかった（図2）。しかし、ソウルでも、人口はすでに頭打ちとなり、近々減少に転ずるとみられ、なお人口増加が続くと予測される京畿道（ソウルを取り囲む道）を除いては、他の地域の都市も押し並べて人口減少局面を迎えると見られている。こうした傾向が現われている中で行われた2003年の制度改正は、郊外部の乱開発に対処するためのものとされる。特に首都圏のソウル市周辺において、なお強い開発圧力に対処しようとする意図と、郊外に向けた開発圧力が弱まっている場合でも、潮が引く前に強引な開発を求めて乱開発に

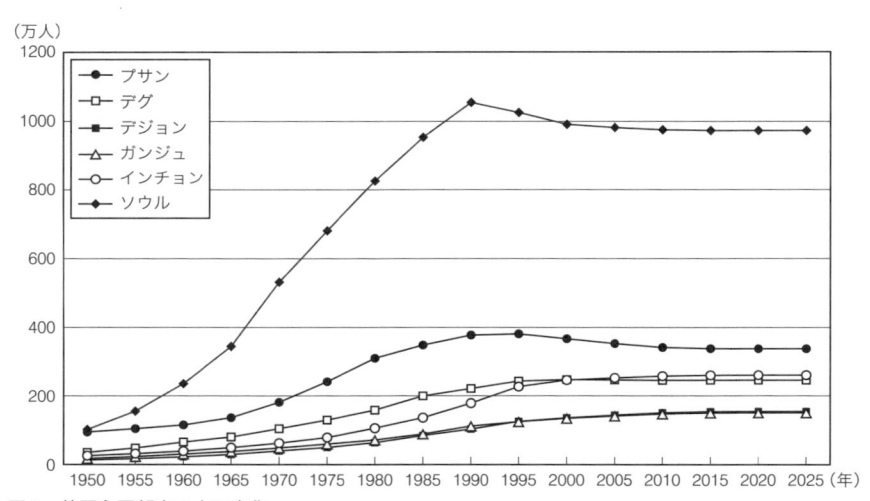

図2　韓国主要都市の人口変化

至る恐れが多くなるという懸念が背景にあるといえるのではないか。

1 ― 国土計画と都市計画という２つの計画体系の一元化

　韓国では 2003 年に都市・地域計画制度の抜本的改正が行われ、それまでは別個であった国土計画と都市計画の体系が一体化された。国土基本法（2002 年新法制定、2003 年 1 月から施行、国土建設総合計画法は廃止。以下本項では国名なしは韓国法制）と国土計画法（国土の計画および利用に関する法律、制定・施行時期は国土基本法と同じ）がそれで、国土基本法にもとづいて作成される国土計画は、国土総合計画、道総合計画、市郡総合計画、地域計画、部門別計画によって構成され、国土計画法にもとづいて作成される都市計画は、広域都市計画、都市基本計画、都市管理計画によって構成される。両計画体系が一体的というのは、国土基本法による市郡総合計画は「国土計画法により策定される都市計画」（国土基本法 6 条 2 項三）と明記され、両計画体系が結び付けられていて、国土基本法自体には市郡総合計画の策定にかかわる条項は存在しないからである。国土基本法の市郡総合計画（すなわち国土計画法の都市計画）は、国土総合計画と道総合計画を基本として作成されるとして相互関係が示されており、指針性が強く拘束性の弱い国土総合計画や道総合計画については、国土基本法で策定の細部が定められ、逆に指針性は低いが拘束性の強い都市計画（特に都市管理計画）は国土計画法で詳しく定めるという役割分担になっている。これを日本の法体系と比較すれば、日本国土形成計画法と日本都市計画法の関係に当たる。しかし、日本の場合には、日本国土形成計画法では全国計画と広域地方計画に関する条項は存在するが、都市計画や都市計画法には全く触れていないので、一体の計画体系とは認識されていないことになる。一方、日本の都市計画法では、「都市計画は…国土形成計画…等の国の計画に適合する…」（日本都市計画法 13 条）とされ、適合性を求めている。適合性をいかに保証するのかという点で、韓国では、国の担当大臣（国土海洋部長官）が、「国の計画に関連する場合には」（国土計画法 2 条 5 項一）直接都市計画を作成する権利が留保されている等、国の関与が強いのに対して、日本の都市計画の場合には、国の関与は「国の利害に重大な関係がある事項」（日本都市計画法 24 条）とされ、韓国に比べて限定されていて、韓国の制度に比べれば、日本にお

いては両法の関係は弱いといえよう。

2 ― 都市計画の全国土への適用

　韓国がこのような計画体系の一体化を行ったのは、都市郊外から国土全体に広がる乱開発を制限するために、都市および都市周辺で適用されてきた都市計画規制を全国土に適用しようという狙いがあったからである。2003年の制度改正で、それまで都市地域には都市計画法、非都市地域には国土利用管理法が適用されてきたものが、両法が廃止されて、新たに国土計画法が制定され、その下で、広域都市計画（大統領令によって設定され2以上の特別市、広域市、市郡にまたがる広域計画圏において定められる上位の基本計画）、都市基本計画（地域特性・計画の方向、人口配分、土地利用、環境保全、基盤施設、公園緑地、景観等の政策方向を含む）、都市管理計画（いわゆる法定都市計画で、用途地域等の土地利用規制、都市施設の計画、地区単位計画等を定める）が策定される。重要なのは、拘束性のある都市管理計画について、「特別市長、広域市長、市長及び郡長は、管轄区域について都市管理計画を立案しなければならない」（国土計画法24条1項、下線筆者）とされていることである。日本の都市計画の場合には、「都市計画区域については、都市計画に、当該都市計画区域の

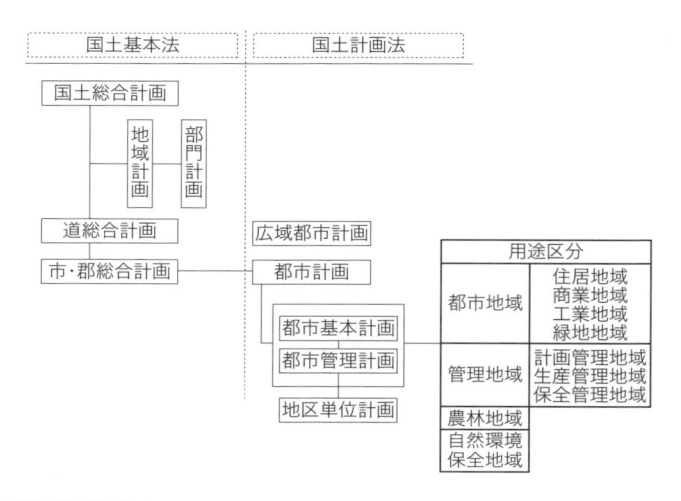

図3　韓国の現行計画体系　（出典：ソ（2009）、金・林（2009）「国土基本法と国土計画法」より作成）

整備、開発及び保全の方針を定める」（日本都市計画法6条の二、下線筆者）とあるように、国土のおよそ26％に当たる都市計画区域が適用対象であるのに対して、韓国では、都市管理計画が適用される特別市（1）、広域市（6）、市（75）、郡（86）の管轄区域とはすなわち全国土を指すことになる。

　従来の韓国の計画体系では、都市地域では都市計画法が適用され、非都市地域では国土利用管理法が適用されてきた。土地利用規制については、国土利用管理法では国土の用途区分として都市地域、準都市地域、準農林地域、農林地域、自然環境保全地域の5区分が適用され、このうち、準都市地域と準農林地域で乱開発が進み、計画的ニュータウンをはるかに上回る人々が、公共施設の十分に整っていないこれらの地域に居住することになって社会問題を惹起した。そこで、国土計画法では、この2つの地域を統合して管理地域として、都市地域に準じて管理するか、農林地域・自然環境保全地域に準じて管理する用途区分とした（国土計画法6条）。管理地域は保全管理地域、生産管理地域、計画管理地域の用途地域に区分され（同36条一）、前2者は自然環境保全地域と農林地域に準じて管理される地域で、計画管理地域が「都市地域への編入が予想される地域又は自然環境を考慮して制限的な利用及び開発をしようとする地域」（同36条二）である。このことに実効性を持たせるために、後述する開発許可制に加えて、建ぺい率と容積率についても、保全管理地域と生産管理地域では20％（建ぺい率）及び20％（容積率）以下、計画管理地域では40％（建ぺい率）、100％（容積率）以下とメリハリを設けて設定されている（同77条、78条）。

3 ― 計画的な開発、乱開発の防止

　韓国で、2003年の制度抜本改正を象徴する言葉として良く使われるのが、"先計画―後開発"である。日本の用語では"計画なくして開発なし"と対応する。例えば、用途地区として新たに設けられた開発振興地区は、都市地域内だけではなく、農村地域等で計画的に開発される地区にも適用されるもので、改正によって、国土計画法が国土全体を対象とするようになった成果が現れた制度である。より一般的には、乱開発防止は、第2種地区単位計画、基盤施設連動制（基盤施設負担区域、開発密度管理区域）、開発行為許可制等から構成され

ている。このうち、先計画、つまり計画を作ってから開発を行うのに当たるのが、第2種地区単位計画である。計画管理地域（管理地域の中の利用・開発地域）と開発振興地区を計画的に開発・管理するために、地区単位計画が策定されれば、例えば計画管理地域では、40％（建ぺい率）、150％（容積率）を上限に土地利用規制を緩和することができる。

　基盤施設連動制は、より具体的に、既成市街地と計画管理地域の中で、開発が進めば道路、上下水道、廃棄物処理施設、公園・緑地、学校等の基盤施設の整備がさらに必要になる地域で、基盤施設と開発量をバランスさせようという制度である。このうち基盤施設負担区域制度は新規開発地に適用され、開発者に対して追加的に必要となる基盤整備費の相応分を金銭や土地で負担させる。開発密度管理区域とは、開発が進めば基盤施設が不足するがその追加的整備が困難な地域が対象となり、容積率が指定値の50％の範囲で削減される。

　開発行為許可制は、建築や土地開発を行うのに開発許可を必要とするもので、2000年の都市計画法改正で導入され、国土計画法でも継承された。許可基準には、用途地域との適合、都市管理計画との適合が定められているので、計画に適合している開発は許可されることになる。韓国では、近年、事前確定型の開発行為管理を、計画との整合を個別に審査する計画規制型へと転換していこうとする議論があり、開発行為許可制はそのための重要な手段と考えられている。実際、管理地域等における個別開発の規制を行い、計画管理地域における第2種地区単位計画の策定を促すなど、開発行為許可制は計画的開発を進める有力な手段である。

　このように韓国の国土―都市計画の体系は、ことに国土全体の適切な管理をテーマに、ここ数年で大きな変化を遂げてきた。韓国ではソウル首都圏へ人口の50％近くが集中するという一極集中問題を抱えており、人口減少時代が迫る中で、計画的開発の制度を確立し、さらに計画規制型への移行によって、計画にもとづく柔軟な土地利用を行っていこうとしているこうした試みは日本にとっても大いに参考となる。

2　中国の都市・広域計画

　中国の都市計画に関連する歴史は、建国にさかのぼることができ、当初は、存続する建物やインフラを利用しつつ修復や部分的改築を行うのが主たる事業であった。1958年からの大躍進時代には、都市の膨張が起こったが、その後の文化大革命（1966〜1976年）の時期には都市計画が休止されるなどの紆余曲折を経て、1970年代後半に都市計画の重要性が国務院（中央政府）によっても認識されるようになり、1984年に最初の基本法令として、都市計画条例を公布した。そして、1989年に最初の都市計画法が承認され（施行は1990年4月）、2008年に都市計画法は廃止され、代わって現行の城郷計画法（都市農村計画法）が施行された。

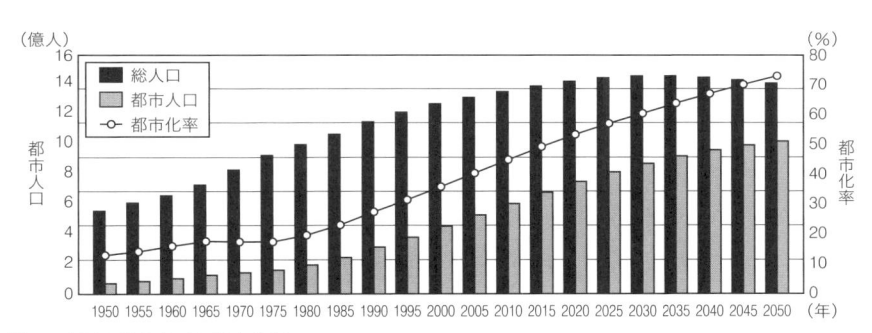

図4　中国の都市人口と都市化率

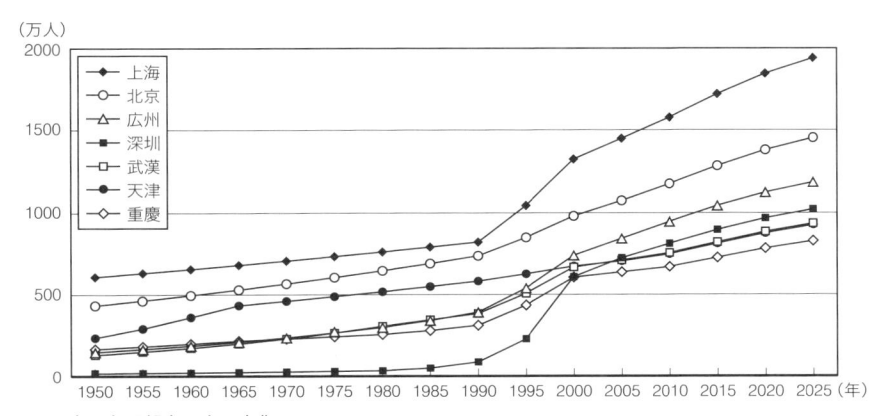

図5　中国主要都市の人口変化

6章　諸外国における広域計画の経験

建国以来の期間における人口および都市人口の変化を追ってみよう。1949年の中華人民共和国建国時に5.5億人であった人口は、2005年には13.1億人と2.3倍になるなど韓国と同じ程度の速度で増加してきた（図4）。一方で、都市化率は1950年には13%と日中韓3国の中で最も低く、現在でも40.4%と韓国の半分に留まっている。しかし、将来をみると、ほとんどの主要都市で急速な人口増加が予測されている。改革開放政策の申し子ともいえる深圳で、1990年代に人口が7倍になるような急成長があったのはさすがに中国の経済特区の中でも突出した事例であるにしても、多くの都市で1990年を境に一段と都市化の速度が増している。周知のように中国では、改革開放とともに始まった"一人っ子"政策のために、人口増加はしだいに頭打ちとなり2030年頃の14億人強をピークに減少し始めると予測されている。しかし、まだ低い水準にある都市化率は今後もハイペースで伸び続け、都市人口は、これからの30年間で4億人程度増加すると見込まれる。特に、これまで出生地によって農村戸籍と非農村戸籍（都市戸籍）に分かれ、農村戸籍のままでは都市に住んでも公的サービスを受けられないことによって、農村から都市への人口移動を制限してきた戸籍制度（1958年の中華人民共和国戸籍登録条例にもとづく）に改革の手が加えられていけば、やがて移動の自由、したがって、居住地選択、職業選択の自由が得られるようになり、抑えられてきた都市への移住が一気に加速され、都市化人口は大きく増加すると予想される。国連による先の都市人口予測はこうした社会制度の変化を織り込んだものともいえるが、平均すれば年に1000万人以上の都市人口増加が見込まれており、都市政策を一層重要なものとするのは間違いない。当然ながら、政策のポイントは、いかにしてインフラ整備と一体化した都市域の拡大を進めるのか、つまり計画的都市化の推進策である。同時に、各地が競って進めてきた経済開発区による工場誘致が、乱開発の様相を呈しているケースが少なくないので、総人口が頭打ちの中で都市化が進むという、いわば"安定の中の変化"に対処するためのメリハリのある開発政策を適用することも課題となる。

1 ── 中国の行政システムと計画体系

　中国は、巨大な人口、広範な国土、多民族、長い歴史を反映して、一党支配

下にあるとはいえ複雑な行政システムをとっている。地方行政は省級、地級、県級、郷級の4階層からなり、都市といわれるのも、4直轄市（北京、天津、上海、重慶）の市部、地級市管理下の市部や県級市、さらに県級市というように様々な行政下にある。経済、社会、空間計画の観点からみると、経済・社会発展計画、国土計画（土地利用計画）、城郷計画が存在する。

経済・社会発展計画は、国会に当たる全国人民代表大会で承認される国家計画（国家発展改革委員会所管、現行は国民経済社会発展計画第11次5カ年計画、2006～2010年）を筆頭に、各級の政府が定める政策全般の中心となる計画である。当初は社会主義国として、計画とその実施が直接的に社会変化につながるという関係にあったが、現在では市場経済が取り入れられているため、計画は市場への働きかけという間接的な位置づけを持つこととなり、中国語の計画名称も、「計画」から、Guidelineを英訳とする「規画」に変更された。また、これまでは非空間的な計画であったものが、11次5カ年計画では、将来の都市化の進展に備えた都市のあり方にも言及し、地域の調和のとれた発展を強調している。とくに開発区が過剰に計画され、乱開発の恐れがあることから、

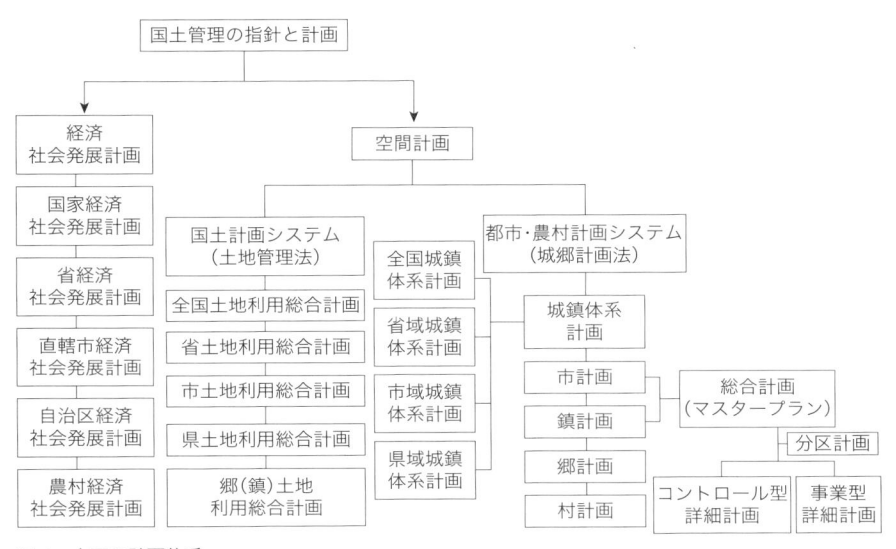

図6　中国の計画体系

全国を最適化開発区、重点開発区、開発規制区、開発禁止区の4つの主体機能区に分けて、開発を進める地域と抑制する地域を定めて、開発戦略を空間的に実現するプロセスにも踏み込もうとしている。この考えを具体化するために、国務院見解（2007年）が出され、主体機能区を具体的に定める主体機能区計画の策定について指示した。4つの主体機能区で全国を色分けすれば、優先的に開発されるところと、開発が抑制されたり、禁止されたりするところがでて、これまで開発至上主義をとってきた地方行政や民間企業に大きな影響を与えることになる。それだけに、政府部内でも実施に当たっての意見の統一が容易ではなく、現時点で、主体機能区計画はできていない。

　国土計画と総称されるのは、土地の国家所有（都市市街地）、あるいは農民集団所有（農村と都市郊外地）を規定し土地利用のルールを定めた土地管理法（国土資源部所管）にもとづいて作成される総合的土地利用計画である。土地管理法の趣旨は、農用地の確保であり、同時に、都市建設用地（開発可能地）として土地を利用したい場合に必要な国有土地の使用申請、許可基準、土地収用と補償等について定めている。したがって、国土計画においても、農耕地の保全を重視しつつ、どの程度の土地を都市建設用地に割り当てるのかが焦点となる。土地資源の利用は、国家的な重要事項であり、計画は土地調査、土地等級の認定、土地統計や情報管理等にもとづいて作成され、各年の土地利用の執行状況が各級の人民代表大会で報告される。

　都市計画に関しては、従来は、都市に適用される都市計画法と、農村に適用される農村計画建設管理条例という二元体制であったものが、農地の無秩序な開発が行われたり、過大な開発計画が立てられる傾向があるとして、城郷計画法＝都市農村計画法という一元的な体制へと移行したのである。

2 ── 都市・農村計画の策定

　城郷計画法は、70条からなる法律で、そのうち都市・農村計画の策定、実施、修正の手続きや基本的内容に40条ほどが当てられ、施設整備や土地利用計画の具体的基準や制度に関わる規定等は含まれていない。計画においては、中央政府と省級政府がそれぞれ城鎮体系計画を策定し、市街地の規模や配置、重要基礎施設の配置、生態環境・資源保護のために開発を抑制するべき地域等を示

すとされる（城郷計画法12条、13条）。

　これらが指針的計画とすれば、市街地のあり方に直接関係する計画としては、都市である市の総合計画、町である鎮の総合計画（マスタープラン、計画期間20年）が上位計画（市・鎮総合計画）である。そこでは都市や鎮の市街地の配置、機能、用地配置、総合交通体系、建設が不適切または適切な地域の指定、種々の特定計画などが定められる。特に、計画区域、建設用地の規模、基礎施設と公共サービス施設用地、水源地と水系、農地と緑地、環境保護、自然と歴史文化遺産の保護、防災・減災等の内容は必須項目とされている（同17条）。また、農村部では郷計画または村計画が策定され、計画区域、住宅、道路、給排水、給電、廃棄物収集、生産・生活関連施設、公共事業用地、耕地や歴史的文化遺産の保護、防災・減災等が定められる（同18条）。

　マスタープランである市・鎮総合計画にもとづいて、詳細計画がつくられる。詳細計画には、市の城郷計画担当部門と鎮が作成するコントロール型詳細計画（同19条、20条）と市・県の城郷計画担当部門と鎮が、事業者の提案を受けながら作成する事業型詳細計画（同21条）とがある。城郷計画法には、これらの具体的な作成基準は明記されていないが、プロジェクト地区を対象に、建ぺい率や容積率等、開発にとって重要な項目が定められる。また、これまで、開発圧力が強いために、計画があってもそれとは異なる事業が行われ、計画が追認的に修正されるという事態が起こりがちだったのを防ぐために、省城鎮体系計画、市・鎮総合計画、コントロール型詳細計画の修正については、修正の必要性の証明を含む厳格な手続きが定められており（同47条、48条）、計画の指針性を高めようとしている。

3 ── 都市・農村計画の実施

　中国で都市の開発を行おうとすれば、前述のように、土地管理法による土地使用許可手続き等を経なければならないが、城郷計画法では、それに先立って、計画との適合に関わる許可を求めており、1書3証制度と呼ばれる。都市での建設事業の際に必要となる1書とは、立地が適切であることを示す用地選定意見書（同36条）である。そのうえで、2証、すなわち、建設用地の位置、面積、建設許可範囲等がコントロール型詳細計画に適合していることを示す建設土地

使用計画許可証、さらに具体的な建設事業にかかる際には建設工事計画許可証を得ることが必要となる。一方農村部において、郷鎮企業の立地や公共公益事業に関わる建設事業、村民住宅建設等を行う場合には、必要に応じて土地管理法による農用地転用許可を得た上で（農用地を使う場合）、郷村建設計画許可証を受けることになる（同41条）。つまり都市部では1書2証、農村部では1証を必要として、合わせて1書3証の許可制度と呼ばれる。

*

中国の城郷計画法は、従前の都市計画法と農村計画建設管理条例を一本化し、都市と農村を一体的に計画することで、今後襲ってくる都市化の大きな波に計画的な開発をもって対処しようという意気込みを表わしたものである。しかし、子細に見ていくと、実効性のある計画の適用地域という観点からみて、城・鎮総合計画の計画区域に明文規定がなく、都市を中心として農村部を取り込んだ地域を対象とするとはいえ、そのすべてを含むのではない点に制度の脆弱性がありそうだ。つまり、都市と農村で同じ法律が適用されるとはいえ、多くの農村部は都市とは別個の計画体系と計画実施体系を持っているのである。したがって、中国の都市計画が、新法をこれから運用していく過程で、所期の目標であった、都市化の秩序ある受け留めを果たしていくのは容易ではないと思われる。折角確立された新たな道具＝城郷計画法が、一層の改良を経て、計画的都市形成の有効な手段となることを期待したい。

参考文献

・ソ・スンタク（2008）「韓国における2003年国土・都市計画制度の成果と今後の課題」（『国際シンポジウム東アジアにおける都市・地域計画の新展開資料集』）
・ソ・スンタク（2009）「韓国の国土基本法、国土計画利用法の展開と新政権の課題」（『地域開発535号』）
・韓国国土基本法（2003）（土地総合研究所ホームページ（周藤利一訳））
・韓国国土の計画及び利用に関する法律（2003）、土地総合研究所ホームページ（周藤利一訳）
・パク・チェキル（2006）「国土の計画及び利用に関する法律と韓国の都市管理体系」（『地域開発504号』）
・金昶基、林和眞（2009）「韓国の都市・地域計画制度の改正」（『地域開発』535号）
・呂斌（2009）「新城郷計画法と中国の都市計画制度」（『地域開発』535号）
・石楠（2009）「中国の都市化、都市整備の展開と新城郷計画法の可能性」（『地域開発』535号）
・金慧卿（2009）「中国の都市・地域計画の歴史と展望」（『地域開発』535号）
・中華人民共和国城郷計画法（2008）（『国際シンポジウム東アジアにおける都市・地域計画の新展開資料集』（金慧卿訳））
・中華人民共和国都市計画法（1990）（土地総合研究所ホームページ（城野好樹訳））
・中華人民共和国土地管理法（2004）（土地総合研究所ホームページ（城野好樹訳））

III 編

立案手法

本編のテーマは地域計画の立案手法である。1～3章において、近年の地域を取り巻く社会・経済的動向や広域計画の役割が論じられているが、そうした状況を踏まえて、実際にデータや指標を用いて地域を分析し、地域の将来像を検討していくプロセスについて、基本的な考え方を述べる。

　本編で扱う「地域計画」とは、一般に1つの行政区域を超える範囲（主として都市圏）を対象とし、土地利用や交通などの物的計画と、経済・社会・環境分野の内容を含む総合的な広域計画を想定している。本編では特に交通に関して紙面を割いているが、モータリゼーションの進展に伴う日常生活圏や経済活動の広域化を背景に地域計画の必要性が増していること、近年コンパクトな都市構造や低炭素社会の構築に関心が高まり、交通は環境問題とも密接に関係していることから、交通を十分に考慮することの重要性は理解できよう。

　地域計画の策定プロセスには国や地域によって大きな相違がある。5～6章でも述べられているように、広域政府がその行政区域を対象に策定している例もあれば、対応する政府が存在せずに自治体連合等の仕組みで対応している例もある。また、地域計画を必要とした背景（地域の計画課題）も地域によって当然異なるから、計画立案に当たって重視したテーマ、それに関連する地域の分析の内容も異なる。

　このように地域計画の立案手法は様々であり、本編で示す手法は1つの例に過ぎない。しかし、地域の現状と問題を整理し、地域の将来像の代替案を提示し、その評価・分析を情報公開や住民参加を取り入れながら行い、その結果を踏まえて計画を立案することは、合意形成のためにも、また策定した地域計画を実効性のあるものとするためにも重要なことである。

　なお、本編では、地域計画の立案プロセスを具体的に理解するため、日本の事例とともに、米国オレゴン州・ポートランド地域で1990年代半ばに実施された計画検討プロセス「リージョン2040」の例を一部で引いている。この計画の背景は今日のわが国の都市が抱える問題とは様相を異にするが、上述の手順を踏んで進められたプロセスそのものには参考になる点が多いと考える。

7章 地域の現状分析

片山 健介・髙見 淳史

7-1 利用可能なデータ

1 人口関連のデータ

　人口は、地域分析で扱う最も基本的なデータである。一口に人口といっても、居住人口（夜間人口）、昼間人口、性別人口、年齢階層別人口、労働力人口など、様々な「人口」データがある。

　人口・世帯に関する統計としては、国勢調査、住民基本台帳がある（表1）。国勢調査は、日本に住む全ての人を対象とする全数調査であり、1920年以降、おおむね5年ごと（大規模調査は10年ごと）に実施されていて、時系列データとしても大変有用である。

　住民基本台帳は、氏名、生年月日、性別、住所などが記載された住民票を編成したもので、市区町村長が作成する。この住民基本台帳による人口が各市区町村で月別に公表されている。また、月々の国内の都道府県・市区町村の転入・転出状況がわかるため、人口移動に関するデータを得ることができる。

表1 社会経済事象に関する主要な調査データ

分野	調査名	対象地域	実施間隔	代表的な調査内容
人口・世帯	国勢調査	全国	5年	総人口・総世帯数、性別・年齢別・市区町村別人口、世帯人員、住居の状態、産業・職業別就業者数、通勤・通学人口、人口集中地区（DID）など
	住民基本台帳調査	全国	毎月	市区町村別人口、転入・転出など
経済・産業	国民経済計算 県民経済計算	全国 都道府県	毎年	国民所得・国内総生産など 県民所得・県民総生産など
	事業所・企業統計調査	全国	5年	都道府県・市区町村別事業所数、産業別従業者数など（※2009年調査以降廃止、経済センサスに統合）
	工業統計調査	全国	毎年	事業所の名称・所在地、従業者数、製造品出荷額など（※2010年調査は2011年経済センサスに統合、2011年以降簡素化）
	商業統計調査	全国	5年 （本調査）	事業所の所在地、従業者数、年間商品販売額、小売業の売り場面積など（※2009年調査は廃止、2013年調査は標本化を検討）
	経済センサス	全国	5年	基礎調査（2009年）：事業所の名称・所在地、従業者数、事業の種類・経営組織など 活動調査（2011年）：売上高、必要経費総額、給与支給総額、減価償却費など
土地	全国都道府県市区町村別面積調	全国	毎年	全国・都道府県別・市区町村別面積など
	地価公示	全国	毎年	標準地について、毎年1月1日時点の単位面積当りの正常な価格を公示
	都道府県地価調査	全国	毎年	都道府県の基準地（2009年は全国2万3024地点）の7月1日時点の正常価格を公表
	国土数値情報	全国	—	指定地域、沿岸域、自然（標高・傾斜度など）、土地（地下、土地利用など）国土骨格（行政区域、海岸線、湖沼、河川、鉄道など）、施設（公共施設など）など

2　経済・産業関連のデータ

　地域計画において産業振興を考える場合には、地域における産業規模を把握する必要がある。主要な統計としては、事業所・企業統計調査や工業統計調査、商業統計調査がある。これらの調査は、新設の経済センサスの実施に伴い統廃合されることになっている（表1）。

　次に、各地域の経済規模を把握するためのデータがある。代表的なものは国内総生産（GDP）である。これは日本国内で1年間に新たに生みだされた生産

物やサービスの付加価値の合計額のことで、マクロな経済力を表す指標である。1人当り県民所得や1人当り県内総生産は、国土計画の策定過程で地域間格差の分析に用いられることがある。

3 土地関連のデータ

　地域計画ではある空間を対象とした分析を行うので、土地に関するデータが必要となる（表1）。土地利用関連データとしては、国土交通省が公表している国土数値情報がある。これは国土庁発足以降、国土計画の策定のために必要な情報を整備・数値化したもので、データをダウンロードして利用することが可能となっている。さらに、国土交通省では、この国土数値情報や国土画像情報（空中写真）をウェブ上で閲覧できるウェブマッピングシステムも公開している。

　ところで、ここまでの社会経済事象のデータは、行政区域単位で提供されるのが通常であった。しかし、土地利用など、必ずしも行政区域単位で分析することが適当でないものもある。特に市町村合併により行政区域が拡大したことで、市町村内での相違が見えづらくなったこともあるだろう。

　このような場合に、地域メッシュ統計が有用である。地域メッシュとは、国土を緯度・経度によって正方形の区画に細分したもので、面積が揃っているために統計調査の結果の比較がしやすいこと、また最も細かい第3次メッシュ区画（基準地域メッシュともいう）は約1km×1km（約1km^2）であるため、行政区域にとらわれずに地域の実態をより細かく分析することが可能である。一方で、行政区域と一致していないために、データの調査・集計、データ精度の確保が難しいという問題点もある。

　総務省統計局では、国勢調査、事業所・企業統計調査、住宅統計調査について、基準地域メッシュ単位でデータを公表している。また、前述の国土数値情報における土地関連データもメッシュ単位で提供されているものがあり、人口統計などと組み合わせた分析も可能である。

　もちろん、これらのデータだけでなく、都道府県の土地利用基本計画図や土地利用現況図、各市町村の都市計画図など、地図資料も有用なデータである。

4　交通関連のデータ

　交通システム分析の一般的な枠組み（図1）では、①「社会経済活動システム」が交通サービスを需要し、これと「交通システム」が供給する交通サービスとが均衡することで、短期的な「交通流のパターン」が決まると捉えられる。また、中・長期的には、②交通流のパターンは社会経済活動システムに影響を及ぼし、③交通システムは交通に関わる政策・計画・施策が実施されることによって形作られる（太田、1988）。例えば、幹線道路の混雑緩和のため新たにバイパスが計画され整備される（③）と、短期的には交通量の一部がバイパスに移ったり、所要時間が短縮されるため自動車への手段転換が起こったりという、交通行動や交通流パターンの変化がもたらされる（①）。中・長期的には、バイパス沿道の交通利便性が向上して商業集積などの土地利用変化が進み（②）、そのことがまた交通行動や交通流のパターンを変化させる（①）…といった現象を思い浮かべると理解しやすい。

　前項までに説明した人口、産業、土地利用関連のデータは、要するに地域における人口や活動機会（居住、雇用、買物、娯楽その他の活動の場）の分布を

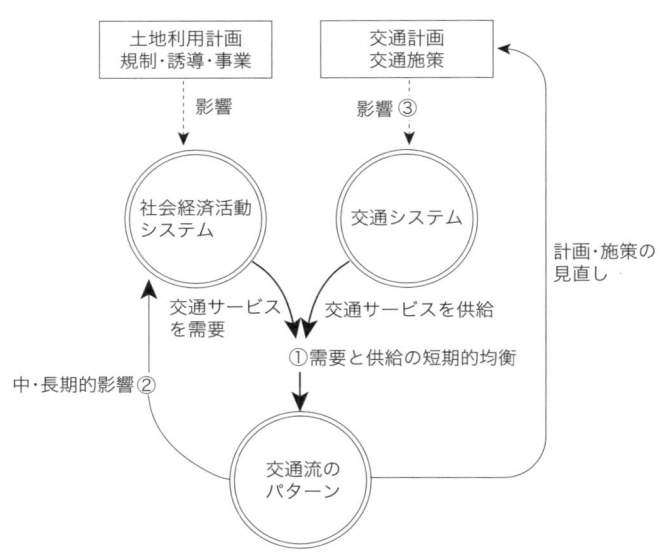

図1　交通システム分析の一般的な枠組み

表す．これらは交通サービスを需要する側であり，社会経済活動システムに該当するものと位置づけられる．交通を取り巻くシステムの総体を考えようとすれば，残りの2つの部分，すなわち供給側である交通システムのデータと，短期的均衡の結果として発現している交通流パターンのデータも用意しなければならない．

供給側の交通システムは，車両などの交通具，リンク（通路）とノード（結節点）からなるネットワーク，交通具とネットワークの制御・維持・管理を担う運用システム，サービス事業体を経営する経営システムという4つの要素に分類できる．特に重要なのはネットワークのデータであり，道路や公共交通のリンクとノードの空間的位置の情報に加え，道路であれば交通容量，公共交通であれば運行頻度や運賃といった，ネットワーク上で提供されているサービスの情報も含めて整備する必要がある．また，長期的検討を行うことを視野に入

表2 交通流パターンに関する主要な調査データ

調査名	対象地域	実施間隔	対象となる交通	代表的な調査内容
国勢調査	全国	5年	通勤・通学全交通手段	個人の従業地・通学地の市区町村，通勤・通学時の交通手段（10年ごとに調査）
パーソントリップ調査	大・中都市圏の一部	おおむね10年	人流全交通手段	個人ごとの1日の全トリップの出発・到着時刻，起終点の場所・施設分類，トリップ目的，利用交通手段，乗り換え場所など
道路交通センサス	全国	おおむね5年	人流・貨物道路交通	一般交通量調査：国道・都道府県道・一部の政令市道の道路状況（幅員構成，沿道状況など），車種別断面交通量，ピーク時旅行速度など 自動車起終点調査：自動車ごとの1日の全トリップの出発・到着時刻，起終点の場所・施設分類，駐車場所，運行目的，運転者，乗車人数，荷物の積み卸し状況など
交通量常時観測調査	全国	常時	人流・貨物自動車交通	時々刻々の断面交通量
大都市交通センサス	3大都市圏	5年	人流公共交通（鉄道・バス・路面電車）	定期券・普通券等利用者調査：旅客のトリップ目的地，利用区間，移動目的，乗車・降車時刻，端末交通手段・所要時間など OD調査：駅・停留所間の旅客流動量 輸送サービス実態調査：駅・停留所間の時間帯別輸送力
都市圏物資流動調査	3大都市圏と地方中枢都市圏の一部	おおむね10年	物流全交通機関	事業所ごとの1日の搬出先・搬入元の場所・業種分類・施設分類，荷物の品目・重量，輸送手段・台数，中継地など

7章 地域の現状分析

れるならば、交通システムの各要素に関連する技術や制度・政策などの現況と将来展望についての情報も収集すべきである。例えば、交通具である低排出ガス車の技術的改良の可能性や普及見通しは、将来の交通部門からの二酸化炭素（CO_2）排出量を左右しうる重要な情報と考えられよう。

　もう1つの部分、交通流パターンに関する主要な既存調査の概要を表2に示す。このうち人の1日の交通行動を調査したパーソントリップ調査が、人がどのような交通手段で、どこに、どのような目的で移動しているのかを分析するうえで特に有用である[*1]。また近年は、各地で導入が進んでいる公共交通ICカードや、車両が道路を走りながら走行速度や位置などの情報を収集するプローブビークルといった新技術を活用したデータ収集が可能となっている。これにより、駅・停留所間の交通量や道路上の旅行速度などの情報を日々（あるいは従来型の調査に比べて頻繁に）把握し蓄積することが現実的になりつつある。交通流のデータではないが、自動車交通に起因する騒音や大気汚染物質についても常時観測が全国で行われている。

5　地域住民の意識に関するデータ

　地域計画は地域住民の求める生活環境や、それを含めた地域の望ましい像を実現するためにある。したがって、住民が自分の暮らす地域に何を望んでいるかを理解することは不可欠な作業といえる。これは以降のプロセスにおいて問題を把握したり目標を設定するのに有用なだけでなく、個別の施策への同意を得、それらを円滑に実施するうえでも有効となりうる。

　ポートランド地域のリージョン2040の場合、計画の背景には将来にわたって都市圏人口が急激に増加するとの予測があり、それを従来と同じように地域内に受け止めたのでは地域住民が誇りにしている環境の良さが損なわれるとの危機感があったと言われる[*2]。計画検討プロセスの初期段階では、住民アンケート、地域のステークホルダーや地方政府へのインタビュー、公共ワークショップが独自に実施された（Metro, 1994）。これらの機会を通じて、地域の将来や成長のあり方に関する各主体の考えが把握された（表3）。

　わが国で意識調査としては、政府が行う世論調査がある。毎年行われる国民

生活に関する世論調査のほか、環境問題（2009年）や歩いて暮らせるまちづくり（2009年）、都市と農山漁村の共生・対流（2006年）などその時期に重視さ

表3　ポートランド都市圏「リージョン2040」における意識調査のポイント

- ■ 地域の好きな点、嫌いな点
- ■ 地域で「価値がある」と思うもの
- ■ 地域の将来についての考え
  - ・生活の質が悪化すると思うか
  - ・急速な成長（人口増加）が問題を引き起こすと思うか
  - ・成長は望ましいと思うか
  - ・成長の影響について悲観的に思う理由
- ■ 都市政策上の論点に関する意見
  - ・成長は既成市街地で起こるべきか、新規開発地区で行われるべきか
  - ・交通投資は道路に対して行われるべきか、公共交通に対して行われるべきか
  - ・業務・商業開発は郊外らしい典型的な密度で行われるべきか、ポートランド市都心部以外の高密なセンターに集約されるべきか
  - ・徒歩や自転車で通勤できるような職住近接を好むか、好まないか
  - ・住宅地域と商業地域は、徒歩や自転車で往来できるよう混在させるべきか、分離させるべきか
  - ・アフォーダブル住宅を公共政策として奨励すべきか、住宅価格の決定は市場に委ねるべきか

（出典：Metro（1994）より筆者作成）

表4　第4回東京都市圏パーソントリップ調査の付帯調査における主な意識調査項目

	調査時に提供された情報	主な意識調査項目
第1回 （1999年）	・調査結果にもとづく現況分析結果 ・計画目標の考え方（定性的）	・現在の交通への満足度と改善要望 ・交通が環境に及ぼす影響に対する問題意識 ・交通安全と災害時安全性への満足度 ・計画目標への意見（提示された7つの計画目標のほかに重視すべき項目） ・計画プロセスへの参加意向と参加方法
第2回 （2000年）	・交通政策の方向性の考え方 ・代表的施策の効果（シミュレーション結果にもとづく）	・居住地・勤務地・勤務形態に関する希望 ・スムーズで環境にやさしい交通体系のための施策への賛否：短距離自動車利用の抑制、低公害車への買い替え、時差通勤、都心流入課金などによる自動車利用の制限 ・基本的交通サービスを充実させる施策への賛否：道路整備、鉄道整備、駐車場整備、バスの充実 ・乗り換え・乗り継ぎの利便性を向上させる施策への賛否：鉄道駅改良・相互直通運転、駐車場・駐輪場整備、駅前広場整備、共通乗車券の発行 ・既存交通施設の有効活用への賛否：踏切・交差点の立体交差化、リバーシブルレーン（中央線変移）の実施、交通情報提供、高速道路でのノンストップ料金収受 ・その他の施策への賛否：バリアフリー整備、歩道整備による歩車分離、災害対策としての広幅員道路整備、コミュニティバスの導入 ・広域交通計画プロセスへの参加意向と参加方法

（出典：国土交通省都市交通調査室（2004）より筆者作成）

れるテーマについても随時実施されており、地域計画を立案するうえでの国民の意識を性年齢別・地域別等で大まかに掴むことができる。

　また、都道府県や市区町村における総合計画や都市計画マスタープラン、中心市街地活性化等の計画策定に際して、独自に意識調査が行われることも多く、地域住民のライフスタイルや、住民が考える地域の問題点などを具体的に知るための資料として活用されている。広域地方計画のように都府県を超えるような広域の計画の場合でも、ホームページやシンポジウムを活用して意見募集が行われることがある。

　上述のパーソントリップ調査では、交通問題・環境問題に対する考え方、交通や居住を中心とする生活環境への意識、政策や施策への賛否などのデータが、付帯調査として収集されることがある（国土交通省都市交通調査室、2004）。第4回東京都市圏パーソントリップ調査（1998年）の場合、本体の交通実態調査にもとづく現況分析結果の公表後と「交通政策の方向性（基本まとめ）」の公表後の2回にわたり、政策意識調査が行われた。1回目は交通問題に関する認識と計画目標への意見を問うもので、2回目は提示された方向性を実現するのに必要な施策に対する賛否が問われている（表4）。プロセスに沿って地域住民の意見を聴取し、計画に反映させようとした例といえる。

　そのほか、最近では、調査会社の登録者を対象としたインターネットによる意識調査も行われており、回答者数や属性を調査の目的に応じて設定できる、比較的安価なコストで実施できるなどの利点がある。

7-2　地域の現状分析と問題の把握

1　地域の社会・経済的・空間的構造と問題を把握する

1 ― 地域分布の分析

　地域計画の立案のためには、どのような地域でどのような問題を抱えているか、その現象の背景にある要因は何かを考え、地域の将来を考える上での計画

課題を把握しなければならない。本節では、地域分析のための手法について述べる。

地域分析を行う上でまず基本となるのが、「地域分布」および「地域変化」の分析である。地域分布の分析とは、対象とする地域全域および地域内部におけるある事象の量を把握することである。もっとも単純かつ基本的な分析は、どこにどれだけの人が住んでいるのかを把握することである。その場合、ある都市圏全域の居住人口をトータルで知るだけでなく、その都市圏内での居住人口分布を市区町村別に見ることで、どの地域に集中して居住しているのか、といった社会的な構造を把握することができる。そして、居住人口を年齢構成別に細かく見る、市区町村よりさらに細かい町丁目単位で分布を調べる、他の事象（例えば都市施設や医者の数など）の量が地域内でどのように配分されているのかを分析するなど、データの種類、地域単位の取り方を様々に行うことで、地域構造の分析を深めていくことができる。

例えば地理情報システム（GIS）上で市区町村別の居住人口分布を表示するというのはもっとも単純な地域分布の表現方法であるが、地域間の相対的な比較を行う尺度として、「地域別割合（地域別構成比）」や「密度」がある。地域別割合は、特定地域の全体に対する割合で、例えば、都市圏全体の人口を100％とした場合の各市町村の人口の割合を示したものである。密度は、対象地域の単位面積当りの分布事象の統計量で、人口密度が代表的である。同じ人口でも面積が異なれば都市の様相は異なるはずであり、指標を絶対量で見た場合と人口密度で見た場合とでは異なる地域構造が見えてくる。

2 ― 地域変化の分析

地域分布は、ある特定の時点における社会的・経済的な事象を対象とした分析であるが、これに時間的経過を加えたものが「地域変化」の分析である。当然、人口の分布は時代時代で変化している。また、よくいわれる「東京一極集中」「過疎・過密」「人口減少」「少子化・高齢化」といった現象は、ある一時点の分析だけでは把握できず、時点間での変化を見て初めて捉えることができるものである。

最も単純に地域変化を表すのは変化量である。すなわち、

$$C_D = P_{t+n} - P_t$$

（P_t：時点 t における特定事象の統計量　n：時間）

この変化量を、相対的な差異として捉えることにより、この変化の絶対量がどれだけの大きさを持つのかを見るために、指数、変化率がよく用いられる。

指数　$C_I = \dfrac{P_{t+n}}{P_t} \cdot k$（$k$ は定数、通常 100 を用いる。$C_I > 100$ ならば増加）

変化率　$C_r = \dfrac{P_{t+n} - P_t}{P_t} \cdot k$（$k$ は定数、通常 100 を用いる。$C_r > 0$ ならば増加）

例えば、ある地域 A の 1990 年における人口が 1 万人、2000 年における人口が 1 万 5000 人であれば、2000 年の A の人口の指数は 150、変化率は 50％増加となる。

なお、地域変化の分析を行う際には、時点の取り方にも留意すべきである。例えば、東京都市圏の人口増減を分析する際に、1980 年と 2005 年の 2 時点間のみの分析では、バブル期の地価高騰に伴うドーナツ化現象や近年の都心回帰現象を見落とすことになりかねない。特に変化を長期的に分析する場合には、ある程度時期を細かく区切って比較を行うことが望ましい。

3 ― 複数の事象の関係性、表現の工夫

地域で活動する人々の属性や諸活動は様々である。地域分析に当たっては、問題意識に応じて適切なデータや手法、指標を用いること、また単一のデータや手法から得られる情報は限られているので複数の統計データや指標を組み合わせて分析を行うことが必要である。

また、地域の様相は、様々な社会的・経済的・政治的・空間的な要因が絡み合って表れている。地域分析によって把握できた事象がどのような要因で生じているのかを考え、地域問題を構造的に理解することが重要である。

また、計画策定プロセスでは、捉えた事象を住民や関係者にいかにわかりやすく伝えるかも配慮されるべきであろう。空間的な分布を把握するためには GIS は大変有用であるが、時系列の変化を示すにはグラフの方がわかりやすいこともある。

これらの点に留意しつつ、後述する地域の特性把握や都市交通の分析も含めて、事象の相互関係、地域の全体的な特性や傾向、規則性を知り、その背景や要因を考察し、地域を総合的に分析することが求められる。

2 地域の特性を把握する

1 — 地域特性の分析

地域計画が対象とする計画圏域は、複数の自治体に跨った広域圏である。地域の計画をどのような圏域で考えるべきか、計画圏域の設定には、共通の特徴・課題、計画主体など様々な要素を勘案する必要がある。他方、圏域が広くなるほど、様々な特徴を持つ都市・地域が内包されることもまた当然である。地域計画では、こうした各都市・地域が持つ共通の課題を広域的に改善することが求められるし、それぞれの持つ特性を活かしつつ将来戦略を考えることもまた重要である。

そのためには、地域の特性を知らなければならない。地域分布の分析が、ある事象の統計量について（部分）地域の差異を把握するためのものであるのに対し、地域特性の分析は、ある事象の性質や機能の差異を明らかにして、各（部分）地域の特徴を知るためのものである（大友、1997）。

地域特性を測るための基本的な測度は、属性別割合と比率である。属性別割合は分子が分母集団の一部分の大きさを表す場合（例：ある地域の年代別人口構成比）、比率とは分子と分母がそれぞれ異なる集団的事象の値の場合（例：人口1人当りの年間CO_2排出量）である。ある市における特定の事象に関する構成比、比率が、その市を含む都市圏の中で相対的に大きな値を示すならば、その市はその属性に関して特性を持つとみなす。

同様の考え方で、特化係数という指標がある。これはある地域（例えば県）のある分類に関する構成比の、対象地域全体（例えば全国）での構成比に対する割合を示すもので、次式で求めることができる。

$$LQ_{ij} = \frac{Q_{ij}}{Q_{tj}}$$

Q_{ij}：ある地域 i の j 指標に関する属性別割合または比率
Q_{tj}：全体地域 t の j 指標に関する属性別割合または比率

例えば、Q_{ij} がA県の県内総生産に占める製造業の割合を、Q_{tj} が国内総生産のうち製造業が占める割合を示す場合、A県の全国に対する特化係数が1を上回っていれば、A県においては製造業が特徴的な産業であるということになる。

産業は、地域計画で扱う主要なテーマのひとつである。大友（1997）は、都市の機能を大きく①産業機能（都市の経済活動の種類）と、②中心地的機能（都市とその周辺地域との関係において見られる機能）で分けて捉える見方を提示している。このうち産業機能に関しては、都市ごとに産業別就業者数（あるいは事業所数、生産額など）の総数に占める割合（構成比）を計算し、そのうち最大の値を示す産業が、その都市の産業機能を代表するとみなす方法（最大構成比による産業機能分類）、特化係数が1を上回る産業がある都市・地域を代表する産業とみなす方法などがある。

2 — 地域間の相互作用

一般に地域計画は、行政区域と実態の都市圏とが一致しない点にその必要性が見出される。「二層の広域圏」という考え方もあるように、日常生活行動や経済活動は行政区域を超えて行われており、それゆえに広域的・一体的に計画を行う意義がある。地域計画は実態的な都市圏を対象とするのであるから、その圏域は何らかの関係によって結びついているということになる。

このような地域と地域の関係（相互作用）は、ヒト、モノ、カネの移動（流出、転出、輸出、移出／流入、転入、輸入、移入）として把握することができる。よく使われるのが通勤圏である。B町のA市への通勤率とは、B町の就業者数のうちA市への通勤者数の割合であり、この値が高いとB町はA市の通勤圏に含まれると考える。これは都市圏の設定にも用いられることがあり、例として都市雇用圏[*3]がある（金本ら、2002）。

さらに、地域間の相互関係を分析するために、これまでに様々なモデルが考案されている。そのひとつが、重力モデルである。

$$F_{ij} = \frac{M_i M_j}{D_{ij}^\alpha} \cdot k$$

F_{ij}：地域間相互作用力　　　M_i：i 地域の地域事象の総量
M_j：j 地域の地域事象の総量　D_{ij}：i と j との間の距離
k：地域事象固有の定数　　　　α：定数

2地域間の相互作用力は、地域事象の統計量が大きいほど大きくなり、2地域間の距離が遠くなるほど小さくなる。

重力モデルを都市・地域の小売商業のポテンシャル評価に応用したものとして、ハフの商圏モデルがある。ある地域に対するある店舗の吸引力は、その地域とその店舗の距離に反比例し、店舗の規模に比例することになる。

$$p_{ij} = \frac{\dfrac{S_j}{T_{ij}^\lambda}}{\displaystyle\sum_{j=1}^{n} \dfrac{S_j}{T_{ij}^\lambda}}$$

p_{ij}：居住地 i の平均的消費者が j を訪れる確率
S_j：小売業中心地 j における店舗の規模（売場面積など）
T_{ij}：消費者の居住地 i から j までの所要時間
λ：定数（商品によって異なるとされる）

3 ― 都市の中心性

日常生活圏としてよくいわれるのは通勤圏や商圏、医療圏であるが、これは、居住地のある都市から、業務、商業、医療機能が集積している都市へと出かけていく行動が日常的に行われている圏域、いいかえれば、集積している都市が、その近隣の地域にまでサービスを提供しているという関係にある圏域といえる。この場合の都市は、業務、商業、医療において、日常的に移動できる範囲の地域において拠点性ないし中心性を有すると考えることができる。

都市の総合的中心性とは、ある都市が、その周辺地域に及ぼす影響の強さである。それを計測するには、どのような方法が考えられるだろうか。

業務中心の拠点性を示す指標として、就従比がある。これはある区域における就業者数に対する従業者数の割合であり、従業者数／就業者数で求められる。この値が1を超えていれば、その区域外から就業者を集めていることになる。

商業機能に関する拠点性を示す指標として、小売吸引力がある。これは次式で求められ、この値が1を超えている場合は、その都市は都市圏全体に占める人口比の割に小売販売額が大きい。また、小売吸引力 A_i に市区町村 i の人口 P_i を掛け合わせたものを小売吸引人口と呼ぶ。

$$A_i = \frac{\dfrac{S_i}{P_i}}{\dfrac{S_t}{P_t}}$$

A_i：市区町村 i の小売吸引力　　P_i：市区町村 i の人口
S_i：市区町村 i の小売販売額　　P_t：都市圏全体の人口
S_t：都市圏全体の小売販売額

昼夜間人口比率は、（都市の昼間人口）／（都市の夜間人口）×100 で求められる指標であり、この値が100を超える、すなわち活動時（昼間）の人口が非活動時（夜間）の人口よりも多いということは、周辺地域からその分だけ人口を集めているということになる。就従比が経済活動の中心性を表すものであるのに対し、昼夜間人口比率は通学を含めたより広い意味の都市活動の中心性を表す。

例を挙げよう。首都圏の業務核都市（5-1節参照）のひとつとして位置づけられた埼玉中枢都市圏業務核都市（浦和・大宮）基本構想では、計画フレームとして、就従比1.0が見込まれている。

総務省が推進している定住自立圏構想（5-2節参照）では、「中心市」の要件の1つとして、昼間人口を夜間人口で除した数値が1以上であることが含まれている。

このほかにも、中心的機能に着目した様々な中心性指標がある（大友、1997）。

4 ── 地域の経済分析

地域の経済活動は、基盤活動（地域の発展を支える移出産業）と非基盤活動

（地元のための域内産業）に分けられると考え、両者がどの部門で顕著であり、かつその活動量はどの程度であるかを測ることによって、地域の経済基盤を把握する方法が、地域経済基盤の分析である（大友、1997）。

① 残余法

$$E_{Bi} = E_i - \frac{E_{Ti}}{\sum_i E_{Ti}} \cdot \sum_i E_i$$

E_{Bi}：ある市町村（地域）における i 産業の基盤活動に従事する就業者数
E_i：この地域の i 産業の全就業者数
$\sum_i E_i$：この地域の就業者総数
E_{Ti}：全国における i 産業の全就業者数
$\sum_i E_{Ti}$：全国における就業者総数

右辺第2項は、当該地域の i 産業の就業者が全国の就業者に占める i 産業の就業者と同じ割合であった場合の当該地域における i 産業の就業者を表す。1項は実績値である。この式で計算された E_{Bi} が0または負の値をとったときには、この地域の i 産業には基盤産業に従事する就業者がいないとみなし、E_{Bi} が正の値をとった場合のみ勘定に入れて当該地域の全産業について合計する。

② 特化係数法

特化係数が1のときは、生産と消費が均衡しているとみる。特化係数が1より大きい産業については、その地域で消費される以上の生産が移出されている、すなわち特化係数から1を引いた分が基盤活動を表すものと考える。

3 都市交通の現状と問題を把握する

交通に関しても、収集したデータの分析を通じて現状を把握し、問題を診断するとともに、その背景にある要因を理解する。分析すべき事項は多岐にわたるが、地域の基礎的な交通実態を把握するための項目と、地域が時代に即した問題意識や目標設定に応じて定める項目とに大きく分けられる。いずれも、過去時点のデータや、人口規模などの条件の類似した他地域のデータと比較する

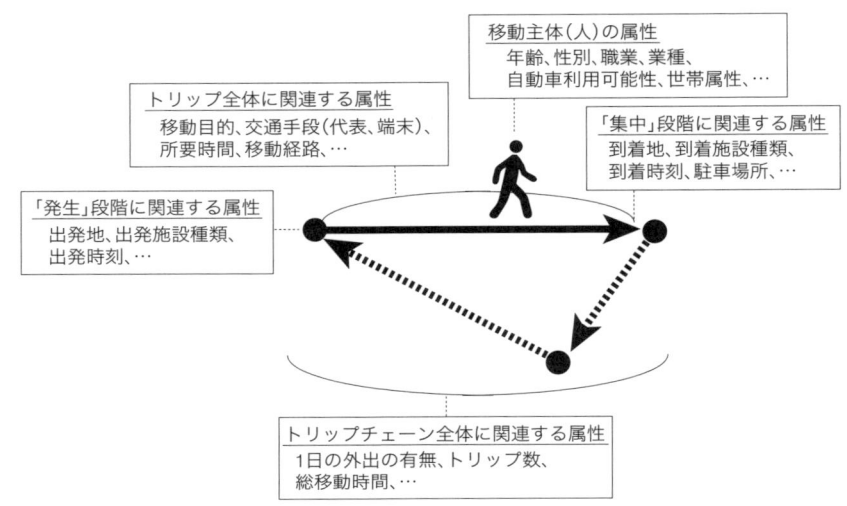

移動主体(人)の属性
年齢、性別、職業、業種、
自動車利用可能性、世帯属性、…

トリップ全体に関連する属性
移動目的、交通手段(代表、端末)、
所要時間、移動経路、…

「集中」段階に関連する属性
到着地、到着施設種類、
到着時刻、駐車場所、…

「発生」段階に関連する属性
出発地、出発施設種類、
出発時刻、…

トリップチェーン全体に関連する属性
1日の外出の有無、トリップ数、
総移動時間、…

図2　トリップやトリップチェーンが持つ属性

ことが有効である。

　基礎的な交通実態は主にパーソントリップデータを用いた分析から把握される。人の1日の移動を構成するトリップとその連鎖（トリップチェーン）は、図2に示すような属性を持つと見なすことができる。これを様々な側面について集計することで、どのようなトリップが多い／少ないという状況や、増加している／減少しているといった変化の傾向を捉える。わが国の総合都市交通体系調査では、生成交通量、発生・集中交通量、分布交通量、1人当りトリップ数、トリップ所要時間などを指標とし、これを交通手段、目的、時間帯、個人・世帯属性、地域（ゾーン）などでクロス集計することが、必須の分析項目と位置づけられている（国土交通省都市交通調査室、2007）。

　例えば、総体的な自動車利用（トリップ数、自動車分担率、総走行台キロなどの指標で測られる）の増大という傾向が見られるとして、その背景は何であろうか。あるいは、どのような移動者の、どの移動目的での、どこからどこへの移動の増加がこれに寄与しているであろうか。一般には、女性や高齢者の社会進出・社会参加に伴うトリップ数の増加、自動車を自由に使える人口（通常は運転免許と自分が自由に使える自動車の両方を持つ人と定義される）の増加、短距離移動における自動車分担率の上昇、公共交通サービス水準の低下に伴う

自動車分担率の上昇、公共交通の貧弱な郊外－郊外間トリップの増加、といった要因が思い浮かぶ。これら各要因の実態を知ることは、問題の構図を理解し対応策を考えるうえで重要である。

また、道路・公共交通の区間ごとの交通量や利用者数、渋滞や混雑の発生状況も、基礎的な交通実態と位置づけて整理することが可能であろう。

地域ごとの問題意識や目標設定に応じて定められる分析項目は、まさに各地域がそれらをどう考えるかによる。一般には経済、環境、社会・公平、安全・安心といったテーマが今日的な問題意識・計画目標として想定され、それと交通との関わりを意識して分析の内容を決めることが多い。その際に留意すべきなのは、現象の交通の側面だけを見るのではなく、分野を超えて問題の全体像を捉える必要性である。特に、図1で示した、土地利用つまり活動機会の分布が交通行動・交通流パターンに影響を及ぼし、交通流パターンが活動機会の立地を変化させるという相互作用は、強く意識されなければならない。

この相互作用の構図は、例えば上で述べた自動車利用増大の問題に見ることができる。人や世帯が自動車を保有し使えるようになると、郊外生活の欠点の1つである交通不便性が克服されるため郊外で暮らす魅力が高まり、人口や諸機能の郊外流出、都心部の空洞化を招く。公共交通の不便な郊外へ都市機能が広がると、そこでの生活に公共交通は使われづらく、結果として旺盛な自動車利用が促される。公共交通利用者の減少はまたそのサービス水準を低下させ、自動車利用の増大に拍車をかける。すなわち、自動車利用が増大してきた要因の一部は土地利用の側にあるし、郊外化圧力が高まった要因の一部は交通の側にあると理解される。

関連して、自動車依存度の高い地域で近年叫ばれつつある問題に、自動車を自由に利用できない層の「社会的疎外」がある。高齢者も多いこの層に対して社会サービスを享受する機会や社会活動へ参加する機会を提供することは、地域計画においても重要な課題となりうる。社会的疎外の状況は重要な活動機会やその集積地（都心部や郊外核など）へのアクセシビリティを計測することによって把握することができる。アクセシビリティには、活動機会の分布という土地利用側の要素と、目的地までの移動の容易さや所要時間の短さという交通サイドの要素がともに関係するため、両者を併せて考えることが求められる。

よく行われる簡易な手法として、鉄道駅やバス停といった公共交通ノードまでのアクセシビリティの評価があるが、活動機会へ到達のしやすさや活動の実行可能性を直接的に評価したものではない点で必ずしも十分とはいえない。

　もう1つの例を物流の視点から述べる。図1に照らすと、物流を発生・中継・集中させる施設の分布は、短期的にはトラックの走行量や走行経路といった貨物交通のありように影響するとともに、長期的には場所の交通利便性に影響を受けて変化する。施設立地と貨物交通を併せて検討することは、物資の効率的な輸送を実現するうえではもちろん、トラックが住宅地に入り込んで地区の生活環境を害することのないようにしたり、地域内の適切な場所に工業や物流業を誘致して経済活力の増進に資するなどの点でも重要である。物流関連施設の立地に関する動向や意向を把握し、交通施設・交通サービスとの関係に着目した分析の事例として、第4回東京都市圏物資流動調査にもとづく総合的な検討がある（東京都市圏交通計画協議会、2006）。

　以上は簡単な例であるが、問題の構図を広く捉えることは問題に対して分野横断的にアプローチする発想を可能にし、有益であることが理解されよう。

4　地域の将来を予測する

1 ― 人口の予測

　地域の現状と、それがどのような変化を経てきたのかを知ることで、地域の将来を考えることがある程度可能となる。当然、未来の姿を一意に決めることはできないが、もしこのままの状況が続いていくとどうなるのか、というひとつの可能性を描くことはできる。人口の将来予測は、そのための重要な手掛かりとなる。地域計画では、将来人口フレームを設定し、土地利用・地域区分や施設配置を考えることが行われてきたが、人口予測はそのベースとなるものであり、またフレーム設定に説得性を与える役割もあろう。

　将来人口予測の方法としては、大きくトレンドモデル（時系列分析モデル）とコーホート生存モデルがある（青山、2001）。

　トレンドモデルとは、対象となる地域の人口のトレンド（時系列的な傾向）を示す曲線または直線を推定して人口を推計する。そのための関数としては、

一次式やロジスティック曲線などがあり、過去の時系列に当てはまるものを選択する。この場合には、人口増減のメカニズム（人口変動＝（出生数－死亡数）＋（転入数－転出数）；人口学的方程式とよばれる）を明示的に考慮しない。

コーホート生存モデルでは、性別・年齢階層別に区分した地域内の人口集団（コーホート）ごとに人口増減数を求める。通常、ある年齢階層（例えば20～24歳）は、5年後にはそのまま25～29歳へと繰り上がる。しかし、その5年間に、自然増減（出生・死亡）と社会増減（転入・転出）がありうるので、性別、年齢階層別に、予測期間中の出生率、死亡率、移動率を推定し、これを性別・年齢階層別人口に掛け合わせる。これを全年齢階層について順次行い、年齢階層別の人口推計を行う方法である。

国立社会保障・人口問題研究所では、2005年までの実績値をもとにコーホート法を用いて、都道府県別・市区町村別に2035年までの5歳年齢階級別の人口推計を行っている。さらに、2030年までの全国の世帯数の将来推計も行っている。

2 ── 経済の予測

地域計画の立案において、ある開発投資が地域内に及ぼす経済効果を予測することは、地域産業政策や効果的な社会基盤整備を検討する上で有用である。

経済分析・予測の手法として、ある地域の経済構造（産業間の取引構造）を表した産業連関表を用いて、ある産業に新たな需要が発生した場合にどのような形で生産が波及していくかを求める方法がある。経済活動は、産業部門が相互に結び付きながら生産活動を行い、必要な財・サービスの供給を行っている。ある産業部門は、他の産業部門から原材料などを購入し、これを加工して財やサービスを生産し、それを別の産業部門に販売する。産業連関表とは、財・サービスが最終需要部門に至るまでに、各産業部門間でどのような投入・産出という取引過程を経て生産・販売されたものであるのかを、一定期間にわたって記録し、その結果を行列の形で一覧表にまとめたものである。日本では、10府省庁の協働作業によって、全国について5年ごとに作成されているほか、地域産業連関表（全国9地域）、都道府県・市産業連関表などが作成されている（総務省統計局）。

ところで、経済活動は産業や企業、生産者と消費者、地域が複雑に関係しており、例えば鉄道や道路の整備は、沿線地域だけでなくアクセス性が向上した地域にも経済波及効果をもたらしうる。このような経済諸活動の関係性を定量的に把握し、事業効果の分析や経済予測を行うのに用いられる方法として、計量経済モデルがある。この方法の特徴は、整理された分析の目的・課題に即して、予測すべき経済諸量、およびそれらと関係する主要な社会経済変量を検討し、様々な主体間の経済活動における関連性についてモデルシステムを組み立てる点である。そして、このモデルシステムに組み込まれた社会経済諸量についてデータを収集し、それを用いてモデルを定式化し、妥当性の検定を経てシミュレーションを行うという流れである（樗木、2001）。

3 ― 交通の予測

　計画プロセスでは、地域における土地利用の構造の変化や交通施策の実施がもたらすアウトカムについて検討するために、交通需要予測モデルを用いた分析を行うのが一般的である。

　図1の交通システム分析の枠組みのうち、社会経済活動システムと交通システムの短期的均衡（①）の部分のみを扱うモデルは、すでに広く使われている。多くは四段階推定法とよばれる手法に従うモデルで、人口や土地利用分布に関する変数と交通のネットワークやサービス水準に関する変数を入力し、交通量の発生・集中（すなわち、移動がどこに発生し集中するか）、分布（どこからどこへの移動か）、分担（どの交通手段が使われるか）、配分（どの経路を通るか）の各段階の予測を経て、交通手段別のゾーン間交通量・所要時間や、道路リンクごとの交通量・速度、公共交通の利用者数などといった交通流パターンを出力する（例えば新谷、2003）。

　さらに交通流パターンが社会経済活動システムに及ぼす影響（図1の②）を内生化したモデルシステムを土地利用・交通モデルとよぶ。その典型的な構造は、外生的に与えられる地域の将来の総人口・総世帯数や従業者数を、土地条件（立地の優位性）に応じて各ゾーンに配分するもので、交通モデルから出力されるゾーン間所要時間は土地条件の主要な説明変数となる。しかし、大規模なモデルシステムであり分析に高度な技術が要求されることや、モデル自体の

認知度の低さから、わが国での適用は広がっていない（宮本、2003）。

なお、交通需要予測モデルからの出力値が直接的にアウトカム指標となることは少なく、別途評価指標を算出するパート、例えば自動車の車種別リンク交通量とリンク速度からCO_2排出量や交通エネルギー消費量を計算するサブモデルなども必要となる。

注
* 1　パーソントリップ調査の実施とそれに基づく総合都市交通計画の策定（この両方を指して「総合都市交通体系調査」とよばれる）に関して、標準的な手順や留意点が国土交通省によってとりまとめられている（国土交通省都市交通調査室、2007）。
* 2　リージョン 2040 やそれを含めたポートランド都市圏の計画体系の詳細は、川村・小門（1995）、髙見（2000）、村上（2003）などを参照されたい。
* 3　都市雇用圏とは、中心都市を DID 人口によって設定し、郊外都市を中心都市への通勤率が 10％以上の市町村とし、同一都市圏内に複数の中心都市が存在することを許容する都市設定とされる（都市雇用圏ホームページ http://www.urban.e.u-tokyo.ac.jp/UEA/index.htm）。

参考文献
・青山吉隆編（2001）『図説都市地域計画』（丸善）
・太田勝敏（1988）『交通システム計画』（技術書院）
・大友篤（1997）『地域分析入門［改訂版］』（東洋経済新報社）
・金本良嗣・徳岡一幸（2002）「日本の都市圏設定基準」（『応用地域学研究』、No.7、pp.1-15）
・川村健一・小門裕幸（1995）『サステイナブル・コミュニティ ── 持続可能な都市のあり方を求めて』（学芸出版社）
・国土交通省都市・地域整備局都市計画課都市交通調査室（2004）『付帯調査として有効な意識調査に関する検討事例集』
・国土交通省都市・地域整備局都市計画課都市交通調査室（2007）『総合都市交通体系調査の手引き（案）』
・総務省統計局ホームページ（2009 年 10 月）http://www.stat.go.jp/index.htm
・髙見淳史（2000）「米国オレゴン州・ポートランド都市圏のケーススタディ ── Region 2040 プロジェクトを中心に ──」（『環境負荷の小さい都市交通戦略に関する基礎的検討』日本交通政策研究会、pp.31-45）
・樗木武（2001）『土木計画学第 2 版』（森北出版）
・東京都市圏交通計画協議会（2006）『物流からみた東京都市圏の望ましい総合都市交通体系のあり方』
・新谷洋二編著（2003）『都市交通計画第 2 版』（技報堂出版）
・日本まちづくり協会編（2002）『地域計画第 2 版』（森北出版）
・宮本和明（2003）「土地利用と交通の一体計画の必要性」（『都市計画』No.244、pp.9-12）
・村上威夫（2003）「オレゴン州：成長管理の先進州の新たな挑戦」（『スマートグロース ── アメリカのサステイナブルな都市圏政策』学芸出版社、pp.53-110）
・Metro（1994）*Concepts for Growth: Report to Council*

8章 広域計画の立案

髙見 淳史・片山 健介

8-1 地域の計画目標の設定

　地域計画にもとづく主に物的な環境の改善を手段として、地域がどのような価値を実現しようとするのか、計画プロセスの中で明確にしておかなければならない。ここでの価値とは、1章で述べられた「持続可能な社会」や、それを構成する「社会」「経済」「環境」という3つ＋「人口の維持」「都市空間の集積度」の2つの要素のような大括りな目標である。広い空間的領域や広範な政策分野を対象とし、それゆえ多様な利害関係を持つ地区や関連主体を内包する地域計画において、これらが共有することのできる基本的な価値観に論理の基盤を置くことはとりわけ重要である。

　基本的な価値観はより具体的な目標や目的に分解される。これらの内容や重みは第一義的には地域の各主体の考えや意識にもとづいて定められるが、長期を対象とする地域計画においては、人々の考え方が時代とともに変化する可能性にも留意しなければならない。また、他に重要な社会的要請や、中央政府など上位政府の定める目標があれば、それらも地域計画の目標として位置づけるべきである。例えば、地球温暖化は全地球的に影響がおよび、それゆえ全地球的に取り組むべき問題と認識される。中長期的な温室効果ガス削減目標や関連

の目標が全国レベルで定められれば、その達成に貢献することを地域の目標の1つに据えることは重要と考えられる。

　価値観や目標・目的は、地域の現在や将来の状況を評価するための指標と対

表1　第4回東京都市圏パーソントリップ調査にもとづく目標体系・評価指標

3つの基本目標	施策導入の効果	評価指標	単位	説明
東京都市圏の活力を支えるモビリティの向上	自動車渋滞の解消	面混雑度1.0以上の台キロ（一般道）	万台キロ	混雑している地域内を走行している自動車交通量を表す
		走行速度25km/h以上の道路延長（一般道）	km	混雑時に渋滞が発生していない区間の道路延長を表す
	鉄道利便性の向上	駅アクセス距離1.5km以上人口割合	％	自宅から最寄り駅まで歩いて行くことが困難な人口の割合を表す
	速達性の向上	60分以上通勤トリップ数	万トリップ	長距離通勤者の数を表す
		広域連携拠点から60分以内の延べ従業人口	延べ万人	広域連携拠点における業務活動圏域の高まりの程度を表す
安全で快適なくらしと交通環境の実現	道路における安全の確保	自動車免許保有人口当り年間交通事故件数	件数/万人・年	自動車免許を保有する人口当りの年間交通事故件数を表す
	災害に強い都市構造の実現	帰宅支障者数	万人	目的地から自宅までの距離が遠いために、災害発生時に自宅まで歩いて帰ることができない人数を表す
		広幅員道路密度	km/万人	災害発生時に、火災などによる延焼を遮ることが可能な広い道路の整備量を表す
	快適に移動できる公共交通の充実	ピーク時鉄道混雑率150％以上の人分	万人分	ピーク時に混雑している鉄道で移動している人の所要時間を表す
		自動車・鉄道利用不便者数	万人	自動車や鉄道を利用することが困難な高齢者（65歳以上で、自宅から最寄り駅まで1.5km以上で、かつ自動車免許を保有しない人）の数を表す
環境にやさしい交通体系の構築	自動車交通による環境負荷の軽減	二酸化炭素（CO_2）の排出量	万t-C/年	自動車から排出される二酸化炭素の排出量を表す

（出典：東京都市圏交通計画協議会（2001）p.22、表4-1より作成）

応づけられる。指標は、合意形成と意思決定に資するという本旨に照らしてわかりやすく、定量的に評価可能なものを選ぶのが望ましい。交通関連の指標では、例えば目標年次における都市計画道路延長のような施設整備水準に関するものより、「地域のどこからでも総合病院まで○○分以内で到達できる」などのアウトカム指標を採用するのが望ましいとされる。例として第4回東京都市圏パーソントリップ調査にもとづく検討で用いられたものを表1に示す。活力・モビリティ、安全・快適、環境という3つの基本目標が7つの要素に分解され、それぞれに対し1つまたは2つの評価指標が対応づけられている。

評価指標は目標値とともに整理されることが望ましい。目標値は、十分な検討にもとづき、計画期間内に達成可能と見込まれる値を設定すべきである。次節で述べるような定量的分析の結果もその参考となる。

これらによって構成される地域計画の目標体系は、計画立案の段階だけでなく、実施段階以降におけるモニタリングや問題点・改善点の検討の際にも用いられる。

なお、一般的な計画検討プロセスでは「選択可能な政策手段を組み合わせて得られるアウトカムを予測（forecast）し、到達しうる最善の将来像を探る」アプローチを取ることが多い。これに対し、明確な目標値や到達点が存在し、それを達成する重要性が高く、しかも通常選択しうる政策手段を積み重ねたのでは達成が困難な場合は、逆に「望ましい将来像から目標到達点を定め、それを実現する手段を柔軟に探る」アプローチが有効と考えられる。前者のアプローチをフォアキャスティング、後者をバックキャスティングとよぶ。

8-2 代替的な将来シナリオの設定と評価

1 代替的な将来シナリオの設定

地域のめざす価値観や目標が明らかになったら、次のステップでは、目標を実現するためにどのような物的環境を整えるかを考えることになる。その際、

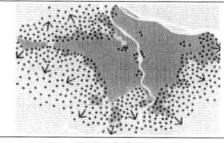	**基本ケース（トレンド継続）** ・近年の開発の傾向と現行のゾーニングが継続する ・都市成長境界線は約50％拡張、人口や雇用の拡散が進む ・3本の新フリーウェイなど、道路の追加は4案で最大 ・LRTの西への延伸と南北路線の建設も実施
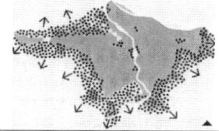	**コンセプトA（成長境界線拡大）** ・成長境界線は約25％拡張するが、公共交通沿線でのコンパクトな混合用途開発という方向性も指向 ・縁辺部の新規開発は住宅が中心 ・道路や公共交通の改善を相当量実施
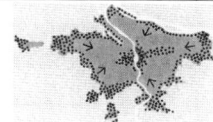	**コンセプトB（成長境界線固定）** ・成長境界線は拡張せず、高密でコンパクトな開発を指向 ・ゾーニングでは住商混合地域を他の3案より多く設定 ・フリーウェイは建設せず、道路の改善は4案で最小 ・公共交通の改善は最大
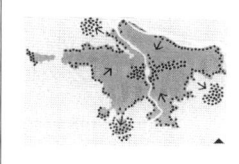	**コンセプトC（衛星都市）** ・成長の3分の1を衛星都市で収容。衛星都市は自立的で、人口の3分の2は同都市内で働く ・成長境界線を約10％拡張。その内側ではセンターの強化に重点 ・道路整備水準は、成長境界線内ではAとBの中間。地域全体ではAを上回り基本ケースに迫る ・公共交通の改善はBに次ぐ水準

図1　ポートランド都市圏「リージョン2040」で設定された成長コンセプトの概要　(出典：Metro(1994)より筆者作成)

取りうる複数の代替的将来シナリオを想定して、それぞれが計画目標に与える影響を分析し評価することが有効である。

　各シナリオで何をどのくらい細かく設定するかは次項で述べる評価体系に依存するが、大まかには、将来時点における土地利用（活動機会の分布）と交通システムの組み合わせによって1つのシナリオが構成されると考えることができる。例えば市街地の広がり方、市街地の中での諸機能の分布構造、交通ネットワークの整備水準など、地域の状況に即して重要なポイントの比較評価が行えるように複数の将来シナリオを定める。将来時点の地域人口や年齢構成など外生的な不確実性が存在し、評価結果に大きな影響を与えうる場合は、その点も将来シナリオに含めて評価を行うことが一案である。

　ポートランド地域のリージョン2040の例では、3つの成長コンセプトと従来のトレンドにもとづく基本ケースを合わせた4つの将来シナリオ（図1）が設定された。各成長コンセプトの方向性を決めたポイントは次の2点であったとされる（Metro, 1994）。

まず、オレゴン州法により、地域政府 Metro は地域の都市成長境界線を定め、管理する役割を担っている。都市成長境界線は今後 20 年間の成長を収容するのに必要十分な土地を含む区域を画する線で、この外での開発は原則として禁止される。地域計画策定主体である Metro にとって、増加する人口や雇用を地域内に収容するにあたり、この市街地拡大の限界線をどれだけ拡張するかは大きなポイントであった。都市成長境界線の拡張を前提とするコンセプト A と拡張しないコンセプト B の設定は主にこの点について検討することを意図したものである。

また、地域住民の間では、急速な人口・雇用の増加をそのまま受け入れることは環境を悪化させるとの懸念が強く、「地域は成長を全て地域内で受け止めなければならないのか」との意見が存在していた。コンセプト C はこの点に関連し、地域外の近隣都市を衛星都市に位置づけ、人口増加圧力の一部を肩代わりさせるケースとして定められた。

第 4 回東京都市圏パーソントリップ調査にもとづく「東京都市圏の望ましい総合都市交通体系のあり方」(東京都市圏交通計画協議会、2001)の検討プロセスでは、趨勢型と誘導型の 2 種類の都市圏構造案、「現況のまま」を含めて 4 種類の実現可能性の異なる交通ネットワーク整備案、同じく 4 種類の交通施策案が設定された。さらに将来の都市圏人口を上位・下位の 2 ケース想定し、これらを掛け合わせて分析・評価を行う各シナリオを構成している。

2　代替的な将来シナリオの評価

各代替的シナリオは 8-1 節で検討された目標体系に即して評価される。この際、7-2 節で概説した交通需要予測モデルや土地利用・交通モデルに代表される、定量的評価の可能な分析ツールを活用することが有益である。定量的評価が難しい目標項目に関しても定性的に評価を行うものとし、計画目標に照らして漏れのないよう評価体系を整備すべきである。

先に述べたように、大規模な分析ツールは一般にその構築と分析に要するコストが高い。現実には、利用可能な資源やコストと評価上の必要性の両方を踏まえて最善な分析ツールや評価体系を用意する。各シナリオはこの評価体系に

表2 ポートランド都市圏「リージョン2040」の代替案分析結果（抜粋）

	1990年現況	基本ケース	成長コンセプト		
			A	B	C
自動車分担率	92%	92%	91%	88%	89%
公共交通分担率	3%	3%	4%	6%	5%
1日当り公共交通利用者数	13.7万	26.7万	37.2万	52.8万	43.7万
1人・1日当り自動車走行台マイル	12.4	13.0	12.5	10.9	11.9
午後ピーク時混雑道路マイル数	151	506	682	643	404
1日当り窒素酸化物排出量（全地域平均）	80t	94t	91t	84t	87t

望ましくない ← → 望ましい

（出典：Metro（1997）より筆者作成）

合うように具体化・詳細化され、評価される。

　ポートランド地域のリージョン2040では、各成長コンセプトについて詳細な設定をし、土地利用・交通モデル[*1]を用いた分析とともに、土地利用、交通、大気質、雇用、社会の安定性、住宅、公園・オープンスペースなどの観点からの評価が行われた（Metro, 1994）。交通と大気質に関するモデル分析の結果（一部を表2に抜粋した）からは、コンパクトな都市形態を指向するコンセプトBが概して優位であり、コンセプトCがそれに次ぐことが読み取れる。とはいえ、コンセプトBでは道路混雑が基本ケースより悪化しており、全ての面で最善というわけではないことも明らかである。

　各代替的シナリオは多様な主体の多様な目標に対して様々な影響を及ぼし、あらゆる面で明らかに優位なシナリオが存在するとは限らない。それでも主体間・目標間のトレードオフの状況を示すことは、計画立案や合意形成、意思決定において有用な情報となる。ただし、シナリオ間の優劣を検討する場合は、各シナリオの実現可能性の差異にも留意すべきである。

　また、モデルの出力を地域全体で集計した指標のみを見るのではなく、地区別の集計などから細かな特徴や傾向を追うことも、より優れたシナリオを策定するうえで有益と考えられる。

8-3 全体戦略の立案と広域調整

1 地域空間戦略の立案

　地域の将来像に関する代替案の評価・分析を踏まえて、全体戦略を立案することになる。その際には、複数の代替案のうちいずれかひとつを選ぶのではなく、評価・分析を経て明らかとなった各代替案の長所を勘案しながら、戦略を立案すべきである。実際に、ポートランド地域で最終的に決定された「成長コンセプト2040」では、コンセプトBを基本にしながら開発圧力の一部を衛星都市に肩代わりさせ、結果として地域住民の嫌う道路混雑の問題を緩和させている。いわば、コンセプトBとコンセプトCの中間に近いものであった。

　地域空間戦略の内容は、それぞれの地域計画が制度的にどのように位置付けられているのかによっても異なってくるが、市街化すべき地域や保全すべき自然環境地域が面的に示されたり、業務・商業の集積を図り拠点的な役割を果たすべき都市が階層的に明示されたり（域外と域内を繋ぐゲートウェイ、地域を牽引する中核都市など）、それらを結ぶ連携軸やネットワーク、主要交通網などの空間配置が示されることが多い。また、計画対象地域を幾つかの小地域に区分し、それぞれの小地域の戦略に応じて、将来人口フレームや住宅供給配分などを示す計画もある。

　全体戦略を策定したら、それを実現するための方策を示さなければならない。地域計画で示された住宅需要を受け止めるための土地利用コントロールや社会基盤・施設整備、工業や農業などの産業振興施策、将来想定される職住分布を実現する交通基盤・公共交通の整備や交通需要マネジメント、レクリエーションの場としての自然景観の保全・創出や生態系保全のための広域緑地・流域圏計画、地域活性化のための観光戦略など、地域計画としての総合性・一貫性、他の分野との関係性を十分に考慮しながら、分野別政策や戦略的プロジェクトを具体的に検討し実施していくことになる。

2　広域調整

　税収や人口増減など、各自治体にはそれぞれの事情があり、中心市街地の再生と郊外大型商業施設の立地など、日常的に移動できる圏域内で利害が対立することがある。こうした状況は、効率的・持続的な地域経営という観点からは無駄も多い。地域全体としての持続的発展をめざすために、地域計画には広域的な見地から当該圏域の自治体の諸計画・政策を調整する役割が期待される。

　構成自治体や地域住民の希望全てを取り入れていては、合意は得やすいが、総花的となり地域計画としての意義が薄れる面もある。そうならないためには、本章で述べてきたように、計画案の内容が構成自治体や地域住民の合意を得られるものとなっているか、地域の関係者が十分に参加できる機会を得られているか、誰にもわかりやすい情報を提供するなど透明性が確保されているか、様々な意見を踏まえて代替案を作成し、きちっとした評価・分析がなされたかなど、十分に配慮して地域計画を立案することが大切である。

注
＊1　ポートランド地域は、リージョン 2040 に限らず、交通計画への GIS の活用や土地利用・交通モデルを用いた計画検討の実践においても先進的な事例である。例えば古谷 (1999) や阪井 (2008) を参照されたい。

参考文献
・阪井清志 (2008)『交通計画や都市計画と地理空間情報』(東京大学空間情報科学研究センター寄付研究部門「空間情報社会研究イニシアティブ」第 3 回公開シンポジウム配布資料、http://i.csis.u-tokyo.ac.jp/event/20081014/index.files/03_01_KokaiDoc.pdf)
・東京都市圏交通計画協議会 (2001)『東京都市圏の望ましい総合都市交通体系のあり方』
・古谷知之 (1999)「交通調査／交通 GIS の先進事例 ― ポートランド都市圏の交通調査体系」(『交通工学』Vol.34 増刊号、pp.41-46)
・Metro (1994) *Concepts for Growth: Report to Council*
・Metro (1997) *Regional Framework Plan*

おわりに

　最近、幕末から明治の日本を振り返るテレビドラマや雑誌の特集が増えたような気がする。国づくりの志に燃えて東京（江戸）へ向かい、さらに海外に留学後、国や故郷のために働く人物達に、欧米列強への遅れに危機感を募らせ、使命感へと転化させる熱い志を見出し、それが今は失われつつあると思い当たるために関心が高まっているようだ。熱き志が何故なくなったのかといえば、すでに先進国となり危機感が希薄になったことが大きな理由であろうし、それにつれて、若者の価値観が多様化して、関心がひとつになって燃え上がることが少なくなったことも同じほど高い説明力を持つのであろう。しかし、考えてみれば、先進国になったことも、価値の多様化が生じたことも悪いことではない。それどころか、目標を達成し、それぞれの個性を生かすことができるようになったのであるから、劣等感や閉塞感を抱くより、はるかに良いことに決まっている。それでは、その結果生じた熱き志の喪失も良いことなのだろうか？
　簡単に首肯できないから、幕末・明治にみなの関心が向くのである。
　学者という仕事柄か、私は国家目標を立て、愛国心を掻き立てることを是としないので、建国時の若者の生き方にはあまり共感を覚えないのであるが、しかし、それぞれの志に燃えることが、若者らしさ、いや若者とは限定せずに人らしさに通ずることには納得する。それぞれの志ということになれば、自分で見出さなければならないから、時代が共有させるそれより見出すのが難しい。
　執筆者のみなさんとこの本を作り上げて、広域計画を通じて持続可能な社会を形成していこうという主題も、まさに志を傾けるのに値すると改めて感じた。文明化という点では、先に進んだ欧米にアジアが追いつき歴史が変わる転換期に入りつつある。国内でも、落ち着いて自然と人工の調和を考える条件が生まれている。その中で、できるだけ多くの人が自分の志を見出し、実現していける社会を広げることができるのかが問われているようだ。
　上昇志向という単方向ではなく、多様性に富み、様々な境遇にある人が互いを尊重しあえる社会を形成するための地域の土地利用や地域間の結びつきはどうあるべきか、本書とともに考える人が増えることを願いたい。

大西　隆

索　引

◆英

Bプラン　173
DID　28
EPCI（コミューン間広域行政組織）　156
EU　23
Fプラン　173
GLA：Greater London Authority（大ロンドン市庁）　142
GORs：Government Office for the Regions（政府地域事務所）　142, 148
LDF：Local Development Framework（地方開発フレームワーク）　145, 149
PADD（整備と持続可能な開発発展計画）　159, 160
PLU（都市計画ローカルプラン）　160
PPS：Planning Policy Statement（計画政策声明書）　145, 146
RDA：Regional Development Agency（地域開発庁）　143, 148, 152
RSS：Regional Spatial Strategy（地域空間戦略）　145, 146, 151, 152
SCOT（地域統合計画）　158
SDRIF（イル・ド・フランス基本計画）　161
SRADT（州整備開発計画）　157
SRU法（都市の連帯と再生に関する法律）　158
SSC（総合サービス計画）　157
SWOT　48
VRS：Verband Region Stuttgart（シュトゥットガルト広域連合）　179
VVS：Verkehrs- und Tarifverbund Stuttgart GmbH（シュトゥットガルト交通連合）　177, 180

◆あ

アジア・ゲートウェイ　24
閾値　190
委託　66
一部事務組合　66, 115
一極集中　95, 96
1書3証制度　215
一点集中　29
イノベーション　33
イル・ド・フランス基本計画（SDRIF）　161
ヴォワネ法　157, 158, 159
衛星都市　97
沖縄振興特別措置法　11

◆か

改革開放政策　212
開発計画（Development Plan）　144, 145, 146
開発権の移転　192
開発行為許可制　210
開発軸　173
風の道　176, 178
学区政府　118
合併特例法　110
ガバナンス　34, 95
過密過疎　16, 96
過密なき過疎　18
環境確保条例　100
環境保全　25
観光計画　132
観光圏整備計画　135
観光圏整備法　135
韓国　205
関西広域機構　104
関西広域連合（仮称）　104
機会の均等　14
規画　213
基幹産業　29
企業家コミュニティ　41
企業立地促進法　77
基準財政収入額　111

基準財政需要額　111
規制緩和　99
既成市街地　97
基盤施設連動制　210
協議会　115
京畿道　206
行政機関移転計画　17
行政機構　182
業務核都市　97
近畿圏基本整備計画　101
近畿圏整備法　101
均衡ある発展　13
近郊整備地帯　97
近接性原理　22
グリーンベルト　97
計画許可（planning permission）　144, 146
計画契約　23
計画政策声明書（Planning Policy Statement：PPS）　145, 146
経済・社会発展計画　213
経済基盤論　29
経済圏　63
経済的豊かさ　25
経済特区　212
計量経済モデル　238
結果の均等　14
ゲマインデ　169, 170
限界集落　19
建設管理計画　173
建設工事計画許可証　216
建設土地使用計画許可証　215
広域ガバナンス　194
広域観光計画　132
広域行政　115
広域行政機構　194
広域計画　175
広域経済圏　91
広域経済圏域　90
広域市町村圏　116
広域成長管理戦略　195
広域政府　22
広域地域空間　32
広域地方計画　11, 102, 107, 122
広域地方計画協議会　20

広域都市計画　208
広域バンクーバー交通公社　199
広域連合　66, 115, 129
工業（工場）等制限法　14, 79
公共事業　99
工業整備特別地域整備促進法　14
工業分散　16
合計特殊出生率　28
合憲性　189
工場分散　15
工場閉鎖　83
工場誘致　29
工場立地動向　78
郷村建設計画許可証　216
交通需要予測モデル　238
小売吸引力　232
高齢人口割合　115
コーホート生存モデル　236
国際分業　81
国土基本法　207
国土計画　213
国土計画法　207
国土形成計画　11, 107
国土形成計画法　11
国土総合開発法　19
国土総合計画　207
国内回帰　83
国内クリーン開発メカニズム　100
国務院　211
5全総　12
国家計画　213
コミューン間広域行政組織（EPCI）　156
コミュニケーション　46
コントロール型詳細計画　215

◆さ

サービス供給圏　63
財産権の補償　183
財政効率性　115
財政力　115
三遠南信地域　120
三遠南信地域連携ビジョン　125
産学官のネットワーク　42
産学官連携　87
産業クラスター　40, 76
産業集積　76

産業の空洞化　83
産業立地政策　75
産業連関表　237
3大都市圏　96
三位一体改革　112
シームレスアジア　24
ジェイコブス　30
市街地開発区域　97
市郡総合計画　207
持続可能性　15
持続可能な広域圏イニシアティブ　202
持続可能な地域づくり　131
自治憲章　182
市町村合併　22
シナリオ・プランニング　45
シナリオ分析　48
ジニ係数　15
事務委託　115
社会的公平　25
シュヴェヌマン法　159
州計画　171
就従比　232
州整備開発計画（SRADT）　157
住宅床面積　28
10年後の東京　98
住民投票　119
重力モデル　230
受益者負担　113
主体機能区　214
シュタインバイス財団（Steinbeis Stiftung）　178, 179
シュトゥットガルト　176
シュトゥットガルト21　178
シュトゥットガルト広域連合（Verband Region Stuttgart：VRS）　179
シュトゥットガルト交通連合（Verkehrs- und Tarifverbund Stuttgart GmbH：VVS）　177, 180
首都圏整備計画　11
首都圏メガロポリス構想　98
条件不利地域振興　20
城郷計画　213
城郷計画法　211
常設型住民投票条例　119
城鎮体系計画　214

昭和の大合併　112
所得格差　15
自立都市圏　97
新近畿創生計画（すばるプラン）　102
人口の持続性　26
新産業都市建設促進法　14
新事業創出促進法　15
新全総　12
ステークホルダー分析　48
頭脳立地法　15
住みよい広域圏戦略計画　198
生活圏　113
成長管理　190
成長コンセプト　243, 245, 246
成長集中地域　198
整備と持続可能な開発発展計画（PADD）　159, 160
政府地域事務所（Government Office for the Regions：GORs）　142, 148
政令指定都市　113
世界都市論　19
先計画―後開発　209
全国人民代表大会　213
全国総合開発計画　12
全総　12
総合計画　97
総合サービス計画（SSC）　157
創造性　30
ソウル　206
ソウル首都圏　27

◆た

体験教育旅行　138
大都市周辺地域広域行政圏　116
大躍進時代　211
大ロンドン市庁（Greater London Authority：GLA）　142
多核構造　97
多心ネットワーク都市地域構造　38
タホ・シエラ保全協会　186
タホ広域計画局　185
多摩の心　98
多民族社会　100
地域イノベーション　87
地域イノベーションシステム　88
地域イノベーション政策　34

地域開発庁（Regional Development Agency：RDA） 143, 148, 152	計画 123	ブルントラント報告 26
地域活性化 53	東京圏 96	文化大革命 211
地域活性化統合本部 99	東京構想 98	分工場経済 83, 84
地域間格差 15	東京都長期計画 97	分散型ネットワーク 97
地域空間戦略 (Regional Spatial Strategy：RSS) 145, 146, 151, 152	道州制 21, 126	平成の大合併 110
地域経済 73, 74	道総合計画 207	ペンセントラル判例 187
地域経済戦略 143, 147, 151	特別目的政府 118	ポートランド地域 218, 224, 243, 245, 246
地域産業 29	特例市 113	ホームルール 182
地域産業集積活性化法 15	都市開発区域 97	補完性原理 22
地域産業政策 74, 82, 89	都市開発諸制度 99	北海道開発法 11
地域資源 85	都市管理計画 207, 208	ポリスパワー 183
地域自治区 66, 119	都市基本計画 208	
地域乗数効果 30	都市空間の集積度 26	◆ま
地域ツーリズム 131	都市計画ローカルプラン (PLU) 160	明治の大合併 112
地域統合計画 (SCOT) 158	都市戸籍 212	メガリージョン 90
地域評議会 (Regional Chamber/Assembly) 143, 148, 152	都市再生政策 98	メトロ・バンクーバー 2040 201
地域ブランド 133	都市再生特別措置法 99	モデル型地域振興 20
地域連携軸 120	都市再生本部 98	モラトリアム 186
地球環境保全 27	都市の連帯と再生に関する法律 (SRU 法) 158	
地区単位計画 209	都心居住 96	◆や
地方開発フレームワーク (Local Development Framework：LDF) 145, 149	土地管理法 214	ユークリッド市 183
	土地容量 192	容積率緩和 99
地方交付税制度 111	土地利用・交通モデル 238, 245	用地選定意見書 215
地方制度調査会 110	土地利用計画 205	
地方分権推進委員会 19	特化係数 229	◆ら
着地型観光 138	トレンド型計画手法 46	
中国 205	トレンドモデル 236	リージョン 2040 218, 224, 243, 245
中心市宣言 116		流域圏 33, 128
中心市街地活性化 56	◆な	流入超過 96
中心地 171	内発的発展 85	レイク・タホ 185
中部圏開発整備計画 20	二層制 118	ローリングプラン 97
中部圏開発整備法 104	2 地域居住 128	ロックイン 89
中部圏広域地方計画 107	農商工連携 31, 86	
昼夜間人口比率 232	農村戸籍 212	
筑波研究学園都市開発 17		
テイキング 183	◆は	
定住自立圏 116	パーソントリップ調査 224, 226, 242, 244	
定住自立圏形成協定 116	バックキャスティング 242	
定住自立圏構想 60, 62	バックキャスト方式 47	
低炭素化 100	日帰り活動圏 38	
低炭素型街区 99	東アジア 23	
ティブー 29	風景づくり 137	
テクノポリス法 15	フォアキャスト方式 47	
天竜・東三河特定地域総合開発	副都心 98	

著者略歴（執筆順）

●編著者

大西　隆（おおにし　たかし）──────────── はじめに、1章、5章1節1項、2節、6章6節、おわりに

1948年生まれ。東京大学名誉教授、豊橋技術科学大学名誉教授。

東京大学大学院博士課程修了、長岡技術科学大学助教授、AIT助教授、MIT研究員、東京大学助教授、同教授を経て、2011年10月から2017年9月まで日本学術会議会長、2014年4月から2020年3月まで豊橋技術科学大学学長。2013年6月東京大学名誉教授、2020年4月豊橋技術科学大学名誉教授。総合科学技術・イノベーション会議議員、国立大学協会副会長、日本都市計画学会会長等を歴任。専門分野は、国土計画、都市計画。主たる著作は『欧米のまちづくり・都市計画制度』（共編著、ぎょうせい、2004年）、『逆都市化時代』（単著、学芸出版社、2004年）、『低炭素都市―これからのまちづくり』（編著、学芸出版社、2010年）、『人口減少時代の都市計画』（編著、学芸出版社、2011年）、『東日本大震災　復興まちづくりの最前線』（共編著、学芸出版社、2013年）。

●執筆者

城所　哲夫（きどころ　てつお）────────────────────────── 2章

1958年生まれ。東京大学大学院准教授。博士（工学）。

東京大学大学院修士課程修了、㈱アルメック研究員、国連ESCAP Associate Expert、国連地域開発センター専門研究員、チュラロンコン大学客員講師を経て、1996年4月より現職。国連大学高等研究所客員教授。専門分野は、都市・地域計画、アジア都市計画。主たる著作は、*Sustainable City Regions: Space, Place and Governance*（編著、Springer、2008年）、*Vulnerable Cities: Realities, Innovations and Strategies*（編著、Springer、2008年）。

瀬田　史彦（せた　ふみひこ）─────────────────────── 3章、6章3節

1972年東京生まれ。東京大学大学院工学系研究科都市工学専攻准教授。博士（工学）。

東京大学大学院修士課程修了、博士課程中退、財団法人日本総合研究所客員研究員、東京大学先端科学技術研究センター助手、AIT（アジア工科大学）客員助手（兼任）、国際協力機構短期専門家（同）、大阪市立大学大学院准教授などを経て、2012年4月より現職。専門分野は、都市計画、地域開発。主たる著作は『創造都市と社会包摂―文化多様性・市民知・まちづくり』（共著、水曜社、2009年）、『初めて学ぶ都市計画』（共著、市ヶ谷出版社、2008年）、『社会、まち、ひとの安全とその技術―社会安全システム』（共著、東京電機大学出版局、2007年）、『中心市街地活性化三法改正とまちづくり』（共編、学芸出版社、2006年）。

松原　宏（まつばら　ひろし）──────────────────────────── 4章

1956年生まれ。東京大学大学院教授。博士（理学）。

東京大学大学院博士課程修了、西南学院大学教授、東京大学助教授を経て、2007年4月から現職。専門分野は、経済地理学。主たる著作は『不動産資本と都市開発』（単著、ミネルヴァ書房、1988年）、『アジアの都市システム』（編著、九州大学出版会、1998年）、『先進国経済の地域構造』（編著、東京大学出版会、2003年）、『経済地理学―立地・地域・都市の理論』（単著、東京大学出版会、2006年）、『立地調整の経済地理学』（編著、原書房、2009年）。

片山　健介（かたやま　けんすけ）──────────── 5章1節2項、6章1節、7章、8章

1976年生まれ。長崎大学総合生産科学域（環境科学系）教授。博士（工学）。

東京大学大学院博士課程修了、東京大学先端科学技術研究センター特任助手、同大学院助手・助教・特任講師、長崎大学准教授を経て、2021年10月から現職。専門分野は、国土・地域計画。主たる著作は『都市計画とまちづくりがわかる本』（共著、彰国社、2011年）、『都市・地域・環境概論』（共著、朝倉書店、2013年）、『世界のコンパクトシティ』（共著、学芸出版社、2019年）。

福島　茂（ふくしま　しげる）──────────────────── 5章1節3項、4節、6章5節
1959年生まれ。名城大学副学長・都市情報学部教授。博士（工学）。
東京大学大学院博士課程修了、国連地域開発センター研究員、東京大学助手、アジア工科大学（AIT）助教授、名城大学助教授を経て2002年4月から現職。名城大学アジア研究所所長を兼任。専門分野は都市計画、地域政策。主な著書（共著）は『地球環境と巨大都市』（岩波書店、1998年）、『都市再生のデザイン』（有斐閣、2003年）、『都市を構想する』（鹿島出版会、2004年）」。

戸田　敏行（とだ　としゆき）──────────────────────────── 5章3節
1956年生まれ。愛知大学地域政策学部教授。博士（工学）。
豊橋技術科学大学大学院博士課程修了。東三河地域研究センター常務理事を経て、2011年4月から現職。愛知大学三遠南信地域連携研究センター長を兼任。専門分野は、地域計画。主たる著書は『県境を越えた開発』（共編著、日本放送出版協会、1989年）、『県境地域づくりの試み』（共著、あるむ、2007年）。

西浦　定継（にしうら　さだつぐ）──────────────────────── 6章4節
1964年生まれ。明星大学理工学部教授。博士（工学）。
東京大学大学院博士課程修了。長岡造形大学助手、鳥取大学講師、明星大学助教授を経て、2009年4月から現職。国土計画および自治体計画に関わる各種委員会委員を務める。専門分野は、都市・地域計画、都市成長管理。主たる著作は『スマートグロース』（共著、学芸出版社、2003年）、『都市計画国際用語辞典』（共著、丸善、2003年）。

岡井　有佳（おかい　ゆか）──────────────────────────── 6章2節
京都府生まれ。立命館大学理工学部教授。博士（工学）。
パリ第X大学都市整備・地域開発高等専門研究課程修了。建設省（現、国土交通省）、パリ・ラ・ヴィレット建築学校客員研究員、OECD（経済協力開発機構）、立命館大学理工学部准教授、パリ第I大学都市地理学研究所客員研究員などを経て、2018年4月から現職。専門分野は、都市計画、都市政策。主たる著作は『まち歩きガイド東京＋（プラス）』（共著、学芸出版社、2008年）、『まちの再生ハンドブック』（共著、風土社、1997年）、『高齢者とまちづくり』（共著、風土社、1997年）。

髙見　淳史（たかみ　きよし）──────────────────────────── 7章、8章
1972年生まれ、東京大学大学院准教授、博士（工学）。
東京大学大学院修士課程修了、博士課程中退。東京都立大学大学院助手、首都大学東京助手、東京大学大学院助手・助教を経て、2015年1月から現職。専門分野は、都市交通計画、都市・地域計画。主たる著書は『都市と居住：土地・住宅・環境を考える』（共著、東京都立大学出版会、2000年）、*Sustainable Cities: Japanese Perspectives on Physical and Social Structures*（共著、United Nations University Press、2006年）、*Sustainable City Regions: Space, Place and Governance*（共著、Springer、2008年）、『交通まちづくり―地方都市からの挑戦』（共著、鹿島出版会、2015年）。

〈東大まちづくり大学院シリーズ〉
広域計画と地域の持続可能性

2010 年 3 月 30 日　第 1 版第 1 刷発行
2023 年 12 月 20 日　第 1 版第 7 刷発行

編著者　大西　隆
発行者　井口夏実
発行所　株式会社　学芸出版社
　　　　京都市下京区木津屋橋通西洞院東入　〒600-8216
　　　　電話 075-343-0811

印刷：イチダ写真製版　／　製本：山崎紙工
装丁：前田俊平

Ⓒ 大西隆ほか　2010　　　　　　　　　　　　　　Printed in Japan
ISBN978-4-7615-2481-4

JCOPY 〈(社)出版者著作権管理機構委託出版物〉
本書の無断複写（電子化を含む）は著作権法上での例外を除き禁じられています。複写される場合は、そのつど事前に、(社)出版者著作権管理機構（電話 03-5244-5088、FAX 03-5244-5089、e-mail: info@jcopy.or.jp）の許諾を得てください。
また本書を代行業者等の第三者に依頼してスキャンやデジタル化することは、たとえ個人や家庭内での利用でも著作権法違反です。

❖「東大まちづくり大学院シリーズ」の刊行にあたって

　東京大学には、若い世代を中心としつつも、還暦を超えた方まで、様々な年齢層が学んでいる。しかし、社会人だけを対象として、しかも、就業と両立できるカリキュラムを提供しているのは、東大まちづくり大学院（東京大学大学院工学系研究科都市工学専攻修士課程都市持続再生学コース）だけである。

　まちづくりとは、都市の利用、開発や保全に際して、法制度に基づく都市計画、市民の発意と合意に根差した活動や、社会的要請に応えビジネスチャンスを生かした企業の種々の都市への関わり等を含んだ、人と都市の多様な関係を広く包み込んだ概念である。社会人を迎えるに当たって、私たちが、あえて教育・研究の領域を広く設定したのは、現代都市の機能や環境が、単に都市計画の制度によって形成されているのではなく、市民、市民組織や企業等、都市に関わる多くの主体が、個の領域を超えて、公の領域に働きかけたり、自ら社会のための活動を担う手段や力を持つことによって形成されていると考えたからに他ならない。

　東大まちづくり大学院では、まちづくりをテーマに講義や演習を行うだけではなく、社会の一線で活躍している大学院生が、そこでの課題を教室に持ち込んで、議論や研究を進めるというスタイルをとっている。これに応えるために、大学の研究者だけではなく、社会のそれぞれの分野で活躍している講師が講義や演習を行うという方法も定着させてきた。

　本シリーズは、東大まちづくり大学院での研究と教育の成果を、まちづくりのテーマごとにまとめることによって、広くまちづくりの実践に関わる方、大学や大学院でまちづくりを学んでいる方の参考にしようと試みたものである。折から、日本の都市は人口減少に向かい、都市化時代に作られた諸制度は大きな転換を求められている。それは量より質を重視するまちづくりへの転換ということができようが、具体的内容は多様である。本シリーズが直面する課題に応える道しるべとなれば刊行の目的は達せられる。

2010 年 1 月
東大まちづくり大学院コース長　　大西　　隆

低炭素都市
これからのまちづくり

大西隆・小林光 編著
A5・256頁・定価 本体2700円+税

低炭素都市の実現には、まちづくりの様々な政策が大きな転換を遂げて、まちの構成や基盤から人々の生活や移動の仕方に至るまで、低炭素型社会の思想と実践が貫かれる必要がある。では、その変換とは？　地球環境問題と都市行政の専門家と研究者が、建築、交通、暮らし、都市計画、都市政策について、事例を交えて明らかにする。

人口減少時代の都市計画
まちづくりの制度と戦略

大西隆 編著
A5・272頁・定価 本体2900円+税

成長時代の都市計画はまちづくりの阻害要因にすらなっている。逆都市化、超高齢社会、低炭素、地方分権、都市間の連携と競争……突きつけられた課題にいかに応えるか!?　歴史をふりかえり、今すでに始まっている変化、工夫を捉えなおし、市民・民間主導のまちづくりを自治体が支える都市計画のあり方を構想する待望の一冊。

東日本大震災　復興まちづくり最前線

大西隆・城所哲夫・瀬田史彦 編著
A5・384頁・定価 本体3800円+税

東日本大震災から2年。種々の問題を抱えながら復興まちづくりがようやく動き出す。果たしてグランド・デザインは定まったのか。制度は十分に機能しているのか。また現場での実践のなかで、どのような成果、問題が出ているのか。最前線で奮闘する行動的研究者と被災都市の市長の寄稿により、全体像と展望を明らかにする。

逆都市化時代
人口減少期のまちづくり

大西隆 著
四六・256頁・定価 本体2200円+税

都市における過密・高層化が繁栄だという幻想に、いつまで人々は冒されつづけるのだろうか。人口減少を逆手にとって、今こそ空間的・精神的な豊かさを実現する、環境共生都市をめざそう。都市再生、中心市街地活性化、テレワーク、交通問題、地方分権等、都市をめぐる様々な事象から、これからの都市がとるべき姿を指し示す。

人口減少時代における土地利用計画
都市周辺部の持続可能性を探る

川上光彦・浦山益郎ほか 編著
B5変判・176頁・定価 本体3800円+税

都市縮小（スマートシュリンク）の時代。無秩序に広がってしまった都市周辺部の生活を維持し、質を高める方策はあるのか？　市街化調整区域、都市計画区域外など、コンパクトシティ政策で忘れられがちな周辺部へ、開発と縮小、保全のマネジメントを提案する。研究者・行政担当者・計画系コンサルタントが結集した渾身の一冊。

コンパクトシティの計画とデザイン

海道清信 著
A5・320頁・定価 本体3500円+税

中心市街地活性化や公共投資の抑制のために、コンパクトシティの実現に益々期待が高まっている。本書はその基本原則・政策・計画・デザイン・評価について、海外の最新動向から幅広い事例と教訓を整理し、日本の課題に即して考察した。総合的かつ実践的な解説書として、「量から質」に転換する成熟型都市への道筋を示した。